日本史籍協會編

# 戊辰日記

東京大學出版會發行

# 戊辰日記

## 例言

一、本書ハ舊福井藩主松平慶永(春嶽)ガ、國事鞅掌ノ次第ヲ記述セル日記ノ終尾ニシテ、本會曩ニ松平侯爵家ノ瞭解ヲ得テ、昨夢、再夢、續昨夢ノ三記事ヲ欵腡ニ付シ、今コノ書ヲ頒布印刷スルニ到レリ、就中昨夢記事ハ、既ニ活字本ノアルアリシモ、夫サヘ年所ヲ經過スルニ隨ヒテ、流布極メテ稀ニ、今ハ珍書トナレルニ、再夢以下ノ諸書ハ、僅ニ寫本ヲ以テ傳ハリ、專問ノ史家ノ外ハ其書名ヲ聞テ未タコレヲ見ルニ及ハサリシ人サヘ多カリシニ、カク禎裝シテ世ニ出テシコト、學界ヲ益スル蓋シ尠カラサルヘシ。コヽニ於テ、松平侯爵家カ、コレニ許諾ヲ與ヘラレシ好意ヲ深謝セサルヘカラス。

一、昨夢以下ノ著者ノコトハ、村田氏壽ガ續再夢ニ記セル如ク、續再夢ノ外ハ、悉ク參政中根師質（靱負）ノ筆ニナレリ。抑モ師質カ慶永ノ良弼タリシコトハ、世ニ定評アリ、自ラ水魚契合三十年トイヘルモノ誇言ニアラスシテ、内外ノ事殆ト献替セサルハナク、隨テ其記事ノ精確該實ヲ極メ、啻ニ慶永其ノ人ノ紙碑トシテ傳フヘキノミナラス、永ク國史ノ缺ヲ補フモノトイフヘシ。

一、慶永カ、嘉永癸丑以來國事鞅掌ノ苦心ハサルコトナカラ、明治戊辰ニ至リテ、朝廷ト幕府トノ間ニ立チテ、眼前宗家ノ傾覆ヲ見ルニ及ヒテ極レリ。師質ハコノ書ノ跋文ニコレカ編纂ノ由來ヲ記シテ曰ク

戊辰の春に至て、宗家顚覆の禍あり、嗚呼　王政の復古は、老公積年之持論にして、皇國の爲に恭賀拜喜して、益々勤　王之精忠を盡し給ふといへども、德川氏の變故意料の外に出で、累年推轂之精義を空ふし給ふ事を悲歎し給へり。同年八月師質故ありて歸老す(中畧)實記を後昆に遺さんと欲すれとも、身已に老矣。精神昔日に似す、老懶にして年を曠ふせり。今茲　朝廷、復古之盛業之記錄編輯の事あるに依て

老公之手錄並に臣僚の私記あるを徵さる。於是、老公其手錄と、內史の記錄とを師質に下し與へ賜ひ、師質の私記と、經歷の見聞とを併せ記して呈上せん事を命じ給ふ。師質、私記疎鹵、記臆又衰へ其撰に堪へすといへとも、不能を以て辭し奉るを得ず、故不文非才を忘れ、編輯して閣下に呈し奉る云々

トイヘルニ徵シテモ明ナリ。故ニ此書ハ一面ニ於テハ固ヨリ王政復古ノ讚美史ナリト雖モ、一面ニ於テハ、大義滅親ノ哀史ナリ。猶詳ニハ、師質ノ跋文ヲ參照セラレムコトヲ。

大正十四年十月

日本史籍協會

# 戊辰日記　目次

# 戊辰日記第一

慶應四年戊辰

○正月元日公◎松平春嶽今日御參　朝御斷り御名代御家老本多修理を以御祝詞被仰上之

一今夕　御所より御達御書付左之通

御用之儀有之候間明二日巳刻九條家へ參集可有之事

但四脚門往返之事

追而總裁宮依服中　宮中御神事中御參　朝難被成に付被用九條家候事

正月一日

越前大藏大輔殿

一今日下院之面々も拜賀被仰出に付三岡八郎も參　朝之處岩倉殿御逢對

有之坂地之形勢巨細心得居候者は誰なる哉との御尋に付中根雪江義は毎々往返致候へは承知仕居可申と及御答候處左候はヽ彼地之事情委敷承度候間今宵岩倉殿御宅へ罷出候様被致度と御申之由八郎罷歸申上候に付罷出候様雪江へ被命暮時過參殿之處卿御對面之上坂地之模様一と通り御尋に付概略之處申上處卿御申には當時之形勢薩は干戈を以御奉公之積りに而出京之所左様之運ひにも無之故過激輩以之外憤怒之様子に有之長も是非干戈を用ひすしては舊弊難除と夫々手配も致置候次第にて長之幕を怨む事眞に骨髓に入仇讐並ひ立さるの勢ひ夫と云は長は始終攘夷を奉行し幕は最初より交際を專らにせし行違ひより近年之騒動にも相成候次第に候か幕の長を視る事如何有へき何分此邊解け合ひ和熟不致しては今後迚も　御安心は難相成尾越之周旋も此處迄行届候義今更手離も殘念故余はどこ迄も前議を執り押通し候積候得共頗る暴論も有之余か説行はれ難きも多々なる故三條東久世に及議論之處是迄長州より一方ならさる援助を

受けられたる譯も有之候處幸ひに余と同論と相成大に力を得何分干戈不及樣致度と折角內談致居候事也幕之方にてさへ遺恨無之候得は此處は土豫に周旋させ解き方も有之巳に今朝豫州に談見候處同意之趣也薩之方も又何とか手段可有之候得共第一の幕之方程合知れ兼候而手下し致し惡く候共邊如何之見込なるへき雪江限り申試候樣との事に付雪江申には幕は元より正大公明之題號に候得は長薩に對し何之私怨を挾み可申哉彼藩に而異議無之候得は幕之方に何事之候へきと及御答候處長はしらす薩は幕の目當たるは先日坂地より出たる書面に而相分り有之彼書面も大坂に而肥後藩へ爲見候由此表にても端々致流布候得共余はどこまてもしらぬ振りにて通し居候かあれか再發致候時は大變至極候へは急度祕物に致し仕舞度候乍併薩の方は兎も角も取計方可有之何分孰れも居り合ひ同心戮力之場へ不相運しては　皇國之見込付き不申如何して其處へ運ひ可申哉今と成ては內府參　內無之ては不相適候間ヶ樣相成候はゝ可然と申存分一

杯の處可申聞上京之運ひ等は如何と御尋に付此義は坂地之衆議種々相分れ候へ共約る處內府手前鎮撫出來故上京と申一筋に相決し申候乍然上京致候而空敷日を經候樣にては又々人心動搖に及候故其處深く心配の模樣に候得は上京直に參　內と申都合候はゝ何時にても子細は有之間敷と申上處其儀はその手續に相成に相違無之と御申故議定職にも可被仰付哉と相伺候へは夫は勿論之事と御申に付左候はゝ政府御用途全國割之義は如何可相成哉是も早速に被仰出度と申上處夫は內府參　內に付直に辭官幷に領地之義申上に相成候へは夫を　聞食夫より直に議定にも可被命全國割も可被仰出と御申に付其御次第に候はゝ　御沙汰の趣此間之御請書指上候に而相濟可申譯には無之哉と申候へはアレハ尾越へ之　御沙汰に而上より直に之　御沙汰に相成候而は罪ある姿と相成候故下より申出候樣に周旋可致との趣意書に而內府に罪なき事に相成申候內府の方より癸丑已來幕府前代の不體裁を現今之一身に引受辭官之運に相成且五畿內指上

度とか幾大隊又は軍艦幾艘指上度と申樣なる事に相成候へは誠意も十分に相貫き候事に相成諸侯も夫に準し一段は領地指出兵隊も指上九門之警固に充候樣と申樣に有之度との御旨趣之由御申に付夫等之處は追々之御手續にも可有之指向き內府公御上京御參　內も相濟御役ても可被仰付候と申處か治り口にも可有御座哉と申候處何分雪江之見込十分之通及熟考明朝可申聞及はぬ事なれは夫迄にて退くより外無之出來る事なれは早きか宜候間早速申聞候樣御申に付重大之事件中々一存には及兼候へ共精々愚考を盡し明朝御答可申上と申て退出せり右談判之次手に被申候は當時干戈之世となり其極縱令外國之有に相成にもせよ徳川氏如從前候へは余輩も討幕之持論押通し候得共政權返上は實に愕然に而內府之人材たるを感悟せし故其已來は余輩而已ならす即今彼人を擧すしてはと申論に變し左樣なくては何事も行はれ難きに決せし故　皇國の爲に形之如く盡力致す事なるかと御物語有之雪江罷歸右之次第共申上參政にも御內評に相成

候處公仰には何分夫程之實事に相運ひ候は重疊可賀之至り夫に付而は指當り雪江見込は如何と御尋に付雪江申上候は別に良考も無御座候か當前之御上京より御參　內等之御手續をヶ條書にいたし卿へ相伺ひヶ條毎に許可之御附紙を願ひ夫を以て證據とし坂地へ被仰上候はゝ諸有司始麾下之疑惑も釋け逐々之御運ひも付き可申歟御參　內之上表向御辭官云々等之義は內府公之御心服に被居置候而於坂地は御相談不被爲在方可然哉と存候段申上猶種々御評議に相成上如何にも證據之書付を取り爲見候はゝ必行屆可申外に奇特之良計も有之間敷との仰にて御決評に相成明朝迄にヶ條書認試候樣雪江へ被命也

○同月二日此頃總裁宮御服穢に而御參　內難被成故今日指當り德川氏之議事御指支に付俄に九條殿御借上け假議事院と相成宮初官武議定上下參與巳刻より會集に相成內府公近々御上京可有之に付共節御取計振之御集議なり共內會桑歸國之上に而御上京可然との議起り候へ共是は難事なる

へしとの論有之不相決に付右件坂地へ降命に可相成御書面下院へ御下け衆議之處會桑　朝廷へ對し何等之罪有て如此御譴責有之哉可斥罪惡無之上は公論を以會桑も共に被召上可然との建議に相成愈不相決又外國へ御布告御書面御出來左の議案御下け

大政御執行に付而は外夷事件於　朝廷御所置被遊候は勿論且重大急務之筋に付此間中段々御沙汰も有之候得共其廉も未行實に一日不可忽之次第に付別紙之通德川内府へ被仰下候儀に御確定候此段御沙汰候乍併所存之趣も候はゝ言上可有之事

但外國事務掛初夫々其人體不日可被置候間是又心得迄に申入候事

別紙

政權返上被　聞召候上は外國交際之儀於　朝廷條約取結可被爲在義當然に候間百事御治定之上猶御談判之品も可有之差當り　王政に被爲復候御廉御布告被遊度　思召に付兵庫滯留各國公使京地へ御呼登に相成

候間是迄之手續も有之事候へは各國公使上京候樣可申達御沙汰候事

但來十日迄上京候樣被仰出候間御受之御屆早々可申出候

右は御至當之御議なるへしと下院同論に決し其段上院へ申達此餘種々之議事有之七時頃にも可有之伊藤友四郎參殿密々申達候は唯今小原仁兵衛方へ罷越及一酌候處同人申聞候は一昨晦日夜於華城御達有之候は　上樣近々御上京之御運ひに付御先勢追々御繰出に相成候間在坂諸藩之人數も指出候樣との儀に而事の爲體以之外切迫危險に而專ら伐薩之御模樣に有之昨朔日より逐々御出勢に相成との事坂地へ指出置候兵隊之向より報知有之に付此節左樣之御事柄極而御失策と存し則微意爲建白井田五藏指出候へ共迚も行屆申間敷何分御不策千萬と存候間其段老公へも申上呉候樣との事に付不取敢參殿之由也仍之下院之面々申談候は此節ヶ樣之御妄動無之樣御抑止可被成は勿論候へ共事爰に及ひ切迫之次第に付其段申上公は御所勞之趣被仰立御歸邸に相成戸田殿へ下坂之支度に而薩邸へ被罷出

候樣爲御使雪江被遣肥後藩老溝口孤雲津藩老藤堂歸雲も參邸候樣被仰遣雪江は暮時過戸田殿へ罷出大略及談判處戸田殿は於舊幕兼々御所最負と申唱へ嫌疑有之下坂致候而も行屆不申夫よりは有力之藩老を被遣方可然何分爲御相談直樣參邸可有之との事也夫より公も御歸殿兩藩老も參上宇和島老侯戸田殿も御來邸尾侯へも被仰越處爲御名代成瀨隼人正罷出後藤象二郞も參上に而種々御評議有之候へ共孰れ之道にも御失體無之樣御諫諍之外無之に付孤雲歸雲は唯今罷歸り支度次第下坂可仕象二郞も同樣可罷越處下院御用有之に付土藩老深尾鼎御指出に可相成尾州よりは卽今隼人正同道參邸罷在候田中國之輔中村修之進下坂可然との御談に相成候得共兩人罷下り候而も非力之及ふ處に無之趣に而固辭不及御受尙老侯思召相伺候上と申事に相成退出せり明日は公土豫兩老侯と御一處に御願ひ可被成との御談極候而何れも御退散に相成しは曉寅刻計り也雪江も早々下坂諸藩老申談候樣被命之柳川藩老十時攝津は下院より直に下坂之心得に

而退出せし由

一右坂地一件爲承調青山小三郎を穗積亮之助へ被遣處亮之助云坂地より監察妻木多宮御上京之御都合取調且伐薩一條相含上京に付先刻より大議論に及ひ遂に輕擧暴發は當今之大失策なる事に論決し唯今引取たる由に付小三郎より邸議之趣及論談處惣て同意に而伏水邊之儀は猶多宮へも可申談との事之由小三郎罷帰申上處多宮同道亮之助參邸候樣再小三郎を以被仰遣處妻木殿は不快之由に而亮之助計罷出戶田殿へ妻木殿被含越候密謀之不策なる由を物語何分穩便之所置に相成候樣盡力有之度と必至賴談に及たり

一昨夜岩倉殿より御內談有之雪江見込ヶ條書

一午刻前上京相成候はゝ直に參　內午刻後上着相成候はゝ翌朝直に參
内致候樣可相成哉

一參　內之上表向辭官之御手續相濟候上は政府御用途全國高割之儀も

卽日列藩へ御布告に可相成哉
一參　內之卽日職掌可被仰付哉
但一上京之節相應之人數引率之事
一參　內之節九門外迄是迄之通兵隊引率之事
一九門內へ是迄よりは人數多く召連可申事尤上下著之向に而兵仗は無之
右之通相認巳刻前假議院へ參殿之處岩倉殿御所に而御用有之御遲參に而午後御出勤有之に付於別席右書面指出御附紙を以御指圖相願ふ處昨夜も如申談書面之通可相調事候得は一應評議之上可及挨拶と御申聞御落手有之
○同月三日今朝雪江下坂前今一應岩倉殿へ罷出公御下坂之御都合〆相伺候樣被仰付候に付五時前參殿之處長人へ逢對中に付控居候處無程長人退座引續薩知邸內田仲之助拜謁暫くして退座之上雪江へ對面あり卿被申候

は今朝より坂兵幷會桑兵甲冑を帯し伏見より次第に亂入之趣に付打懸け可申哉と兩藩より三遍伺出候得共及指圖迄は決而手出し致間敷と嚴敷差押置候伏見邊之形勢如何哉覽雪江斥候致し三條殿迄申達候樣と御申聞に付雪江は下坂被命唯今罷下り候積り大藏大輔も相願ひ尾土豫之三侯同道下坂此上にも鎭撫方取計度積に御座候間斥候之儀は御免相願候段申達候處夫なれは不及是非候得共何分干戈に相成候而は不相濟と三條も同論に而大に力を得たる事也唯今惣參　內被仰出大藏大輔殿初參集惣評定に相成事候間其段御主人へも申上早々參　內相成候樣致度と御申に付其儀は委細承知仕可申聞候か此體に相成候而も內府上京と相成候はゝ此頃中御內談之御手續に可相成哉と相伺處夫は勿論之事何卒上京有之度左候へは事速に治り可申と御申に付左候はゝと

一午刻前上京相成候はゝ午刻後直に參　內可被仰付哉

一午刻後上着相成候はゝ翌朝直に參　內被可仰付哉

一參　内之上表向手續相濟候はゝ即日職掌可被仰付哉

右三ヶ條之書面指出此通り御受合被下候かと迫りて相伺候處熟覽之上初二ヶ條は此通り萬々受合申候職掌之儀は昨日も議論有之長と同時に致度片落に相成候而は不可然と申事に相成是も内府へ即日に下命長へも同日に被仰出に可相成哉又長之上京を待つて之事と可相成哉其處未決故何とも難申と御申に付其儀は不及是非何分是より下坂上京之處を周旋仕見可申と申候へは卿御申には是迄尾越之盡力無殘處候ひしにヶ樣相成しは無是非事に而決而尾越之不行屆には無之御主人此節下坂にては品により上京難相成場に相運ひ候半も難計候へは下坂は決而不可然且兩家之儀は德川氏に於て一と通りならさる親族候へは德川を討てとも難被命左候へは先つ即今卿の御見込に而は兩家へは　玉體之御守護を被命度左すれは德川氏に取り申分は無之且は是迄盡力之功勞を慰し候姿にも有之旁左樣相成候而先つ雪江之存寄如何と被尋に付段々御手厚之御沙汰と申別而　玉

體之御守護と御座候而は誠以冥加至極之仕合に候へは誰あつて異議を可申上哉と及御受處夫なれは大に宜敷決而大藏大輔殿下坂は不宜何分早々參　內之義申上候樣にと御申聞に付奉畏段及御請早々退出歸邸之上前條之始末申上候處指當り伏水之形勢危急に迫り居此處に而事破れ候而は是迄　朝廷宗家之爲に被爲盡候千辛萬苦之御忠義も一掃水泡に歸し候而已ならす天下大亂之端とも可相成事故此時に當つて御所置如何と種々被盡邸議候へ共一向に全策無之故先つ梅澤殿へ被仰遣指向き坂兵之鎭撫を被命可然又尾藩と申合せ兩家之兵隊を坂薩之中間に並列して垣となし是非を不論双方へ引分ヶ可然と被決候へ共倉卒之間事遂に不被行

私云此時之邸議に　朝廷に而は薩長を御抑置之事故坂兵より手出し不致候はゝ異變には相成間敷又　朝命さへ無之候へは假令事に及ひたり共坂薩兩兵之私闘とも可申もの故何とか所置方も可有之兎角討伐之　朝命降り候而は夫切之事と相成儀故御參　內之上其邊御盡力

可被爲在となり

一今日午刻比從　御所御使に而左之御書付御達有之

自昨日至今曉坂兵遂に伏見表へ出張其實如何難計候得共何分不容易形勢に付早々參　朝可有之總裁宮　御沙汰候事

正月三日

越前大藏大輔殿

追而參與召連早々參　朝可有之事

一同斷　御所より御達如左

尾張大納言

越前大藏大輔

昨日より今曉に至り坂兵戎服大炮等携追々伏見表出張之趣如何之義に有之候哉不容易進退其儘難差置は勿論候得共尙前々周旋之筋も有之旁右人數早々引拂候樣取計可致若不奉命候へは不被得止之場合に付爲

朝敵を以御所置可被爲在候事

正月三日

一夜に入於　宮中御達如左

尾張大納言

越前大藏大輔

大政復古に付而は　御沙汰之趣も有之去月來出格盡力之次第神妙之至に被　思食候然る處今曉來伏見表之事件不容易模樣に押移り最早萬不得止形勢に付此上は多年勤　王之旨趣彌勉勵　禁闕警衛可有之被仰出候事

正月

追而　思召之義も有之候間若人數不足候はゝ早々國元より繰出候樣御沙汰候事

一同斷御布告如左

於江戸表酒井左衞門尉人數押出松平修理大夫屋敷取圍炮擊致候趣相聞へ是全私闘之儀候間追而取糺之上急度　御沙汰之筋可有之候得共右形勢に付方向相惑擾亂無之様孰れも鎭靜に可罷在萬一暴擧有之輩は可爲

朝敵事

一御參朝之儀被仰出に付御相談被爲在候間御參　內掛け御來邸御座候樣土豫兩老侯へ早乘御使者被遣之豫侯は午後御出有之土侯は御持病之由御使を以御斷に付猶又御直書を以至急之御困難梅澤殿は追付御出豫侯は已に御入來有之候間御勉强御枉駕之儀被仰遣處頓而御出被成候段御使者に而御返答有之處又々御使者を以御參　內被成候間御來邸は無之段被仰越象二郎被仰遣處參　朝に付御用濟次第可罷出旨神山左太衞參上し辻將曹も罷出種々御談有之候得共緊要之梅澤殿漸夕七時頃參邸に付早速御評席に御加へ公より伏水之形勢危急切迫之趣に候間早々坂兵鎭撫引取方取計之儀御申談之處梅澤殿被申上候は伏見之儀は坂地より嚴敷御下知有之事

候へは決而兵端には及ひ申間敷との事に付公又被仰聞候は事之爲體中々不容易運ひに御聞及被成候へは坂兵より萬々一一發に而も致候樣之事に相成候而は御名義に於て內府公も御濟不被成候間何とか盡力之方法も有之間敷歟と諄々御說得被爲在候處御答被申候は凡そ名義は既往に於て相立候事に而畢竟內府公御入京奸賊を御芟除と相成候へは名義は自ら相立候道理候へ共卽今之如く內に奸黨有りて外に名義之立へき所謂無之候間何分早々內府公御上京に相成候樣御配慮可被成下已に舊藩水戶表之事にても經歷之手覺へ有之いつとても正義之黨は名義に拘候故機に後れ奸黨之爲に被壓倒候は每々之事候へは兎角機變に應し大勢を會得候事專要に而名義は跡より如何樣とも相立候抔座上之議論迂闊不通之有樣故將曹初侍坐之十之丞鹿之介等迄堪へ兼種々嚴敷及論談候へ共時を移して更に落意にも相成兼暮近く相成處伏見に當り出火之注進有之公にも事已に去れりと御大息一同も驚歎之處梅澤獨り頑然として兵火には有之間敷必定尋

常之火事なるへしと强辨せる故公三階に御登り御遠望之處伏見邊炎煙衝天炮聲響動兵燹に相決處梅澤は茫乎漠然呆痴之如き爲體故最早御相談之所詮も無之時態と相成に付公は幕時頃より御參　朝に相成梅澤始も快々として退出なり豫老侯は七半時比御相談之御席より御參　朝なされたり」一公御參　朝之處尾老侯土老侯豫老侯藝若侯先き立て御參有之尾侯は御所勞中押而御參　內故御假建所へ御病床を補理御平臥也帥宮山階宮仁和寺宮中山前大納言殿御初要路之諸卿虎之間に御列參議定諸侯も御出席に而方今之形勢御評議有之公御列座之前へ御進み是迄精々御盡力御座候へ共遂に今日之御次第に立至り候儀被對　朝廷被仰譯も無之全く御微力御不行屆故之御儀候へは唯今議定之御職掌御取揚け斧鉞之御嚴譴被爲蒙度と中山殿迄愷々切々御申立有之御退席之上猶又中山殿迄御嚴達之御旨有之御指出に相成御書取如左

只今伏見表及兵事候趣承候兼而私共へ盡力之儀被仰付置候處無其詮今

日之場合に至候義全盡力不行屆故と重々奉恐入候此上は早速　御役御免被成下候様奉歎願候然る上は如何様之御譴責被仰付候共謹奉甘受候

正月

越前宰相

尾侯御名代成瀨隼人正を以御同様被仰立土豫藝之三侯も兼而議定之御職掌被蒙候事候へは御不肖なから如何様にも御盡力可被成は勿論候へ共是迄従　朝廷追々と被仰出等一切御沙汰無之今日之事件に相成候而も御同然に候は全く御不才御不堪故御談も不被加御儀と御推量被成候　朝廷之御爲にも不被爲成候へは今日より御職掌被免候様御一同御嚴達有之由

私云右之御次第には有之候へ共追而議定職御免御願之儀不被　聞召段被仰出之

一宮中戒嚴被仰出諸藩之兵隊　禁闕之内外を警衞し紛擾尤甚し伏見鳥羽之兩路共追々劇戰に相成趣相聞へ火光天を焦し炮聲地を動す勢に付　宮

中大に動揺を生し公卿方之慌忙も不一方桂内親王も禁裡へ可被爲成段々之御運ひによつて　鳳輦叡岳へ　遷幸可被爲在との御義に而其節之御守衛尾越へ御内意も有之堂上方縦横奔走御支度被取急已に　御板輿も庭上へ舁居へ以之外成騒動に付公豫老侯と御談し山階宮へ決して御妄動被遊間敷表より申上無之内は　遷幸等之御儀は勿論敏宮之御動座も無之様御切諫に而宮より公卿達へも被仰出御鎮撫有之公は猶又岩倉殿へも御鎮靜之儀被仰談下院よりも申立候様八方御周旋有之已に叡岳　遷幸之御沙汰も出つへかりしを御取消になされたり

一薩侯は夜半に及ひ御參　内あり其他在京諸侯各思ひ〳〵之戎裝に而參趨之有樣延元已來之大變に而恐歎驚愕に不堪時態に及ひたり

一此夜仁和寺宮へ軍事總裁を被命東久世少將殿烏丸侍從殿へ參謀たるへき旨被仰下たり宮虎の間へ御出席に而公豫老侯藝若侯を被召被仰蒙候趣御吹聽に而是より宮之御里坊へ御出有之候樣被仰聞たり此頃夜已に更闌

たる故土老侯は疾く三條殿へ御退出に而御休息あり公も一條殿へ御休息として御退出之處丑半刻頃宮より御使に依て御里坊へ御出之處土豫兩老侯藝若侯も御同參なり尾の小瀨新太郎田中國之輔越の酒井十之丞三岡八郎土の後藤象二郎藝の辻將曹等も相詰たり宮は御鎧直垂に而東久世殿と御一所に御對面あつて土老侯へ軍事副將公豫藝兩侯へは參謀之儀御賴あり孰れも御辭退有之内公は御辭職御歎願中之故を以御固辭有之御退出に而一條殿へ被爲入

一右に付御達如左

仁和寺宮へ軍事總裁被　仰出候ニ付御守衞兵士奉御指揮進退可致事

一此日雪江は午後發邸伏見舟行指支候由に付竹田街道より陸行す七條邊より辻々に薩兵七八人或は十餘人計つゝ屯集せり未刻前四ッ塚に至るに市橋下總守殿持之關門菱垣結廻し木戸を打戎裝執銃之兵士守之薩兵も將卒共に多勢整屯す是より南行する處に撒兵を布き伏兵を設け殺氣隱々た

り此日肥後侯上京に而此邊より以南從兵絡繹として來れり此處を過て數町にして薩兵三人あり南より來りて行き違ひさまに二大隊計あるへしと呼き合て通れり是薩兵の斥候なりしを後に思ひ當れり是より鳥羽村に入るに村裡に坂兵之一大隊之印ある歩兵整列して勢揃へ之體なり十四大隊之印も見受たり此人數を押分け／＼通行す坂兵に續きて桑名松山兩藩の兵隊各甲冑し銃を先とし槍を後として村內に充滿し夫より以南坂兵の押來る事引きも切らす行路甚困難なり淀小橋より八丁畷之堤上を經て伏水に赴く坂兵又陸續として蟻行之如く兩路之大兵目を驚かし心を寒からしむ景況如斯鬪諍將に起らんとする勢現然として吾事の成り難からんを恐懼せり淀之城下は坂兵北に向ふて去り寂然として唯大垣藩之兵隊而已屯集せり橋本驛に而日暮れ驛南の臺場なる關門を過き數町にして從者炮聲の聞ゆるを告るによつて一驚回顧するに男山を隔てゝ火光の天を衝くを見る於是釁已に伏見に啓たるを知り大息一聲心膽消沮して進退爰に谷り

下坂無益に屬すといへとも宗家の御安否且華城之形勢をも可相窺と强忍氣を勵して前進し戌刻比枚方驛に至る此時未た晩食せされは輿夫不堪勞仍之舟を買はんとするに此邊の民屋惣而此頃坂兵之休憩所となせし故酒食竭乏土人も多く離散せり辛くして一店を求め得て喫飯し漸に坂兵之乘り棄たる一船を買得て亥刻過纜を解きたり船中より回視するに火光益熾にして大坂に至る迄炎々たり

〇同月四日今朝御布令如左

不容易御時節に立至り候儀には候得共此上如何とも難計依之宜敷氣力を養ひ緩急奉公可有之候今日は退出明日より各巳刻參　朝御用有之節は別段伏見表事件同樣之事候得は伺之上退出可致候事

正月四日

但下參與之輩にも同樣日々巳刻一應相揃本分之通り退出可有之乍去一藩一人つゝ晝夜必相詰居候樣可致事

右之御次第に付公五半時比一條殿より御歸邸被遊
一今朝左之通　御所より御使を以御達有之
黑谷邊會兵潛匿之趣不容易儀に候早々可打拂　御沙汰候事
右之通薩藩へ　御沙汰相成候間此段相達候事
右御達に付薩兵大炮を以黑谷を攻擊せし故災蕭墻之中に發せし歟と洛中一時騷擾を起せり
一此日仁和寺宮へ錦旗を賜り東寺迄御進發之儀被　仰出未刻過　宮中より御出陣有之薩長土藝之兵隊奉警護之
一右御出陣後は　宮中御用閑に相成に付後藤福岡神山辻毛受三岡等之諸參與を願之上戰地を斥候す各聯騎にて伏見街道より堤通り鳥羽畷より淀近く迄相進み炮戰之模樣見分竹田街道を經て夜戌刻前　御所へ歸參官軍追々御勝利之趣申上之
一此日紀公へ左之通被仰出由

紀伊中納言

兼而鎮靜　御沙汰之趣も候處坂兵伏見表出張叛逆之色顯れ候に付官軍
相募り同心戮力　王事に勤勞可致　御沙汰候事

正月

追而別紙之通高野山屯集之官軍へ　御沙汰候間心得之爲申達候事

鷲尾侍從

兼而　御沙汰之趣も候處坂兵伏見表出張叛逆之色顯然不得止之情態に
付高野山屯集之官軍同心戮力速に華城を可乘落旨　御沙汰候事

正月

一此曉寅刻過雪江大坂中ノ島邸へ着船探索方荒川順之助知邸代岡本晋太郎
在邸に而晋太郎申達候は過刻東町奉行小笠原伊勢守殿より御呼出に而罷
出候處兩町奉行出座諸藩士列座に而左之御書付明日　御奏聞相成旨に而
拜見被仰付但於營中大目付衆より御達可相成處夜中御城内出入も混雜に

付右之通於御役宅御達に相成候間左様可相心得旨伊勢守殿御演達有之由

御書付

先般献言之次第も有之處豈料ンや松平修理大夫要　幼帝不盡公議矯叡慮天下之亂階を醸し候件々不暇枚擧依之別紙兩通之　奏聞を遂け大義に依て　君側之悪を拂候に付速に馳參軍列に可相加者也

臣慶喜謹而去月九日以來之御事件を奉恐察候得は一々　朝廷之御眞意に無之全く松平修理大夫奸臣共陰謀より出候は天下之共に知る所殊に江戸長崎野州相州處々亂妨及刧盗候も同家家來之唱導により東西響應し　皇國を亂り候所業別紙之通に而天人共に所憎に御座候間前文之奸臣共御渡御座候樣　御沙汰被下度萬一御採用不相成候はヽ不得止誅戮を加へ可申此段謹而奉　奏聞候

正月　慶喜

薩藩奸黨之者罪狀之事

一大事件盡衆議と被仰出處去月九日突然非常御改革を口實とし奉侮幼帝御所置私論を主張候事
一主上御幼冲之折柄　先帝御依托被爲在候攝政殿下を廢止參　內候事
一私意を以　宮堂上方を恣に黜陟せしむる事
一九門其外御警衞と唱へ他藩之者を煽動し兵仗を以　宮闕に迫候條不憚　朝廷大不敬之事
一家來共浮浪之徒を語合屋敷屯集江戶市中押込强盜致し酒井左衞門尉人數屯所へ砲發其他野州相州處々燒討刧盜に及候は證迹分明に有之候事
外に舊臘之御建白之　奏聞狀拜見被仰付由
右御書面之御趣意に而天下之公道におゐて御名義更に不相立事と相成竊に浩歎之外無之加之此地之近況を聞くに專ら伐薩之御催に而朔日已來御人數も逐々御繰出に相成市中居民家財取片付老幼所緣之田舍へ差遣し丁

壯計居留之由又昨夜より薩邸火攻之聞へ有之嚴重之御手配に而彼方角殊之外騷ヶ敷抔物語罷在候內忽然として地雷二發中ノ島邊震動し衆人驚愕色を失す是必す薩邸なるへしと樓上より望むに果して薩邸に當り失火せり後に聞くに薩邸に而は勢ひ遁れ難きを知り昨日來老幼を爲立退諸具を他所へ搬ひたる後火藥を以て自燒せりとそ如斯形勢にて人心之恟々たる事譬ふるに物なし

一今朝卯刻雪江登城永井殿へ逢對申陳候は昨日下坂之途中伏見之火光を望見候而は爭端已にひらけ百端旣往惣而無益に屬し候得共下坂之旨趣も一應は申上乍恐御機嫌をも奉伺且即今此地之御樣子も拜承仕度と及登城候段演達之朔日已來京都之事情申述候處永井殿も大息顰眉而已に而扨々遺憾千萬なりとの挨拶にて被申聞候は此間老侯御下坂之節御請之御廉も有之京地より之御左右次第御上京之御積故其節御人數多分被召連候も如何に付御先供として二大隊大久保主膳正引纒出立被命且瀧川播磨守を以

別紙　御奏聞書被差出右は三日朝條城へ着　御奏聞書御本紙は戸田大和守へ相渡御奏上に相成寫一通つゝ尾越へ御渡之分は則雪江呼出播州より相渡積りに有之然る處同日細川右京大夫上着二大隊之隨兵引連れ入洛に付播州は夫に引續き罷越處四ッ塚關門に而細川勢は異儀なく通し候得共播州は德川氏之家來故通し難きとの事にて抑止に付彼是及懸合候へ共約る處爭論に相成より外は無之勢に付無是非引取大久保へ申談し同人之兵隊に引副ひ通行之積り之所大久保も指留に付一二問答之內早や彼方より打懸候故此方よりも打懸忽炮戰相始り候次第に而誠に意外千萬之事共に相成播磨も今以淀表に滯留罷在候間雪江彼地へ罷越　御奏聞書幷御直書も有之候間播磨より受取之直に上京いたし　御奏聞書は戸田和州へ指出し吳候義は相成間敷哉との賴談に付御申聞之趣承知は致候へ共雪江輩御奏聞書持參と申も不體裁且道路之障碍も難計萬一德川氏之密使抔と被怪候而は此節柄主人迄も不都合相成候而は迷惑仕候間此儀は御免奉願度

候愚按を申試候へは御用狀成共御仕立肥後家老溝口孤雲罷出居候へは此方へ御托し被成候而は如何可有之哉外藩之方嫌疑も有之間敷と申談候處如何樣共方も可然哉と承引成り雪江又申候は扨ヶ樣に事破れに相成候而之御策略は如何候哉と詰り候處誠に不意に出たる事故更に術計無之　上樣も殊之外御當惑隨而何れも無策如何相成可然哉との模樣に付乍恐夫に而は御濟被成間敷萬一御人數等勢に乘し　輦下を騷かし候樣之事に相成申間敷歟と申候處其處は念を入れ每々嚴敷申越候事故決而其氣遣ひは有之間敷候へ共ヶ樣相成候に付而も猶更　御奏聞之御筋行屆き候筋有之間敷哉と頻に垂問有之に付今日は申合せ外藩四家之家老共登　城致候筈に候得は猶又申合見可申と申達退座せり

一卽刻比溝口孤雲藤堂歸雲十時攝津登城控所におゐて對談之處孰れも昨夜中に着坂少々つゝ遲速は有之候へ共途中に而炮聲火光を見聞し不可救之勢と相成候を知り愕然失措而已ならす於坂地昨夜之御布告を拜見し再

度吃驚駟馬難追次第と相成挽回之道絶果たるは四人同歎之至に而猶此上にも御名義之可相立條理可有之哉と蹙額議論致試候へ共更に開明之良策無之當惑罷在内三老之面々へ追々閣老初諸有司對談は有之候へ共滿城拂地之無策に而唯　御奏聞之貫通或は前途之意見垂問之外一之定論も無之に付三老も愈以慨歎を極め卽今と相成候而は惣而一點之見込も無之趣申達申刻頃より逐々退出せり孤雲へは　御奏聞書傳達之儀を賴談有之候へ共御家門之方可然趣申立不及御請由

一如形兵端已に開し上は四人歸路之通塞難計に付孤雲は今朝伏見邊之形勢爲取調家來指遣したる故歸報之次第により歸京之見込を立候積り之由歸雲も同樣前路見分之者指出候由に候得共雪江は十里外之消息坐待も焦思之至に付いつれ之道にても支度次第發船淀邊迄遡り其上に而進止可相決と其段永井殿へ及申談處左候はゝ是非共　御奏聞狀并御直書共持參致吳候樣との事に而酒井雅樂頭殿板倉伊賀守殿より戸田大和守殿迄え之御

用状に仕立被相渡に付受取之退出せしは申半刻比なり此節淀川船留に而通船無之に付御目付榎本殿指圖に而四藩之分は舟會所より印鑑を出されたり雪江は昨夜留置たる船に而酉半刻比發船せしかと乗棄たる大船なる故船脚疾からす五日曉寅半刻頃漸くにして枚方に至れり

一雪江退出之節御城中の口に而土老深尾鼎に逢ひ引入對談するに印鑑を持たさりし故御門所に而手間取及延刻たる由城中之情狀物語共に大息して空敷退出せり

○同月五日一昨日已來之形勢爲報知奈良元作急飛に而御國表へ被遣今曉出立す元作へ御渡に相成候御國表へ申上之御趣意御直書如左

舊臘九日已來從　朝廷　内府公へ御内沙汰之儀に付不及なから輕生不容易盡力いたし尙御下坂に付而も粉骨碎身其後從　朝廷御沙汰被爲在に付廿五日下澱華城へ罷出　内府公へ言上御請相成故晦日歸京直に復命も致其上追々骨折何卒　御上洛御參　朝迄も盡力次第に順境相運

朝廷向も御都合宜相成様子之處去る廿五日江戸表騷亂之儀相聞へ華城麾下之士生大沸騰候様子に而俄に　御上洛之風聞會桑等先鋒に而伏見迄上り來り就是も一昨日より十分之盡力致し雪江も下坂申付候位之處昨三日夕より伏水兵火起り遂に干戈動き候形勢に而不容易御大事已に喪亂に及ひ申候右に付昨夕參　朝いたし帥宮御始議定參與列席へ罷出是迄不及なから以不肖盡力仕候處遂に今日之喪亂に相成候全く慶永盡力之不行屆故と奉恐入候に付而は議定職奉辭其上如何様之御譴責相蒙候共奉甘受候旨御直に言上仕候書付も指出候右之趣意に而何分にも辭職　勅許奉懇願候旨此上願出候事に而最早世人へも面目無之迚も相勤候所存毛頭無之事に寄候へは所勞にも有之旁様子見計御暇も願出候積りに候此段國許へ早々罷歸越前守へ可申聞事

正月四日　　慶永

一今朝六ッ時前雪江枚方發船橋本炮臺之邊に至るに朝霧之內に稀に小炮

聲を遙聞す炮臺に旗を建人數を配り形勢異常なり怪みなから進船橋本を過き科手村邊に至るに炮聲大小交も聞へて霧晴れ戰の漸く始りたるを覺ゆ堤上を奔走往返之兵士あり馬を馳せて歸り來る斥候あり前途の炮聲漸く盛んなれは舟子舟を進る事を肯んせす依之村端に上陸し兵士に問ふて道を八幡山の麓に取り八幡丁を過て數丁にして會藩之大野英馬か今一人と馬を並へて出陣するに逢ふ彼云淀より以北炮戰尤盛んにして伏見堤上亦爾り勝敗未決唯願はくは一刻も早く歸京して盡力せん事を庶幾する由を言棄て過行きたり此頃に而は淀川以北之大小炮戰猛烈を極め轟然地を動し烟天に漲る八幡山に會兵炮臺を築て屯集せり放生川邊は宮津藩守衛之關門あり是を過て堤上を行く東軍之二大隊に逢ふ未刻過き木津川を渡り新田村に至る途中淀邊之放火を望む此頃に至つて炮聲漸く稀なり未半刻比新田村之民屋を憑み午飯を喫し夫より宇治川を渡り小栗栖より栗栖野を經て汁谷越より清水へ出暮時過着邸せり直に　御前へ出坂地之事情

申上御直書指上之御拜披之處左の如し

奏聞之次第は有之候へとも　輦轂之下におゐて干戈を動かさゝる樣兼而兵隊之者ともへ申諭置候得共彼より已に炮發之上は此上之形勢心配致候間呉々も　鳳輦守護被致候儀厚く御賴申候已上

慶　喜

尾州　藝州

越前　宇和島　殿

土州　細川

正月四日八字認

御老中より戶田殿へ之御封物は鹿之介を以戶田殿へ指出處御同人被申候は　御奏聞狀は瀧川播州大垣之藩士に托し今朝相達せし故封之儘直に朝廷へ被指上由仍之雪江持參せしは重複に相成に付戶田殿手元へ被預置段被申聞たり右內府公御直書尾侯へ御廻し御拜見之上御連名之御方々へ

御廻達之儀御直書を以被仰進外諸侯へも御直書を以御寫被遣處豫老侯よ
り之御返書如左
拜讀云々扨雪江第六時歸着仕候由永玄より　內府公之御直書相渡持參
に付御拜見之上尾へ御廻し故何れ尾より追々順達可相成候得共事急に
付右寫御內々被遣旨御厚情奉感謝候即拜見仕候處　內府公御胸中御互
に奉遙察候通に而泣血感動仕候彌以昨朝　總裁宮御發向之義僕參謀に
居候而不行届容身に無地奉存候乍併かくて有へきに無御座候故尙明日
八時より九時比迄に參上御相談可申上雪江へも逢可承と奉存候只今歸
宅匆々如此ニ御座候頓首
正月初五第八時　宗城
越前　明公
○同月六日今曉於　御所九門外公卿方穴門有之分警衛之儀被仰付旨久世
中納言殿御達之處御人數少に而三十四家不殘は御持被成兼候付下立賣御

門より寺町御門迄之間十四家分御持に相成

一此日於邸内御評議有之候は　前內府公いまた橋府御在第之比より　王事に御賢勞あつて　先朝にも御依賴思召されし事は擧世之所知に有之大統御繼承已來は猶更　輦下御滯在に而専ら可被爲安　宸衷と被盡御忠貞當朝と被爲成候而は別而　御幼冲にも被爲在候へは殊更都下之安穩にして　皇國之泰平ならん事を御一身に御引受日夜御焦思之事に候ひしかと宗家御衰運之秋とも可申歟尊　王攘夷を名として蟄懷を暢へ私憤を快くせんとする過激不逞之徒逐歲而滋蔓に及ひ縉紳を慫慂して官武之不和を煽き騷亂を釀成し勢不可治に立至りしにより　前內府公多年含蓄之大謀大英斷を以時機に投し政權を御奉還有之政令一途之全策を建議し給ふ處廟堂之暴論是を時とし降官削地之事を以て大に德川氏を窘迫せしむといへとも　前內府公强忍恭順之盛意暗に其施謀を折き吾老公尾土兩老侯と共に之を輔贊し給ひ諸藩之有志附尾して翼戴周旋之力を盡し扶顚持覆之

時已に來るに垂として舊幕吏之淺慮失策會桑之頑愚強暴頓に妄動を發し功を一簣に缺き今日之形勢に至つては前内府公を亂臣賊子として　朝敵追討之錦旗を飜す此時に當りて　内府公之汚名を雪き多年勤　王之盛意を眞實にする事能はす徒らに虚名を負ふて華城に敗死し給ふを座視せんとす悲憤慘痛牙折れ拳摧く嗚呼二百餘年幕府之親冑に誇て威を天下に振ひ給ひし御當家に於て休を共にして戚を異にし宗家困難之極社稷顛沛之際に至れるを手を袖にして傍觀す共信共義何れ之地にある何之面目あつて德川氏之君臣に見ゆへき何等之鐵面皮あつて世間之義人に對すへき正儀如此は候へとも即今御手出之被成方も無之候へは御國家を被指上高野御登山も御至當なるへき歟抔　公を奉初要路之面々心膽を吐き御評議有之候へ共前途に判然たる御定見も立兼候に付當前之救急　朝敵之汚名を被除候樣尾侯被仰談　朝廷へ雪寃之御強願可然との御決議に而御出來に相成御書取幷御家來共より之歎願書如左

徳川〇〇今般之擧　朝敵たるの故を以征討將軍をも被命候に立至候義支族たる〇〇におゐても誠以不堪恐悚悲歎之至に奉存居候處昨夜戸田大和守より別紙之通り今朝　奏聞に相成候旨に而寫一通相廻し且右建言之趣幷無程上京に付爲先供二大隊之兵士二條城迄爲指登置候段去る三日朝瀧川播磨守を以　奏達之積に御座候處右播磨守於四ツ塚薩藩之衞兵に被指留建言上達難仕空敷引返し候而已ならす仇視之向より追々兵端相開き候に付不得止事爭闘には相成候へ共奉對　朝家一點逆意之念頭無御座段は建白之表に而も分明に御座候然る處事情行違ひ趣意徹底仕兼候より不圖不臣之罪名を蒙り候而は祖宗以來之寸忠も今日に至て烏有に屬候儀支族之身上に取候而も罔極之痛歎に御座候へは何卒右等之次第共　御憐察之上至仁至公之　御憐恕を以　朝敵之惡名御除削被成下置候樣偏以奉歎願候是等之趣　朝廷へ宜御執　奏之程所仰冀御座候以上

月　日

徳川殿今般之擧　朝敵たるを以て錦旗を以御征討に被爲及候御場合と相成候儀徳川臣子に至る迄恐懼錯愕不知所措罷在候處戸田大和守方より今朝　奏聞に相成候由に而徳川殿建白幷不日上京之先供二大隊條城迄被指上置候段去る三日瀧川播磨守を以被及　奏聞積に御座候處右播磨守於途中薩藩之警衛に被指留候に付品々懸合有之候へ共約る處爭論に及候より外は無之左候而は建白哀訴之趣意にも相背候故無是非引戻し兩條共上達難仕彼是痛心能在候内仇視之向より追々兵端を開き候に付不得止事戰爭之次第には相成候へとも被對　朝廷候而は　皇國之爲忠勤之旨趣は有之候へ共聊叛逆之意志無之儀は建白書面に而現然昭著之事に御座候處建白難達事機及錯亂候より不圖　朝敵之汚名を被相蒙候義徳川支族之臣子に取り何共殘念至極之次第に而憤歎難忍仕合に御座候尤　朝廷に被爲置候而は干戈暴發之形迹を以速に　御征討之

御手配被爲在候御儀は乍恐御至當千萬之御儀に而今日迄は實に恐入縮入屛息仕居候儀に御座候處前書建白　奏上にも相成德川殿用兵之始末も分明に相成候上は手元に於而一段之過失は今更可取返方策も無御座恐入候次第には御座候へ共是迚も德川氏より兵端を開き候筋にも無之事不得止に出候より起り候趣にも候へは何卒此儀は祖宗已來　聖化を輔賛し　皇國之生靈二百餘年干戈之患を忘れ候勳功に　思召被爲換朝敵之罪名御除き被下置　王政御一新總而正大公明之御所置被爲在候御折柄にも候へは雪寃之御公議相立支族主從之歎訴　御聞届に相成候様武門之意地臣子之情懷深く御憐察被成下可然　御奏達被成下候様偏に以願上候事に御座候已上

月　日　　家來共

右書面を以尾侯へ御談之御評議之處青山小三郎退朝に而致出勤此義を承り申出候ては今日　朝廷之御模様德川氏之黨類は勿論惣而佐幕之二字を

唱ふる者は不論是非　朝敵々々と號し可及壓倒勢に而已に明日は惣　參内に而　朝敵追討之大號令も可被發御様子に有之左様之最中へかゝる御書面出候而は御趣意之可否は指置　朝敵御荷擔とか申事に相成如何様之御災難も難計候得は今暫時勢御見合御强願等に相成候はゝ必定　朝敵之部類に可被加入と御諫止申上に付今日之處御猶豫に相成

一今日御國表へ飛脚被指立　御表様へ被進御直書如左

方今之形勢不容易干戈頻動　皇國之安危は勿論宗家之存亡此秋に迫り實に苦心難堪日夜令惱慮候昨朝奈良元作を以三日已來之景況申達候浪華より中根雪江書狀到來且從　內府公　御奏聞書幷列藩へ之御布告相廻り拜見致候右は乍恐御尤之御趣意之様には候得共全體從　公邊兵隊御指登せ其外御不都合之廉々も不少間然なしと難申從　朝廷之御所置御命令も可議なきに非す臣子之身分恐多き事なから憤思に堪兼候義も不少唯今之形勢に而は如何とも不可爲矢張元作を以申達

候所存に而幾重にも盡力不行屆之所を以辭職御譴責奉懇願之外無之覺悟候間於國許　公邊御布告等之儀に付萬一議論鼎沸致候共此地之景況不詳惑より畢竟事起り候故我等之所存如此に候へは足下之進退も亦天下之公論を被待至當之所置有之度只今之處萬一不都合に而は千載之笑と存候此趣議論申出候者有之候はゝ直諭鎭定尤に候右之趣及陳啓候也

正月六日　慶永

越前守殿

一此日於坂地佛國公使登　城御應接有之相濟退城之後伊賀守殿公使旅館へ被罷越夫より無程　内府公佛國火船に被召御東下被遊候由

○同月七日今日議定參與在京諸侯等申刻揃惣參　內被仰出　公御所勞に付爲御名代本多修理被差出候處於　小御所一同揃之上帥宮御讀渡之御書面如左

德川慶喜天下之形勢不得止を察し大政返上將軍職辭退相願に付　朝議

之上断然被　聞食候処只大政返上と申而已に而於　朝廷土地人民御保ち不被遊候而は　御聖業難被為立候に付尾越二藩を以其実効御訊問被遊候節於慶喜は奉畏入候得共麾下幷会桑之者共承服不仕万一暴挙可仕哉も難計に付只管鎮定に尽力仕居候旨尾越より及言上候間　朝廷には慶喜真に恭順を尽候様被　思食既往之罪不被為問寛大之御所置被仰付へき之処豈図らんや大坂城へ引取候は素より之詐謀に而去る三日麾下之者を引率し剰前に御暇被遣候会桑を先鋒とし　闕下を奉犯候勢現在彼より兵端を開候上は慶喜反状明白始終奉欺　朝廷候段大逆無道最早於　朝廷御宥恕之道も絶果不被為得止追討被仰付候兵端已に相開候上は速に賊徒御平治万民塗炭之苦を被為救度　叡慮候間今般仁和寺宮征討将軍被任候に付而は是迄偷安怠惰に打過き或は両端を抱候者は勿論仮令賊徒に随ひ譜代臣下之者たり共悔悟憤発為国家尽忠候志有之輩は寛大之　思食に而御採用可被為在候依戦功此行末徳川家之儀に付歎願

之儀も候へは其筋により御許容可有之候然るに此御時節に至り不辨大義賊徒と謀を通し或は潜居爲致者は　朝敵同樣嚴刑に可被處候間心得違無之樣可致事

但　征討將軍を被置候上は卽時前件號令可被發は勿論に候へ共猶旗下粗暴之徒壅蔽爰に至り候事哉と彼是深重之　思召を以御遲延之處三日より今七日に至り坂兵日々雖敗走蓋出兵吳々不被爲得止斷然本文之通被仰出候各藩陪臣吏卒に至る迄方向を定め爲天下奉公可有之事

右相濟岩倉殿御演說有之趣は如斯被仰出候上に而歸國致度向は歸國大坂へ罷越度向は可罷越又勤　王追討之向は其通り何も方向を定め明日辰刻迄に及御請候樣御申渡有之畢而又被申候は是迄は　朝廷之御爲何卒慶喜改心反正有之候樣にと存し蔭なから種々及周旋候儀も有之所今日之姿に立至候而は　朝廷へも無申譯深く奉畏入候と改而宮樣へ御演達有之是よりは決然方向を定め勵精可仕は勿論との事に而又是は事已に去りたれと

もと御申に而徳川氏　奏聞狀を列坐之上席へ御渡有之此時久我中納言殿被申候は何も　朝家之御爲早々可安　宸襟且は蒼生之塗炭に不陷樣との御配慮に出候事候へは聊不及御顧念儀御念入之事に候只今後之處は御互に今日被仰出候御號令を奉し共に盡力致候より外無之是迄之儀は御心配無之樣御挨拶有之由

一今日之御次第修理罷歸申上候付被及御評議候處御請之大體は勤　王之外別儀可有之樣も無之候へ共尚紛々之議論も有之公には前日御辭表被指上候御趣意に而今更と相成候而は最早御方向御取失ひ　朝廷へは素より世間へ御面目無之迚も御在京は難被遊思召候へは勤　王は御表樣之御當務御十分に御盡し可被遊公は素々御隱居之御身分に被爲在候へは猶又御再願に而被　聞食之上は御國元へ御引込山林へ御退隱可被遊と思召候間御請之儀は被任衆議候段被仰出たり

一坂地に被指置候荒川順之介今朝大坂表出立夜に入歸邸右は昨夕前內府

公華城御明退き火船に而御東下被爲在たるの由之注進なり坂地寂然無人境之如くなるよし順之介は闇り峠より奈良街道へ出宇治より清水を經て歸京す道路障碍無之由申達之

○同月八日昨日之御請書修理を以被指上左之通

昨七日所勞に付爲名代家老本多修理　參朝爲仕候處　御書付を以御達之趣奉拜承候

正月八日　松平大藏大輔

右御請書之儀元より勤　王一途之御方向之旨可被仰上事に候へ共當節柄萬一坂地追討抔被　命候節は御名義上におゐて御斷り不被仰上候而は不相適候得共夫に而は又御請之御趣意と齟齬之姿に而被仰訳無之様可相成左れはとて御推察を以未然に被仰置儀も難被成彼是御困窮之御訳合に而唯何となく御承知と計御請に相成候はゝ御趣意不分明故定而御尋も可有之候へは共節に至り勤　王一途は勿論に而申上候迄も無之候へ共御用之

次第により相願候儀も可有之と夫となく御答置に相成可然との御評議に而御請書出來修理持參罷出候處非藏人を以書付有之候はゝ指出候樣御沙汰に付卽指上候處書面に付申上候儀は無之候哉と御尋に付書面に付申上候儀は無之候へ共書面に付御尋も御座候はゝ御答申上置度儀有之趣申上候處左樣候はゝ最早御用無之萬里小路殿御落手之段非藏人を以被仰聞候に付共儘退散仕候趣修理罷歸申上之

一此日午後坂地に罷在候岡本晋太郎罷歸り申上候次第は昨七日御城より申來り罷出候處御目付妻木多宮殿逢對に而昨六日　上樣御城御明退きに付尾越兩侯へ御托し　御奏聞狀幷御書有之に付兩家之衆へ可相渡所尾邸には一人も詰合無之に付晋太郎へ被相渡由且御城も引渡被申度との事に付晋太郎申候は重き　御奏聞狀等私式之者拜受仕候儀は恐入御請難仕且御城受取之儀は猶以可及手關樣も無之候間御免被下候樣申達候處　御奏聞狀は是非とも持參致吳候樣御城之儀は早々受取人指出候樣可致薩長迫

り來候へは御城は元より土地可及放火左候へは諸民之難儀とも可相成儀に付共處を思召御開城にも相成事に候へは此訳合も歸路薩長陣屋へ罷越申說き止戰之儀申入候樣との賴之由肥後首藤某へも止戰申通候義賴有之趣に候へ共首藤は戰地罷越候義懸念に候得者京都へ申遣し京都より指圖に相成候樣可取計との緩計に而捗取申間敷樣子故晋太郎申達候はヶ樣之時節に候へは成敗は難量候得共何分指向ひ見可申候間　御奏聞狀御寫一通御渡被下度夫を以懸合可仕尤御城之儀は尾越より　奏聞濟受取人指上候迄は御受取申とは難申上と相答へ　御奏聞狀幷御寫共受取罷歸夫より支度相整北上之處途中案外に兵士等見受不申枚方迄無何事到着彼是深夜に相成候に付暫時休息罷在候處長陣より之巡邏六人入來り通行之趣意等相糺候に付有體申答へ陣所へ致案內吳候樣相賴み同行して橋本驛之陣營に至り隊長へ面會　御奏聞狀寫爲見多宮殿賴之趣申演候處淀表仁和寺宮御本陣へ申上候樣との事に付同所へ罷出候處參謀伊知地正治逢對に付前

條申述處尤之次第候へは宮へ相伺思召次第に可致との事に而慇懃に慰勞之挨拶いたし相歸し候右等之次第に而彼是手間取候由申達　御奏聞書一封指出候付伊藤友四郎受取之御前へ指上晉太郎口上之趣逐一申上之御一封は尾侯御連名に候へ共先に御開封被遊處左之通

此度上京先供途中偶然之行違より近畿騷然に及候段不得止場合に而素奉對　天朝他心無之段は兼而御諒知之通りに候併聊たり共奉惱　宸襟候段恐入候儀に付浪華城は尾張大納言松平大藏大輔へ相托し謹而東退仕候已上

正月　慶喜

御副狀

此度上京先供途中偶然之行違より近畿騷然に及候段不得止場合に而素奉對　天朝他心無之段は兼而御諒知之通りに候併聊たり共奉惱　宸襟候段恐入候儀に付謹而浪華城各へ相預退去歸東に及候間右之趣可然御

執成　御奏聞有之度賴存候

正月七日　　慶喜

尾張大納言殿

松平大藏大輔殿

右に付御家老酒井與三左衛門を以尾侯へ御指出に相成尾侯御承知に而御談之上尾より成瀨隼人正御家より酒井與三左衛門夜に入參　朝公卿之議定衆迄被指出之

一昨日反狀明白等之御發令も有之最早御盡力之御筋道も絶果候事と相成此儘御在京被遊候而は被對天下御面皮も不被爲在御義に付過日御辭表被指出置候御儀も被爲在旁御直願之上御歸國可被遊との思召に相決今夕御參　內可被遊哉明朝之方御都合可宜哉抔御評議中前記晋太郎到著に付右御奏聞狀御持參に而御參　內　御奏達之御跡に而御願可被遊との思召も被爲在候へ共尾侯へ御懸合に相成候はゝ彼是夜にも入可申次第に付御參

內は明朝に被決　御奏聞書は御家老中を以被指出候事に相成然る處夜に入三岡八郎退　朝より直に參上申上候は今朝參與役所へ出勤之處岩倉殿御逢被成度との事に而御對面有之御申聞之趣は此間容堂殿迄申達置候次第大藏大輔殿には爾後御參　內無之に付難申上に付段々延引に相成候故今日八郎迄御申聞有之由抑舊臘已來之御忠實御盡力は滿　朝徹底感服之事に而此上德川氏如何樣之變故に及候共尾越兩家へは德川氏に向ひ戰を取らせ候樣之儀は決而無之候共代り五畿內之政治此比迄は內府公御參內之運にも相成候はゝ是迄之振合も承知候事故何とか可相成か實は夫を憑み等閑に致置候姿之處今日と相成候而は夫處之事にも無之追々之世態一揆抔起り候而は不取締之事にも候へは何卒大藏大輔殿伊豫守被仰談御家來も御指支にも可有之候へ共二十人なり十人なり御指出此所之御政道御取締り之儀御賴被成度との御內評に有之依之明日辰刻御參　內有之候樣致度左候へは兼而御役御免之御內願は有之候へ共御許容無之更に議定

に被命候御運ひなる由御內話有之旨に而前記之御落膽御屈度被遊候御見込とは思召懸もなき　朝廷之御評議有之趣相聞へ左樣之御折柄御一量見に而强而御勇退被遊候はヽ是迄御周旋御盡力之御鑿枘齟齬御行屆無之遂に今日之世態に立至候を御憂慚之餘り最早風雲之世途を御嘉進被遊度との御趣意は不相貫却而德川氏之御爲に何とか思召も有之御歸國被仰立候樣　朝廷之御嫌疑を被爲受候而は多年　朝幕之爲に御心力を被爲盡候御忠貞之御瑕瑾にも被爲成候半歟と今更御殘念にも思召且は萬一御表樣迄之御不都合等に可被爲成候歟と御心弱く被爲成先つ明日之處は御參　內に而無御異議御奉命被遊候而猶御深考も可被爲在との御事に被決たり
〇同月九日今朝御重臣壹人被指出候樣　御所より御達に付酒井與三左衞門方被指出候處德大寺大納言殿より御達左之通

尾張大納言

越前宰相

慶喜東歸に付言上之趣被　聞召候將軍宮御進軍華城を以可爲本陣被
仰出候間兩藩共に迅速下坂城中點檢可奉迎旨　御沙汰候事
但若々及遲々候而は甚以御不都合に付呉々速に下坂可致事
一同斷御參　内被仰出候へ共御所勞に付御名代右同人相勤候處德大寺大
納言殿御達左之通
越前宰相
先達而より所勞に付議定職辭退歎願之儀不被　聞食今度更に被　仰付
候間此段可相心得候
但華城出張中御役前相勤候儀御用捨相成候事
右御奉命之御請御家老代宇都宮勘解由を以被仰上之
一右華城之儀被仰蒙處御所勞中に付尾侯へ御示談之上爲御名代酒井與三
左衛門へ下坂被命青山小三郎小栗五郎太夫御作事方引纒早々下坂被仰付
小三郎は途中將軍宮淀城御本陣へ御使者相勤候樣被命

但尾侯も御所勞に付御名代御家老渡邊對馬守幷大澤武五郎中村修之進梶川橘介等下坂被命由

一今朝巳刻過千本彌三郎御國許より大早駈に而到着す右は去る三日於御所御沙汰有之此地より之報告次第御人數繰出之義爲取計上京せり方今之形勢に付御國論は最早御盡力之御廉も不被爲在　御宗家へ被對候而も朝廷へ被對候而も御濟不被成候へは速に御勇退被遊候樣御國表之建議死を極め可及主張當時之御時勢御觀察其儘御心ならすも御在職之思召等一切難及落意固執强願如何とも不可爲勢に付御内評之上眼前當り難きの鋭氣を被避假初に御勇退可被遊との御書取御渡し彌三郎は御歸しに相成追而此表委曲之實際は御家老中に而可被遣に相決す

○同月十日於　御所被仰出

徳川慶喜

奥州會津

勢州桑名
讃州高松
豫州松山
備中松山
上總太田喜
永井玄蕃頭
平山圖書頭
竹中丹後守
塚原但馬守
戸川伊豆守
松平大隅守
新見相模守
設樂備中守

榎本對馬守
牧野土佐守
岡部肥前守
大久保主膳正
小栗下總守
星野豐後守
高力主計頭
小笠原河内守
大久保筑前守
同　能登守
戸田肥後守
室賀甲斐守

今度慶喜奉欺　天朝反狀明白既に兵端を開候に付追討被　仰出候依之

右之輩隨從于賊徒反逆顯然に付被止官位候事

奥州會津
勢州桑名
讃州高松
豫州松山
備中松山
上總太田喜

右慶喜同意反逆顯然候間悉屋敷被召上殘兵追放被　仰出候事

但殘兵敵地迄可相送事

若州小濱
濃州大垣
志州鳥羽
丹後宮津

日州延岡

右御不審之次第有之に付被止入京候事

一此日七道へ鎮撫使發遣之被仰出有之

北陸道　高倉殿
山陰道　西園寺殿
東山道　岩倉若殿
東海道
山陽道
南海道
西海道

右は未た御決定無之

一同時備中松山之城を藝州へ伊豫松山之城を土州へ各攻撃被命由

一同時三條大橋幷荒神口大橋辻〔札カ〕の辻へ被掲高札如左

徳川慶喜天下之形勢不得已を察し大政返上將軍職辭退相願に付斷然被聞召既往之罪不被爲問列藩上座にも可被仰付之處豈圖んや大坂へ引取候旨趣素より詐謀に而去る三日麾下之者を引率し剩歸國被仰付候會桑等を先鋒として　闕下を奉犯候勢現在彼より兵端を開候上は慶喜反狀明白始終奉欺　朝廷候段大逆無道其罪不可遁此上者於　朝廷御宥恕之道も絶果不被得止　御追討被仰出候抑兵端既に相開候上は速に賊徒誅戮萬民塗炭之苦を被爲救度　叡慮候間今般仁和寺宮征討將軍被任候に付而は是迄偸安怠惰に打過或は兩端を抱き或は賊徒に從ひ居候者たりとも眞に悔悟憤發國家之爲盡忠之志有之輩は寛大之　思召に而御採用可被爲在候尤此御時節に至不辨大義賊と謀を通し或は潜居爲致候者は朝敵同樣嚴刑に可被處候間心得違無之樣可致事

辰正月

私云此外に農商布告外國諭告等有之大同小異故略之

一今夕申刻後大坂御藏屋敷に殘り居たる小使之者罷歸昨朝六半時比大坂御城大手前小屋より出火御櫓御殿等追々御燒失之由多分地雷火仕懸有之由注進之一說に會兵地雷火を仕掛置候とも又薩藩の二小隊を以て燒彈を發射せしとの風聞なる由

私云後日尾之渡邊對馬守於彼地正敷地雷之處々より迸出して御城中御疊御椽板等飛揚せしとそ之を實見せりといへる者に親聞せる由對州雪江に語れり

一同時華城回祿之儀　朝廷へも相聞へ候に付將軍宮御陣替何方に相成可然と御評議之上四天王寺に相決し尾越兩藩は已に御待受人も指出候事候へは唯今より急飛脚を以天王寺御本陣に取計可申旨申越候樣議定長谷三位殿御賴之趣出勤罷在候酒井十之丞迄御申聞有之段罷歸申上之尾州よりは詰合之者無之に付右之趣伊藤友四郎を以御相談被仰遣之御小人目付坂地へ被遣然る處天王寺は御不便に付本願寺掛所御宿陣に相成由右御用相

濟酒井與三左衛門初十二日夕歸京せり尾州渡邊對馬守等も同斷之由
○同月十一日去る七日於朝廷諸侯之方向御疑問有之已來親藩御譜代藩之有志往々御家へ罷出御方向之御確定將各藩方向之定方等或は質問或は探索或は議論或は敎示を乞ふ抔其淵底を推究すれは悉く二百餘年之厚恩に報んとの赤心より發し御家を標準として驥尾に縋り佐幕之術計を咨詢するにあれは其忠肝義膽不可當慷慨悲憤共に涙を洒くの勢にて畢竟御國許と同論故此節　朝廷御推恕之思召御感戴御心ともなく御奉職被爲在候因循説を以可及談論次第にも無之應接之面々甚困窮し公も亦昨日御宗家君臣解官三條幷荒神口大橋之高札場に御罪狀を掲示せられ其他農商布告外國諭告等總而御周旋御不行屆に起原せる條々故一々御忍ひ被遊兼候御始末に付被廢御寢食御熟慮被遊處如何にしても此儘に尸位を辱られ候而は被對　朝廷御不忠之至と申被對御宗家被對天下御傍觀は難被遊と大御奮激を被發此上は公然　朝廷へ御願之上　王師に御代り御東下被遊　舊內

府公に御勸諭有之御伏罪に被爲及樣御盡力有之天下兵氣を收めて速に太平に歸候樣　皇國之爲に御一身を可被致と大公至正之思召立之趣御試に御書取に相成御家老中始へ御開示有之大御評議と相成候處御至當之　尊慮一言之異議可申上樣も無之孰れも感服御同意申上奉れり御趣意御書付如左

臣伏て惟れは抑此度　王政復古更始一新の叡念を被爲發實に千載の大幸にして臣感激して不堪雀躍歡喜天下萬民瞻仰し外國と雖も刮目新政を見る　皇國隆起の機會朝家興復の樞要たれは臣之か爲に日夜感憤恐懼して　陛下の盛業日月と共に萬邦に輝き恩露神州に洋溢して羣黎の安堵を期し庸愚淺陋を忘れ　陛下の鴻業を賛翼せんことを祈願す然るに德川〇〇會桑を先鋒とし上京に托して伏水に到らしめ且つ　奏聞狀を呈するか爲に遂に兵端相啓け一敗の後華城を棄て東歸す何そ形迹の異しくして且つ拙きや臣曩に　命を奉して〇〇か恭順を誘ひ已にして

此事あり上惱　宸襟下蒼生を困む〇〇か罪最大にして　朝廷の赫怒素より至當なり臣か無能不明も亦斧鉞の誅を遁るゝに道なく臣支族と雖も憤懣徹骨切齒嚙氷怨恨憂苦實に廢寢食爾來諸侯を初天下の人心兩端を持して疑惑す臣謹て是を論せん當年徳川□□撥亂反正上安　叡慮下生靈を撫て　聖化を輔翼し昇平を開ひて于今二百餘年諸侯臣事して恩露に浴し太平を樂むの餘澤天下に浹洽す徳川氏を思慕する者天下半に過る所以なり今　王政復古の令出て數月を過す舊臘九月已來纔に三旬餘新政天下に布くの日なくして萬姓未た其實効を覺へす於是勤　王の義を會せさる者は尚二百餘年の舊業を忘るゝこと能はさるも亦誣ゆへからさるの人心なり方今　陛下宸怒の餘り日々徳川氏を譴責するの嚴令を下し玉ふ理固より然りと雖も臣　陛下の爲に窃に恐懼す徳川氏の存亡は臣舍て不論今征討の　勅を下し諸侯を合せて是を伐つ干戈大に動て稅駕の期を知らす其勞費幾萬々なるや生靈斬伐の慘怛億兆の塗炭

諸侯の疲弊悉く　皇國の危難を釀成して其巨害津涯を見す臣前年　先朝の　勅を奉して政事總裁職を辱す　詔に云萬民を救ひ　叡慮を安んし外夷の侮を禦けと臣拳々服膺し今日に至つて須臾も之を忘れす嘗て竊に惟ふに　陛下新政の鴻基も亦此に外ならん〇〇妄動不虞に發て一時生民の殘害をなす其罪討たすんはあるへからす〇〇遁逃の後　朝議尙復兵を徵し役を課し長驅大進せんとす萬姓の愁苦始に倍す是皆〇〇か致す所に出と雖も即今　陛下の命する所なるを以て諸侯臣民動もすれは今日の勞役を怨嗟して却て德川氏盛時の舊政を慕ふの念頭を增益せんとす是臣か日夜憂患恐懼する處なり　陛下今〇〇問罪の師を沮め臣に問罪の責を任し玉ひ早く天下の公議を盛んにし泰平の鴻業を興し至仁至善天覆地載の新政舊幕政に超越する萬々ならは天下自ら　朝廷の德澤に懷ひて欽仰し誰か德川氏の舊を思ふへき臣亦江府に趨つて〇〇か罪を問ひ過を糺して悔悟せしめ干戈を動かさすして其罪に伏せし

め　陛下の爲に生靈の慘毒を掃除し併て宗家に代りて其罪戾の萬一を贖んことを希望す〇〇若し　皇上の德に懷かす臣か言ふ處を可かす始終惡逆を逞ふするに至つては天下の共に惡む處にして天下の共に討んと欲するを待つて天誅を下し玉ふも亦遲かるへからす仰冀くは臣か言を納れ臣か願を允し玉ひ靜に內政を修めて兵を弛へ黎庶を息へ厚生の澤を布き干戈內に動くの冗費力役を省て外寇禦侮の備を嚴にし　神州の沫凝に祖國たる所以の大勳業を創建し玉はん事を

一丸岡藩老有馬帶刀は公にも御懇意に而兼々深く御宗家之御爲を存し頗る有識之者なれは右之御大議內々申談意見承見候樣との御沙汰に付今夕雪江帶刀之旅宿往訪前條及內談處帶刀も過日來熱中に堪兼たる折柄なる由に而大に御同意申上御東下にも相成候はゝ是非御供に立江府へ罷出舊幕諸有司之內幷諸藩にも同志數多有之候へは申合身命限り周旋可仕との事に而社稷之臣易君之蹤迹も有之候へは自然關東之御模樣により廢立御

取計ひ宗社之保存有之度抔申出其他種々及議論慷慨感泣に及ひ候次第に
付罷歸其段申上公も御滿足に思召されたり
○同月十二日今日午半刻依御召御衣冠にて御參　內有之於　小御所被拜
龍顏於　御前總裁宮御渡御書付左之通
越前大藏大輔
國家多難之砌應　召登　京朝議之旨速に奉行彼是周旋遂に使　王道復
前古候段　叡感不斜候愈以勵忠志可爲　皇室之維城旨　御沙汰候事
此日尾豫土薩藝肥之大諸侯御同樣御參　內に而御賞典有之其他在京諸侯
參　內御褒　詔有之
一此日左之通御布達有之
一明日より太政官代九條家之事
一連日巳刻參集申の刻を限退出之事
一各獨辨當持參之事

一頃日御評議に相成御東下御盡力之一條今朝に至愈御決評に而御願書御草稿御出來如左

徳川慶喜反狀分明に付御征討被仰出支族之慶永におゐて何共可申上樣無之奉恐入候別而慶永儀は徳川家來共鎭撫之御内命を蒙候儀に而種々談判も仕鎭撫も漸行屆き慶喜も益恭順之趣申上居候處卒然として一時及暴發候始末是迄言上仕居候次第とは雲泥之相違と相成慶永も共に奉欺　朝廷候歟之姿に而實に恐懼之至に堪へ不申就而は唯今と相成詮なき儀には御座候へ共今一應江戸表へ罷越妄動を初罪狀之次第一々篤と取糺し夫々說得仕悔悟之廉相立て伏罪に及はせ　朝憲も相立候事と相成候はゝ乍恐　朝廷御苦念之御一と廉も相省け且　御追討に付而は諸侯之勞費庶民之愁苦は勿論自然戰鬪之譯にも相成候得者慘毒を極候事にも御座候所其邊之儀申出候慶喜悔悟之運ひ次第に而如何共可相成儀候へは成敗は難期候得共先達而之申譯旁東下仕取計見申度奉存候間何

卒六十日之御暇被下置其內は御弛兵被成置被下候樣

右御草稿を今夕出立御國許へ罷歸候御目付中根新左衞門へ御渡此表御決評之趣御表樣へも申上候樣被仰付猶別に御渡御直書如左

去る三日已來未曾有之喪亂により於國元家老初下々に至る迄我等を案勞し追々役共差登せ候儀實に我等之幸福感淚數行に及候我等決死罷在候故聊も無障動健食致候間此趣家老始諸士へも可被申傳候別而方今天下困難之秋に候得者家老始役人共尙爲國家自愛候樣可被申聞候只希くは何れも此上士氣憤興偸安之風習一洗信義之俗となり倫常を守り富强專一孰れも勉勵可有之此趣一同へも可被申諭候也

正月十二日　慶永

越前少將殿

此趣家老始へも一見可有之尙心付之品は不拘貴賤言上有之度候也

一右御東下之御一條今日御參內之上土州老侯戶田大和守殿初下院參與

御同志之面々へも御内談に相成候處和州殿には大に感激に而是非御東下御盡力被爲在度不被得止事候はゝ兵力を被用候而成共御成功相成候樣御勸め被申上しかとも土老侯は御不同意に而御議論有之候は如何樣御東下有之候はゝ關東之御都合は萬々可然と御同意に候得共京地之義を如何被成候哉近況之形勢に而は德川氏の爲に口を開けは直に　朝敵之與黨に被付候勢ひに候へは誰あつてか德川氏之謝罪を愬ふへき德川氏罪に伏せすんは天下は治るへからす今關東に而御盡力御行屆御謝罪之道相立候而も　朝廷之御聽受方によりては罪は重もるとも定まる期はあるへからすされは此艱難の時に當つて　輦下におゐて不恐嫌疑不憚忌諱爲天下德川氏之謝罪を謀る者公を舍て外には有るへき事とも不被存候へは此地之御盡力こそ餘人之企及はぬ所に而德川氏へ之御厚誼　朝廷へ之御忠勤いつれにも御在京之方　朝廷宗家之御爲可然土老侯も公御在京候へは被仰談顯幽共に御盡力之御筋も可有之候得共御不在に而は　朝廷之御爲と思召候而

も徳川氏之事は外藩之御立場御手を可被出様も無之と當前之事理御陳述に而御辯論有之象次郎等も頻に關東よりも此地御大事に而公御在京候へは關東之御不都合も於此地御取直しの道も可有之候へ共御東下に相成候へは關東に而如何に至善を被盡候御筋道相立候而も於此地御斡旋之筋絶果候而は徒善と相成而已ならす却而公迄も御不首尾之種とも可相成候へは決而此地御動無之爲天下公議を盛にせられ候事に御盡力有之候得者朝廷の御爲而已ならす徳川氏におゐても不覺之儀は有之間敷候へは何分御東下は不被爲在樣にと懇々御抑留申上是亦時事至當之確論に付公にも種々御顧慮被爲在候得は御自身御東下之義は御長策にも有之間敷歟と御躊躇之御發念に而御歸邸之上尚又種々御評議被爲在

一今日於　宮中公岩倉殿へ御申入御對面之上徳川氏之儀に付追々被仰出候御次第も御支族之御上に而は深く御恐縮之御訳柄と申畢竟御周旋御行屆無之より起候事に而共に　朝廷を御欺き被遊候御姿に而何分此儘御奉

職御在京は難被遊御心底之趣悃々御愁訴に及はれ候處卿も無御據御情實は如何にも御汲察有之候へとも是迄之御忠誠御實跡におゐては滿　朝感服聊嫌疑も無之事に候得はかく相成候而は德川氏之義は不及是非愈勤王之御忠誠御勉勵有之度と慰諭之御挨拶に有之由

一京畿騷擾に付御國表より御人數引纒ひ及上途候大隊長北川亘之介半隊長林忠太夫は江州鳥居本驛より兵隊之內笹倉廉平は同長濱驛より孰れも大早駈に而着邸申達候は道路之說を承候處一度入京の人數は關門に而指押へ出京難相成由相聞へ且千本彌三郎之傳達に而京地は軍勢已に渙散東征之說而已頻なる由右に付而は關東へ御加勢被指出事に相成節入京之御人數難罷歸候而は御國許御無勢に而被成方有之間敷との議論隊中に蜂起いたし進退谷りたる勢ひと相成に付御國許へも伺之者差出亘之介等は此表進退伺之爲罷出候旨に付其段達御聽候處途中迄出勢之事にも候へは一段上京致候樣被仰出候に付其旨申聞直樣折返し罷歸る

○同月十三日現今之世變に付公御憂勞御痛心之御積にや今曉第二字前より胃痙之御症御暴發に而御胸部御壅塞御精神御昏朦人事御不省之御樣體に付一同驚愕周章不大形御醫師共拜診御藥調上種々御療治申上漸く第四字頃に至て御神氣は御開明被爲在候へ共猶御臥褥御加養被遊

一今朝有馬帶刀參邸雪江逢對之處帶刀申出候は此間相伺候御東下之儀愈御決議にも相成候哉帶刀儀は主人用向も有之且御同意申上候上からは明後日出立御先へ東着夫々內調御待受申上度就而は一と通之說得等に而可行屆とも不被存候へは確然たる兵力を被爲持御下りに相成第一に會桑之君侯禁錮に御取計不服之臣僚は斬伐次に板倉始も禁錮瀧川等は斬首夫より　舊大君を奉幽閉田安公御相續之儀　和宮樣より御願ひと相成可然援兵は藤堂彥根御誘引御續合にも候へは因備へも被仰合御同道御東下に而御所置被爲在候而は如何可有御座哉御同意も候はゝ其心得を以周旋可仕と大議論を發し至當之儀とは相聞へ候へ共御東下之儀は昨日土老侯之御

意見も有之將今曉より之御所勞旁邸議整ひ兼候に付何分不容易大議候へは熟評之上明夕可及返答段申聞相歸す

一今日より九條家太政官代被仰出諸官出勤に相成

一此日尾老侯御國許要地爲御守衛御歸國爲御代當尾侯御上京被仰出之但十五日御發京有之

○同月十四日左之通御布達有之

今般御制度御改正に付諸藩幷共他宮門警衛及賊徒追伐被仰付候節は旗幕幷挑灯等に至る迄菊御紋相用候樣　御沙汰候事

一德川慶喜叛逆追討被仰出候に付而は是迄德川氏より授置候松平之苗字を稱し居候族は　朝廷へ奉對可相憚儀候間向後大小名共速に其虛號を去り本姓へ復候樣　御沙汰候事

一此度高倉四條之兩卿北陸道鎭撫使として御發向に付御家より參謀之者御差出に相成度御賴談有之藝州よりは寺尾淸十郎被指出に付御家よりは

參謀之者は御斷に而御國中爲御案内酒井十之丞大井彌十郎被指添事に相成今日兩人共官代出勤兩卿幷寺尾淸十郎へ及示談

一今日に至り公御所勞稍御怠りに付卽今之方向御評議相成處是迄は御宗家と共に御勤　王之御國是に而御勤勞被爲在候へ共御宗家方今之御形行に而は共に可被盡御忠勤御體態にも無之而已ならす事により御身上にも御嫌疑を來すへき時勢と相成候へ共尙此上飽迄御宗家之故を以　朝廷へ之御忠勤被遊度と已に御東下之御詮議にも被及候へ共同しく御宗家ゑ之被成方も御宗家へ御打込被遊候而は御盡し被成方は御東下之類又御宗家を御離れ被遊候而も御盡し被成方により御宗家之御爲に可相成御條理有之儀は一昨日土老侯之御說象二郎之申上之通りに而御進止いつれと御計較被爲在處御宗家へ御附き被成候得は　朝廷は御離れ被遊候而之御盡し方故萬一　朝廷に讒愬間言等行はれ奇禍を生し候事に相成候へは玉石共に燬傷之勢にも立至り候事に而夫限之事に相成御宗家之御爲は扨置御身

をも難被爲盡御次第にも可相成候得は夫よりは　御膝下に而御公然と
朝廷之御爲に御宗家へ被爲盡候御主意に相成候方勤　王之御筋も現然に
而約る處御宗家之御爲にも可然儀に付愈御東下之儀は御見合せ御在京に
而差當り　王政公論に出候樣御盡力被遊候方條理御適當之御全策なるへ
きに御決議あり

一今日雪江歸路有馬帶刀旅宿往訪昨日申出たる御東下に而御所置之一件
策略に於ては同意之至に候へ共何分不容易大手段に有之處此地根元之
王政上に公議更に行はれす紀綱立兼候折柄故縱令東方之施策圖に當り悔
謝之道宜を得るとも當御時節不避嫌疑宗家謝罪之筋執　奏すへき者弊藩
之外に可有之とも不被存よし又有之にもせよ果して嫌疑に落つ間敷とも
難申候へは主人儀は京地在留御政體上に公議之道盡力致し候方　朝廷之
御爲天下之爲卽宗家之爲にも可相成候へは　輦下之勤　王勿論に而機に
臨み宗家謝罪之筋周旋等旁在京可然と强而抑留候向も有之是亦難辭至當

之確論に付東下之儀は及延引たる由を申聞しに帯刀は甚不服に而猶般々之議論有之候得共結局に至り何分帯刀は東下致し成敗之景況見切之上可及報告との事に決定せり又第二等之策に而德川氏之手内にて會桑を初首惡之者を所置し謝罪之筋相立て候儀に候はゝ是は前橋侯へ依賴し事成り可申儀なれは御東下には及間敷左すれは會桑之國地へは不及手指舌三寸に而成功之見込之由庄內へ可入說心算も有之趣も物語れり且帯刀東下に付而は彼地之事情報知參謀旁御家よりも一人御指添に相成候樣賴談有之

〇同月十五日此日　皇上御元服之御大禮被爲行右に付御布告如左

今般　朝政御一新之御場合今十五日　御元服之御大禮被爲行　御仁恤之　聖慮を以天下無罪之域に被遊度候間是迄有罪不可容者と雖　朝敵を除之外一切大赦被　仰出候於國々茂不漏樣施行可有之候尤向後彌以賞罰嚴明に被遊度候に付厚　御趣意を體認致行屆候樣可仕旨　御沙汰候事

正月十五日
私云此日是迄御譴責被仰付置し公卿十九人夫々寛典を以御赦宥之儀有之
一同時御布告私云此御布告御家へは十七日穗波三位殿より伊藤友四郎へ御直達
外國之儀は　先帝多年之　宸憂に被爲在候處幕府失措により因循今日に至候折柄世態大に一變し大勢誠に不被爲得止此度　朝議之上斷然和親條約被爲結候就而は上下一致疑惑を不生大に兵備を充實し國威海外萬國に光耀せしめ　祖宗　先帝之神靈に對答可被遊　叡慮候間天下列藩士民に至るまて此旨を奉戴心力を盡し勉勵可有之事
但是迄於幕府取結候條約之内弊害有之件々利害得失公議之上御改革可被爲在候猶外國交際之儀は宇内之公法を以取扱可有之候間此段相心得可申事
一此日於攝州兵庫港　勅使東久世少將殿在留六ヶ國公使ぇ御布告如左

日本國天皇告諸外國帝王及其臣人嚮者將軍徳川慶喜請歸政權也制允之
內外政事親裁之乃曰從前條約雖大君名稱自今而後當換以天皇稱而諸國
交接之職專命有司等各國公使諒知斯旨

慶應四年正月十日睦[■]

一此日有馬帶刀之賴談とし同行之永田儀平可然との御評議に而其段儀平
へ被命帶刀方へ被遣前途之手續申談之
○同月十六日帶刀東行に付關門通行印鑑御下ヶ之儀參與役所へ相願處御
指留に相成故再願指出運ひ等に而出立延引之由申來る然る處儀平は明日
御徒目付高木文平定府妻子引拂方爲取計出立に付同道之筈に有之處右之
次第に付是亦上途延引す乍併江府之景況爲探索林矢五郎文平と一所に被
遣之
一此頃中御厚評有之通り是迄は御宗家と共に御勤　王之御趣意御家中初
御國中一統相心得居候事に候處世變に付今後は於　朝廷上正大之公議を

以　皇運御挽回之　王道に御盡力可被遊思召之段御表樣へも被仰進且御家中末々迄御布告相成候樣爲申上今夕村田巳三郞早駈に而御國表へ被遣之御渡御趣意書左之通

德川御家之儀は異他之御由緒たる事は何も承知之通に而御休戚御一致被遊候は勿論之處御衰運之秋にも候哉今般一朝にして御東下不可爲御時態に押移り候條何共御痛歎至極　思召候是迄は報國盡忠共に　御宗家を被推候儀國家之定議に候得共方今と相成候而は　王政一新之御折柄と申旁以直ちに　東照宮之御遺志御奉戴追々被　仰出候大中至誠之公議を以　皇運御挽回之　王道に御盡力被爲在候　思召候間一統其旨を存し御奉公可仕旨被仰出候

一此日若州小濱藩より廻達如左

今般兩卿爲勅使北陸道へ發向に付前以別紙兩通被相達候間七ヶ國中國主領主地頭其最寄を以早々順達可有之御請狀之儀は兩卿出先へ指出候

樣との事

正月十五日

王政御復古に就而は　王事に勤勞可致は勿論之事候へ共當今之騷擾に付方向難定人心疑惑可致折柄に候得者尙存慮之次第尋問候旨　御沙汰候事

別紙之趣に付爲　勅使可被發向候得共積雪之時節途中手間取候も難計に付御趣意之次第先以書面相達候間一應之御請書早々指上可申者也

正月十五日

副惣督　四條大夫

鎭撫惣督　高倉三位

北陸道

國主領主地頭中

○同月十七日今日辰刻依　召御參　内可有之處御所勞に付爲御名代伊藤
友四郎被指出候處議定長谷三位殿御直達御書付如左
越前大藏大輔
内國事務總督被　仰付候事
別段爲御心得御渡之御書付左之通
正親町三條
德大寺
越前宰相
土佐前少將
〆
御治定に相成課目如左
神祇事務總督
内國事務總督
掛り

辻將曹
大久保一藏

外國事務總督
三條中納言
東久世
宇和島
掛り
岩下佐次右衛門
後藤象二郎

刑法事務總督
細川
掛り
十時攝津

會計事務總督

淺野

掛り

三岡八郎

福岡藤治

小原二兵衛

制度事務總督

掛り

三岡八郎

福岡藤治

海陸軍務總督

議定（公卿諸侯）ハ總督ノ名ヲ　勅ス

上下參與（公卿陪臣）徴士ハ掛リヲ以テ區別ス

一今朝有馬帯刀より參與役所之印鑑相渡に付又々出立可致旨永田儀平迄案内有之處儀平は已に延引之積りに而昨日林矢五郎江府へ被指立儀平は

不用之姿に相成に付帶刀方へ儀平被遣有體に及物語於江戸表儀平同樣矢五郎へ申談に相成候樣との儀を被命帶刀は支度次第今晩にも出立之由

○同月十八日今度內國事務總督之御職掌土州老侯御同樣被仰蒙候に付今日以來御勤方之爲御相談御使御側御用人被指出之同人大佛御旅館へ參上拜謁之上今般御職掌被仰蒙候に付而は何方より御手下しに可相成哉御參內之上御勤方御伺可被成哉にも思召候旨申上處老侯にも唯今是と申御見込は無之候得共何分唯今迄之如く何事も無御相談御隨意に被仰出候樣之事に而は御役前も御立不被成候間此度更に御拜　命に付而は猶以其邊之御趣意正三德大寺之兩卿へ篤と御直談に而御不體裁無之樣に御取極被成度との御儀故左候はゝ明日にも御參　內に相成候哉と相伺候處御痔疾兎角に御勝れ不被成今四五日は御六ヶ敷との御儀故申上候はいつれに御一所ならては難相適御筋合候得共御出勤御見合せに而は御口も明き候へは大藏大輔樣には明日にも御參　內に而御見込之通之儀は此方樣と御一所

に被仰上候御積り之處御所勞故暫御延引之段被仰上指向候事㕝少々御問合有之候樣之御儀に而は如何可有之哉と相伺處夫に而至極可然候間其趣に申上候樣との御答に付罷歸其段申上處公にも御同意思召明日は御參內夫より官代へ御出勤可被遊との御事なり

一將軍宮先達而浪華迄御進軍今以御滯陣之處今度北陸道鎭撫使御發向を機會とせられ御歸京に相成候樣下參與より及建議　朝議相決し今日正親町三條殿爲御迎御下坂なり

○同月十九日午半刻御供揃に而御　參內　御元服御歡且御職掌被　仰蒙御請御禮被仰上且又土老侯へ御示談之通り御見込筋之儀は近日土老侯と御一所に可被仰上候得共夫迄之處御猶豫之儀御談之處德大寺卿御承引有之由夫より議院へ御出勤之處議事難決夜子半刻御退出也右議事は外國事務總督豫州老侯同掛り後藤象二郎大坂より上京外國應接之次第申上たるに就き而也右應接に相成起原は去る十一日備前之人數兵庫に至る途中神

戸村に而英人と取合ひ出來佛亞之人數も繰出救援及炮戰互に少々之殺傷有之に付而也外國公使共より此度時勢變革に付外國へ御布告之儀は致承知候由乍併備前取合之一件公正之御裁決に無之而は和親之約は難致との趣に付東久世殿より裁決は如何樣にいたし列國公使滿足なるやと被申處返翰之要旨は　御門陛下十分に詫たる書面に而今後之處ヶ樣なる儀は急度爲致間敷と請合之段申來候はゝ本國へ可申遣旨又及暴行候樣致指圖たる役人は外國人之見る前に而刑罪に行ひ候樣との二件なり此返答廿二日迄に可有之趣を申越たり此段於議事席豫州老侯象二郎より總裁宮へ申上夫より公使より之來書飜譯せしを上參與公卿之內に而高聲に被讀上け夫より下參與之面々一人つゝ列を進み意見及言上處何も大同小異に而歸する處萬國之公法に任すより外無之との趣意なり夫より公卿議定參與衆之評議に相成處或は姑息或は利害或は蒙昧說等に而更に不相決公は不拘利害　皇國正大之論を御辯說有之候へ共過半不得解痴人之夢を聞たる如し

下參與は及退席堂上方之論に時刻を經て不決に下參與再出屢及催促處岩倉殿より堂上方一人つゝ質問に而漸くにして決し下參與へは何れも建議之通り萬國之公法に被任段被申聞已に決議にて片時も早く坂地へ可申越との事に相成處公帥宮迄御申達有之は外國交際に付日本人之刑戮　御親政後御手始之事候へは　御奏聞之上御取計ひに不相成候半而は備藩之屆服如何可有之哉と御申入に付子半刻比三條中納言殿中御門中納言殿參朝に而　御奏聞有之　叡裁之上直様外國事務總督より外國公使希望之通り御所決に相成段兵庫出張之東久世殿迄急飛脚を以被申達此度之事は軍隊に起りし故償金に而は難贖由なり備前侯若し奉　命無之候へは御征討之御含に有之且又　朝裁之趣日本全國へ御布告に可相成との御評議なりき翌廿日於太政官備前重役御呼出左之通御達に相成たり

備前少將

家來へ

家老日置帯刀攝州神戸村通行之砌外國人と及炮戰候始末公法を以　朝廷より御所置可有之旨御決定相成候間其段心得可申御所置振之儀は追而可被及　御沙汰候

一此日酒井十之丞北陸道　勅使指添として御國行き被命に付參與御役之儀相願ひ被免之　勅使は明日御發途之由

○同月廿一日方今大政復古之運に向ひしかとも天下多事多難なる上に朝廷に金穀乏敷民を賑し兵を出すに由なき而已ならす殆今日之供給に迫れる勢故數々濟時之議事あれとも更に其術を得さりしに會計掛り三岡八郎日本全國之石高に應し楮幣を製し一時之急を救ひ十三年之後を待て楮幣惣て現金に復歸すへきの趣法を建議せり此法取捨之衆議疑懼紛々として兩端更に決し難くして席を竟へ翌廿二日も亦爾り廿三日に至て楮幣を製造あるへきに決し其主宰全權を八郎に被命たり

○同月廿三日今日於官代岩倉殿　公へ御内談之儀有之其後雪江へ御逢に

而御申聞有之候は卿之御家從去る十六日江戸を發足し昨日歸京に而申出候趣は於江戸表前橋藩家老山田太郎右衞門豆州韮山縣附屬柏木總藏申合大に奮發し德川氏之廢立血食を謀り麾下も七分は及荷擔候得共前橋侯之方向定り兼其事難成趣なり就而は公に而此處を御周旋有て謝罪之道相立候へは社稷之保存におゐては岩倉殿死を誓て御請合候間生靈之爲宗家之爲此御周旋は公に限り候に付其段公へ御申上之處公は雪江へ御談に相成候樣との御挨拶に付御示談有之旨に付雪江及御答候は不容易大事候得は主人存寄も篤と相伺ひ熟考可仕旨申上處兎角早々決定無之而は所詮無之薩は國を護る兵を除て三萬之兵あり長は四十八大隊あり是を以關東へ海陸より討入る時は大亂は不及申死傷無數なるへけれは此急を救はゝ大功是に過る者なし井伊藤堂抔も相談可然と大に御勸誘有之に付何分篤と勘考可仕と申上たり御歸邸之上執政初御呼出に而右件御評議に相成候處御調和之道も相開らけ可申屈竟之好機會候得は是非御周旋可被爲在御儀に

候へ共御譜代衆之方於關東行はれ安く可有之且岩倉卿御譜代衆へ相談可然との口氣も有之候へは旁在京五侯御談に可相成との御决評に而猶又明朝雪江岩倉殿へ參上今一應篤と相伺ひ候樣にと被命たり

私云此岩倉殿家從去る十六日迄江戶事情探索書之由に而依傳之書面

一正月十一日夜半〇〇濱御殿着十二日五半時比會桑板倉伊賀酒井雅樂等と共に入城

一會桑藩は十五日に至る迄尙戰爭說を確守して不動事

一十五日開成所を局として關東士民に令を下し急務筋之見込聞候に付建白之徒市を成し候由

一紀州藩も同所におゐて同局を開き同樣之次第大に德を助け力を盡し候

一是迄勤　王にもなく又一概に佐幕にもなく只々　皇國の委靡して振はさるを憤り一豪傑を得て共に國家之事を成さんとせしを以〇

〇の利口に惑溺し居る者は今般〇〇浪華脱走によつて彼の利口に欺かれしを憤り　朝廷の御所置を伺居候徒も多く有之事

一前橋松平大和守等〇〇會桑等之失策を本ノマヽ謝罪により徳川家之血食を謀り候前橋一藩は決議之模様なれとも十五日まてにはいまた徳川一同之大議論には不渡何れ十六七日中には謝罪之説を於城中發すへしと云

一即今徳川一家中之情態に而は悉く途方にくれ未た今日迄防戰の策も不立候得共　朝廷より嚴重之御沙汰有之候はゝ皆己之死又は飢餓を憂るよりして一和するの機も相見へ候何分關東人は名分は更に不辨候間只々寛大を以駕馭すれは終には前橋等之謝罪説と會桑之戰爭説と必二た分れになり刄を用ひすして落着すへき歟

一今般御國内之發動に付而は蝦夷地之支配人金にツマリ今年夏迄右之金出來すは必定魯夷之に代て蝦夷人を撫育すへし左すれは蝦夷

は全く彼れに歸すへしと大に憂て蝦夷の支配人四十餘人馬喰町に
止宿し日々評議之由

一今日議事相決し御布令に可相成御趣意御書面如左
今度　朝廷與天地更始一新公明正大に　御政道被爲行候に付費用金先
つ三百萬兩被爲積置度御主意に候仍之京大坂は不及申無遠邇富饒之者
共調達爲致是を國債とし萬國普通之公法を以可及返辨決而後日之難澁
不相成樣可取計候間無懸念早々調金之儀會計事務裁判所へ可申出事
何月　　　　　　　　　　　　　會計事務總督印

一英人より肥後參與溝口孤雲へ之書翰岩倉殿へ呈進如左
溝口君へ呈す
足下へ神速拜話を望候折柄足下在坂之由傳聞し喜悅不斜候隨而足下
に希望致度儀有之候卽今一橋君は多才多能更に加害すへからさる人
に有之尤新政府之御設は可有之候得共諸侯より殺害無之樣盡力有之

度此段薩摩長州幷土佐之家老へ傳說有之儀深く祈願いたし候

西洋千八百六十八年第二月九日

トーロマス、ピー、ゴロウル花押

越　前え

○同月廿四日於會計裁判所御達左之通

思召有之金壹萬五千兩被下候事

私云御一新之際何歟と御失費有之趣を御推察に而之被仰出之由尾薩土長藝宇和島も同斷也

一今朝雪江岩倉殿へ參邸拜謁之上昨日御内話有之候一件於江戸表御家從探索之出處相伺候處舊幕に而周旋方川村惠十郎ゟ惠十郎は雪江も知己に而頗有志也傳聞之由慶喜東歸に付而は麾下一向に落合不申不服甚敷事之由　和宮樣より御願之御直書卿之手裡に有之何時に而も公へは可有呈覽との事也昭德院樣和宮樣へ御遺言に而橋公は誠に御好無之御承統有之候而は奪はれたる如

く思召との御儀も有之私云御遺言云々不審之條なり何分御內々之御手續は出來候事候へは是非表向之御周旋有之樣被成度と斷而御申聞有之に付如此御時態江戶表も混雜之折柄候へは乍不及雪江罷下り盡力可仕と申上候處敵地へ無左と踏込候は無謀の至り決而不可然候間書面を以申越候樣との事に付左候而は往返手間取有之候へは其內御出兵に相成候而は所詮無之と申上候へは此手段に取懸り候へは其一左右有之迄は大兵發向無之樣心得居可申候間成丈け早便に而指越候樣御申聞有之に付其段直に官代へ出勤公へ申上之

一今日太政官に而關東へ問罪之　勅使御發遣之御評議有之由右は過日外國公使へ已に問罪之使を下したりと應接有之實事無之而は不信に可相成との事之由問罪之次第未決議事にも御下け無之

一此夜侯より前橋侯へ之御直書御認に相成如左

密翰致拜啓候云々此度宗家傾頹之一條御同然恐縮血淚之至　朝廷之

御赫怒も御當然之御次第に御座候故其際におゐて可奉救援道路も無之當惑心痛而已心ならす在　廷之處昨日岩倉前中將より内談有之候は中將家來昨日關東より罷歸り申達候趣に而は錦地も殊之外御混亂に而旗本も落合不申候仍之貴兄大に御奮發に而廢立謝罪之御主張有之由方今爲御征討逐々大兵被指向候御手配有之候へ共自然右等之正議行はれ謝罪之道相立候へは國內は不及兵亂生民之塗炭も無之　朝廷へ被對大忠盛勳無此上候へは何卒愈御主張に而謝罪之筋御立候樣御盡力之程拙子ゟ及陳啓御示合申樣にには相成間敷哉との事に候尤何とか御謝罪之道相立候樣內國之動亂相止候樣致度と申は此表之輿論に而於拙子も元ゟ同論別而慶喜公には無比之御懇命も相蒙候事故宗家と申御一身之儀も晝夜案勞致居候得共愸成儀及發言候而は却而御爲に不相成時勢に付胸をさすり默止罷在候處中將ゟ內談之趣に而は先つ　朝廷より無事を御好み之御淵底と被奉察候得は此秋に當り貴兄にも一層御憤激有之爲　皇

國為宗家為生民干戈を止め社稷を被存候樣御盡力之儀於拙子も御依賴懇禱致候此時におゐて慶喜公御憤懣之御胸中は萬々拜察罷在候へ共何分形迹上之御過失今更可奉彌縫樣無之形勢候得者唯今と相成候而は乍恐何事も御一身に御引受被遊候而天下生靈之爲に御謝罪之御道を被爲立候樣所仰冀御坐候方今天下之治亂は唯御一心之御所向により候事に候處其條理御辨へ無之天下之動亂も生靈之困苦も御貪着無之只管無形之御前議御押張御抗　命之御姿に被成御坐候而は御暴逆と申上候ゟ外無御坐御次第に候得は是等之御筋合十分御會得被爲在判然御悔悟に而御反正之御所置も被行御伏罪に而　朝廷之降命を被爲待候樣無御坐候半而は被對　御祖宗御濟不被成御儀に候へは吳々此邊御徹底相成候樣御鼎力之程所希望御坐候其上に而御社稷之儀は　和宮樣ゟ御願之事に相成候はゝ天下之公議も有之候へはいつれに御不當之儀は無之道理候へは其邊は猶更公議に被任御未練ヶ間敷御願等は無御坐方御敬上之御

趣意も相立却而公議之爲にも可然歟と致考察候尾紀初於此表成丈け申談夫々之手續次第周旋心力を盡し樣筈に御坐候間於錦地も又夫々被仰談御運ひにも可相成哉何分兎も角も御興廢之御場合候得は御精々之處御盡力御坐候樣偏以御依賴申候已に問罪之　勅使御發遣之　朝議も有之候へは其已前に御運ひ付き候へは重疊之御都合と存候事に御坐候尙家來中根雪江より家老山田太郎右衞門迄申越候次第も御坐候へは御聞取御參考之上惟々偏に爲宗家御粉骨之儀千祈萬禱之至御坐候恐々頓首

正月廿四日

一同時中根雪江より山田太郎右衞門へ差越內書如左

上略御宗家之御儀なから此節被對　朝廷御恐縮之御次第に付是迄御默止之處昨日岩倉卿より極御內談有之趣は岩倉卿御家來一昨日錦地より罷歸申達候趣は御東下後都下殊之外混雜に而旗下も更に落合不申中々函碓兩關を鎖し割據と申勢にも至り兼候形勢之處尊藩幷江川家におゐ

て元内府公を廢し　和宮樣御願も有之旁田府公を立社稷之保存を御謀り被成候に付旗下も七分通りは御左袒申上候事之由就中賢兄隨而柏木氏御奮發御主張之旨相聞候由此表に而は大坂城御明退き後彼是旬餘に及ひ候得共御謝罪之廉も不相顯候に付追々追討使代り鎭撫使も被差立猶薩兵三萬二千計長兵四十八大隊海陸より被指向御手筈にも相成由右樣之御運ひに而次第に時機切迫に及候へは實に　皇國之大亂とも相成双方幾多之人命にも相拘り且は生民之塗炭無申計場合にも可立至運ひに有之然る處錦地之御模樣前書尊藩初之御議論に致歸宿候得は治亂易地　皇國之幸福無此上御儀に候へは御同姓之御間柄宗家之御爲大和守樣へ大藏大輔樣より何分右等之御取計に相成候樣御申入大和守樣も十分御盡力被爲在候樣被成度との岩倉殿御內意に有之候此地之輿論も於錦地は如何樣之被仰譯有之にもいたせ先何とか御謝罪之筋不相立候而は益々　朝敵之御汚名御遁れ難被成此御惡名有之內は何等之御趣意も

難相立は日本流之公法候へは何卒其邊之御運ひに致度ものと申事は有志之諸藩論も同一に有之大藏大輔樣にも是非此御道筋被爲立候處よりして追々公議之歸着も照明に可相成事とは思召候へ共唐突御發言も難被成日夜御痛心被成御座候處右樣之御沙汰は渡頭之船候へは何分にも於錦地君侯樣御始御鼎力御座候樣被成度內府公之御胸中も御深察は勿論之御儀候得共方今之治亂は內府公御方寸之御決着に致歸着候御場合に而　皇國厄難之起伏候へは億萬之生靈之爲に何事も御一身に御引受御强忍被遊候而こそ日比不被爲渝御恭順之御誠意も相顯れ　皇國之鎭定　宸襟も御安着可被爲在御儀に候へは此處を能々御了解被爲在候樣御周旋御座有度との大藏大輔樣思召に御座候大藏大輔樣にも已に去暮已來尾侯と御一所に御周旋之節も御手違之義出來候哉否や當今之形勢と可相成は指掌先見之譯柄に付吳々御恭順之御一筋に而とこ迄も御忍被下候樣必至と御盡力に而　朝廷之御首尾は全く九分通りは御整ひに

而今五六日御鎭靜候得は御上洛御入　朝御職掌被仰蒙更始一新之御政令も御平易に行はれ可申儀に候ひしを會桑之妄動よりして御成功を一簣に缺候而今日之時勢に立至候儀大藏大輔樣は不及申關西一同之憤歎に而實於　朝廷も甚御殘念思召候事に御座候此度も右同樣に而此一箇之忍の字を御開悟無御座候へは勢ひ兵亂と不相成事を得さる秋に相運ひ候へは夫より以往は　皇國之紛亂申迄も無之遂に外國之呑噬と可相成は必定候へは大藏大輔樣にも深く御辛勞被成先達而は既に御出府に而可被仰上歟とも御斷決被成御國表へも被仰遣候程之御儀に候得共又此表へ無御據御次第有之不被爲任思召唯々夜白御案勞之處御移りも有之事と相成候得は御宗家御開運此期を御失ひ被遊候而は乍恐最早御滅却之外は御座有間敷と思召候間繰返し〱　皇國御宗家之爲に無比絶倫之御盡忠被爲在度思召御直書を以ても被仰進候得共猶老夫より賢契迄委細可及拜啓旨被仰付候に付御大任賢勞は萬々御推察被成候へ共偏

に御依頼思召事に御座候此段御含可然樣御取成被仰上可被下候

臆斷私說

岩倉卿御內意と申條是非御同志之御方々御內談之上之儀と致察候卿云大藏大輔殿定而宗家之儀に候へは案勞勿論なから口外難致時勢故不得止默止と相察居候處家來より關東之模樣相聞へ前橋之正論幸之儀故此方より致發言候何卒一ト盡力有之度大藏殿より外に擔當すへき人無之と殊之外乘懸り被申候

一此件に付而は大藏大輔樣老夫を錦地へ御指出之思召に付今朝岩倉殿へ罷出及御談候處家來一人之申口に而虛實も難計且敵地之事に候得は如何樣之次第に相成歟も難計候へは罷下候義は決而不可然候間早々以書面申越返答之模樣により順境にも候はゝ其節罷下り可然唯今黑白不分明之處へ踏込は無謀之至と被申に付書面往復に相成候而は彼是手間取も難計其內遂に出兵等に相運ひ候而は詮もなき事と相成候其處如何可

致と相答候處唯今双方隔絶之勢故是非共御征討より外は無之候へ共如此是より手を附候事有之候へは其一左右相分候迄は大兵を發候事は無之様心得居候間其儀は不及懸念何分早速に往返相成候様被申聞候是に而も成丈ヶ穏便に相濟候様との　朝議は粗相分り候

一昭德院様御遺言に而田安公御跡目之事は兼而　和宮様にも御承知被爲在此度御家御相續を　和宮様御願ひ御直書は岩倉卿手元に有之由被申聞候夫故御一人様さへ御伏罪に相成候へは御宗家之儀は身命に換へても御相續御取持可申と被申聞事に御座候此卿一亂前は舊內府公之爲に實に不容易盡力有之處是は水泡に相成候得共此上は德川氏之爲に又盡力致候も矢張　朝廷之御爲　皇國之爲と被申居候て誠意相違無之候

一卿云御伏罪之上は割腹てもサセネバナルマイガ夫を直ちに云れた次第にも無之候得は書面之方かヨイデハナイカとも被申候實に恐入候口上に候得共　朝敵と見て征討誅滅之御題號候へは主將切腹して士卒之命

に代り候蹤跡も數多有之事候へは其邊を暴論有之事と被存候此儀は御伏罪に而　天裁を被爲仰候事にさへ相成候得は其上之寛典は公議之歸する處に可有之事候得は兎角之儀御自儘御決定有之候而は却而御不敬に相當り可申と奉存候會桑之處十分之御寛典に而君侯之生命を被保候迄之事血食は迚も難計可有之候此處へ御未練ヶ間敷御所置有之而は宗家之御故障とも可相成候へは御深考被成下候樣仕度候　朝廷より夫ては足らぬ是ては濟ぬと御いとり無之樣事理至當之處十分に御所置御座候而被仰上度其上に而たとひ彼是御注文有之候ても夫はヶ樣是はヶ樣と條理分明に如何樣〻と御聞入れ有之樣に御座有度奉存候

一御謝罪之御次第此地之輿論は舊內府公之思召より出會桑始閣老諸有司之內暴發之事に關り候向夫々に御罰殛有之御自身にも御恐縮御謹愼に而御伏罪斧鉞を被爲待候御手續と相成候へは上等也〇舊內府公御悔悟無之に付他より先つ　內府公を禁錮し指次きたる會桑始を誅罰し而後

徳川氏社稷之爲に嗣を乞ふは第二等也○徳川氏之臣子事に關る者各自刑して罪を顯はし内府公之御罪に代り御惡名を雪め可申は臣子之當然なるへし○閣老參政其他事に關る諸有司割腹し瀧川等之首惡は刑戮すへし○會桑君侯たとひ事に關はらさるも其家來よりして宗家之傾覆を釀成し天下之大亂を引起したり先つ家來を誅して自らも割腹して罪を謝すへし會桑之家來自刑して其主の罪を贖ふ事もあるへし○會桑頑然として其罪を知らすんは徳川氏或は其親族又譜代よりして是を討伐して　朝廷天下に謝すへし○御上洛御先供より事起りしは鳥羽之方也伏見方は如何始より實に御先供計ならは事爰に及さるへし晦日已來會桑兵戎裝に而北上する故反形顯然と稱して關を鎖し伏を設るに至れり○反を以て誣らるゝ程成形迹あるか上に無形之除姦討伐を口實とせられ候ても其實を不被遂故只髣非之造言と相成愈逆罪を重ねられ候勢に候事

一卿又此謝罪之道相立候樣大藏大輔樣ゟ尾紀始何方へ成とも被仰談精々御行屆に相成候樣御周旋御座有度との御申聞に而大藏大輔樣にも何卒此筋御成就少も早く御宗家之御先途も御定り御安堵に相成候樣との御懇願故少も尊藩之御力にも相成候樣之思召に而岩倉卿御內意旁今夕は尾紀之御家老被仰遣右之御次第御相談に相成猶彥根藤堂其他外藩之御方々へも被仰談所々ゟ御申入に相成候樣之御積りに御座候間此儀も御心得置被仰上可被下候

一錦地之御模樣如何有之哉實に難計候得は調不調之御見込は一日も早く御報告相願候成敗は後日之事先つ御調和之方へ御取懸り可被遊御儀候はゝ其心組と申儀を　朝廷へ申上候へは夫より先之御運ひ方は御順序も可有之事故左樣に御急きにも不及候へ共向背兩途之分別は精々早急不相分候而は此地は已に御征討御手下しにも相成候上之御儀故いつれとも不相分因循日を經候而は　朝廷之方も甚御不都合に相成候得は無

據又出兵之運ひにも可相成左候而は挽回甚六ヶ敷事と相成候此處を篤と御推量に而差向之御見込和戰いつれ之方と申儀を呉々御報知相願候實に此度は治亂之境界亂に成候而は相濟不申大亂を救ふへき期に至て救はす候而は千載之遺憾に御座候

一社稷御保存之大小輕重に依て御謝罪之輕重有無之論に及はれ候樣之事に而は利害を先とせられ御誠意には無之候へは迚も社稷之御保存難被遊候已に先達而も御官祿之事御双方より御直切りに而大藏大輔樣も其間に御立被成所謂上下交征利之勢故殊之外御苦心被成漸く御折り合に相成候處御暴發に依て御直切り之事は扨置御官祿共に御無し被遊候御次第に相成候夫か指見へ有之候故左樣に不相成樣との御周旋に而御座候ひしかとも既往之事は不及是非此度之事も亦其通りにて候此御場合に相成候へは御十分御罪を御引受被遊社稷と共に御一身も御投出し
天裁を御仰き被遊候へは其上之儀は天下之公議有之候得は決して御不

當之事には相成不申候は道理と申物有之其場に相成候而は御愛憎之御政道は行はれ難き事と相成候は必然に而其儀は大藏大輔樣にも萬々思召込れ候御次第も御座候へ共只今夫を彼是と御申出に相成候而は前轍之如く相成却而御爲に相成り不申候先つ臣子之道を御盡被成候へは自ら君臨之御仁惠行はれ可申は倫理之當然に而御疑は有之間敷事と存候

一昨日問罪之　勅使發遣之　朝議有之候其御次第如何と申儀は御治定無之候得共何分御糺問之筋には相違無之候へは右　勅使御東下以前に御謝罪狀御持出之御運ひと相成候得は重疊之儀夫迄には御行屆不被成候はゝ問罪之節御指出に而も宜候唯　勅使御指付けに御罪を御問はれ被遊御狼狽と申樣なる御次第と相成候而は最早夫限りに而遂に御割腹之御場へも可被爲運候

一先達而大藏大輔樣御出府も可被成哉之御内評有之折柄越前丸岡藩之家老有馬帶刀御面識之樣にも承り候致出府候事故大藏大輔樣御出府に相成候はゝ是非

御下た働可致と御謝罪論相立候て大に意氣込み居候處御出府御止めに相成甚力落には有之候へ共何分此時ならては盡忠之時節も無之と存詰出府候上は是非尊藩へ御手寄申上度と申居候罷出候哉如何弊藩之見込等は此者へ厚申談置候事に御座候是迄に罷出居候へは此度之一儀も被仰聞可被下候いまた不罷出候はゝ御呼出し御手先きへ被召使候はゝ閣老始廣く立廻る候者に而隨分御間にも合ひ可申小藩には中々感心なる者に御座候乍序及内啓候下略

正月廿四日　中根雪江

山田太郎右衛門様

一同日夕尾の渡邊對馬守紀の久能丹波守被召呼候處對州は痔痛に而御斷り申上丹州計參邸に付於御前宗家廢立周旋之儀御談相成候處何分厚可申談旨且於江戸表は水府侯御盡力有之御都合にも可相成儀候はゝ御同處へは安藤飛驒守御懇意之譯有之候へは此件同人より爲申上候而も可然歟飛

州今日上著仕候へは猶申談之上御請可申上段申上之
〇同月廿五日尾藩渡邊對馬守參邸於御前關東一條御談之處乍恐　御一人樣之御上に而御事濟に相成御宗家御立被成候御事候へは誠以重疊之御儀御跡目田安公を　和宮樣より御願に相成候得は無此上御都合と奉存候旨幸ひ明日は尾州へ罷越候得は老侯へも委細可申上と欣然として及御請たり
一今朝前橋侯へ御直書被進に付飛脚指立手筈之處此節柄嫌疑も多き世態に候へは今一應岩倉卿へ公正之御談に相成候樣相伺ひ可然との邸議指起り候に付於官代鹿之介ゟ岩倉殿へ此件公然之御手續に相成候樣仕度と申入候處卿內談とは申條何方へ發露致候而も聊不苦少も差支無之との事候へ共於邸中家老共不服之譯申立御內談之趣御書面に而御渡被下候樣申達候處御承知には相成候得共良久不被相渡候に付及催促候處御用多に而今日認出來兼候間明朝罷出候はヽ御渡可有之との事也

○同日後藤象二郞ゟ靑山小三郞迄申出候は元内府公ゟ容堂樣へ御直書來り御先供より事起り御恐縮之御次第宜御周旋御賴之旨五藩へも御同樣との御趣意に付容堂樣にも御取計方不被成御座に付今日　朝廷へ御指出に相成候段公へも爲御知申上呉候樣賴談之由小三郞申上之

私云此御直書公へ被進しは御國表を經て廿六日に達せし也

一此日岩倉殿ゟ御廻しに相成大久保一藏建白如左

今日ノ如キ大變態開闢以來未曾テ聞カサル處ナリ然ルニ尋常定格ヲ以テ豈是ニ應セラルヘキヤ今一戰　官軍勝利トナリ巨賊東走スト雖モ巢穴鎭定ニイタラス各國交際永續ノ法立タス列藩離叛シ方向定ラス人々恟々百事紛紜トシテ復古ノ鴻業未タ其事ニ至ラス纔ニ其端ヲ開タルモノト言フヘシ然シ　朝廷上ニ於テ一時ノ勝利ヲ恃ミ永久活安ノ思ヲナサレ候テハ則北條ノ跡ニ足利ヲ生シ前姦去ッテ後姦來ルノ覆轍ヲ踏セラレ候ハ必然タルヘシ依テ深ク　皇國ヲ注目シ觸視スル所ノ形迹ニ拘

ハラス廣ク宇内ヲ洞察シ玉ヒ數百年來一塊シタル因循ノ腐臭ヲ一新シ官武ノ別ヲ放棄シ國内同心合體一天ノ主ト申奉ルモノハカク迄有難キモノ下蒼生トイヘルハカク迄ニ賴モシキモノト上下一貫天下萬人感動涕泣イタシ候程ノ御實行擧リ候事今日急務ノ最急ナルヘシ是迄ノ通リ主上ト申奉ルモノハ玉簾ノ内ニ在シ人間ニ替ラセ玉フ樣ニ纔ニ限リアル公卿方ノ外拜シ奉ルコトノ出來ヌヤフナル御サマニテハ民ノ父母タル天賦ノ御職掌ニハ乖戻シタル譯ナレハ此御根本道理適當ノ御職掌定テ初テ内國事務ノ法起ルヘシ右ノ根本推究シテ大變革セラルヘキハ遷都ノ典ヲ擧ケラル丶ニアルヘシ如何ントナレハ弊習トイヘルハ理ニアラスシテ勢ニアリ勢ハ觸視スル所ノ形迹ニ皈スヘシ今其形迹上ノ一二ヲ論セン

主上ノ在ス處ヲ雲上ト云ヒ公卿方ヲ雲上人ト唱ヘ　龍顏ハ拜シ難キモノト思ヒ　玉體ハ寸地ヲ踏玉ハサルモノト餘リニ推尊奉リテ自ラ外ニ

尊大高貴ナルモノヽヤウニ思召サセラレ終ニ上下隔絶シ其形今日ノ弊習トナリシモノナリ敬上愛下ハ人倫ノ大綱ニシテ論ナキコトナカラ過レハ君道ヲ失ハシムル害アルヘシ

仁徳帝ノ時ヲ天下萬世稱賛シ奉ルハ外ナラス即今外國ニ於テモ帝王從者一二ヲ率テ國中ヲ歩キ萬民ヲ撫育スルハ實ニ君道ヲ行フモノト謂ヘシ然レハ更始一新　王政復古ノ今日ニ當リ本朝ノ聖時ニ則ラセ外國ノ美政ヲ壓スルノ大英斷ヲ以テ擧ケ玉フヘキハ遷都ニアルヘシ是ヲ一新ノ機會ニシテ易簡輕便ヲ本ニシ數種ノ大弊ヲ拔キ民ノ父母タルノ天賦ノ君道ヲ履行セラレ命令一タヒ下リテ天下慄動スル所ノ大基礎ヲ立推及シ玉フニアラサレハ皇威ヲ海外ニ輝シ萬國ニ御對立アラセラレ候事叶フヘカラス遷都ノ地ハ浪華ニ如クヘカラス暫行在ヲ定ラレ治亂ノ體ヲ一途ニ居ヘ大ニ爲ス〼有ヘシ外國交際ノ道富國强兵ノ術攻守ノ大權ヲ取リ海軍ヲ起ス等ノ〼ニ於テ地形適當ナルヘシ尙其局々ノ論アルヘ

ケレハ賛セス

右ノ內國事務ノ大根本ニシテ今日寸刻モ置クヘカラサル急務ト奉存候此儀行レテ內政ノ軸立チ百目ノ基本始テ擧ルヘシ若眼前些少ニ故障ヲ顧念シ他日ニ讓リ玉ハヽ行ハルヘキノ機ヲ失シ　皇國ノ大事去ト云フヘシ仰願クハ大活眼ヲ以テ一斷シテ卒急御施行アランコトヲ千祈萬禱奉リ候死罪

正月　　　大久保一藏

右別紙大久保一藏より手許迄差出候事候得共爲御參考入御一覽候御廻覽可返給候也

正月廿五日　　　具視

越前宰相殿

○同月廿六日今朝岩倉殿へ御書面爲受取伊藤友四郎被指出處御用多に而いまた御出來無之候間後刻爲持可遣との御挨拶に而罷歸處晩景に相成爲

御持越に相成御直書如左

愈御安康珍重不斜候然は今度德川慶喜進退實に不可言次第百事去候儀には候得共尙今日に至り爲宗家御苦心之條令推量候若條理上におゐて齟齬する事なく其道相立候樣有之候はゝ豈血食之事懸念有之間敷歟聊見込之旨も有之候間足下內々周旋之儀後難なかるへし乍併素ゟ廟議と申儀には無之臣一己之見込之儘申進候迄に候也

正月廿六日　具視

越前宰相殿

右御書一條に付飛脚延引之段山田氏へ之追啓相認夜戌刻早飛脚指立之

一同日去る十七日於江戶表西丸へ重役御呼出に付飯田主稅罷出候處大目付戶川伊豆守殿を以御直書御渡有之に付同十八日晩立飛脚御徒高木要助御國表へ相廻り今日著於江戶表御渡に相成　舊內府公御直書指出し御拜見之處如左

此程別紙之通被仰出候趣承及驚愕之至素ゟ途中行違より不料先供之者爭闘致迄之儀に候處斯之通之　御沙汰に而は甚以心外之至に候殊に靜觀院宮樣にも深御心配被爲在儀に付積年微誠御諒察之上御周旋有之樣致懇希候不一

正月望　　　　内府

大藏大輔殿

右之通之御書面に而更に御悔悟之御樣子不被爲在御周旋可被遊樣も無之に付唯此儘に明日太政官へ御指出に可相成との思召なり

一今日御布達左之通

一太政官代是迄被用九條家候得共從明廿七日以二條城太政官ニ被用候事

一參與役所同城内ニ被設候間惣而是迄之通取扱候事

正月廿六日

○同月廿七日昨日相達候慶喜公御直書に御書翰被副酒井與三右衛門を以德大寺殿迄被指出之左之通

一翰令啓達候春寒難退御座候所御兩卿愈御安泰珍重奉存候抑去る十七日江戸表西丸城へ重役呼出に付罷出候處戸川伊豆より慶喜直書渡有之に付右直書國許へ差遣し夫より昨日以急飛脚差越候に付右慶喜直書別紙共御兩卿迄差上候間総裁宮迄御呈達奉希上候此段申入候也

正月廿七日　慶永

正親町三條前大納言殿

德大寺中納言殿

二白時下御自愛奉懇祈候下官聊風邪今日之處太政官へ參勤御斷申候明日いつれ罷出萬々可申入候也

別紙

慶喜直書中上包前内府と有之書中内府と有之右は從　朝廷慶喜官位被

止候得共是は從　朝廷列藩へ布告有之迄に而徳川慶喜へ官位被止候御沙汰等はいまた出不申故本文之通内府と認有之儀と相考申候此邊も可然被仰入被下度候也

一今日より二條城太政官代に相成諸官出勤有之

一此日於官代晩景に相成下參與不殘御呼出に而岩倉殿被申聞候は仁和寺宮も今晩は浪華ゟ御歸陣に可相成筈右に付而は愈關東御征伐之大兵を被擧候御決評なり三道之鎭撫使抔に而は迚も行き足り不申に付海陸ゟ大兵進發之廟算也右に付熟考之上見込通りも有之候はゝ明朝申達候樣御演達有之

一此日御國表廿五日立飛脚著江戸表ゟ相廻る大久保一翁老呈書如左

十二日附之節は（私云十二日附ハ二月ニ相成月次飛脚ニ相廻ル次記之）　還御御一條未心得由之事還御は御良策には有之間敷候得共却而　皇居へ御忠意相含居候よりの御事且右に付幕府一統目覺既小栗等御退舊習御一洗大好機と奉存候今

日々眞に振候はゝ　皇國之御爲にも無此上奉存候只々差向錦旗下候は御全國御失體大亂之原に而夷中奸悦候計事に候間幾重にも御工夫尾土兩侯等被仰合御止御急務に候是は德川氏之爲申私には毛頭無之候夷中奸に鼻下のはされぬ樣にと奉祈候事に候將還御後種々御歎息に而御隱居之御內含も御口氣に被伺元道侯へ御讓にも被伺候候間今此大難に至聊に而も御動之思召に而は決而不相濟德川家之御不爲のみならす全國の御不爲其上僞に唱候朝敵々々之云艸却而實に可相聞旁不宜御手打に相成候迄は御止可申と泣き出し死を決候心中は身分にも不寄候間明候にも此段御察御周旋御精力奉祈候今は何と申候共朝敵之御趣意無之は不久相顯れ可申候乍敵も長人は近頃開候故此位之事は可分と奉存候當今異說唱候者は夢中歟と奉存候歎息に不堪候吳々も夷中奸に鼻下のはされぬ御策御工夫希候且幕府々出候　君側奸御退と申も御良策に無之候に付是又御取消御工夫希候幕府は關東丈之御備調夷人之侮相防彌　皇朝へ御忠節

之外他事無之御見込に奉伺候此度は實に　皇國御大事に候御勉精奉祈候九拜頓首

正月十五日　忠寛

大藏大輔樣

一前記十二日附呈書如左

益御勇健御加壽被爲在候段爲國家奉敬賀候得共新春之御祝詞も申上兼候世態恐入居候外無之遠方且隱居之耳には何事も慥には不相分風說而已にて遠察歎息仕居候昨今之風說に而は御歸國被爲在候哉にも承候彌御歸候て乍憚御良策と奉存候當今全國之御大事は申迄も無之候得共いまた大公至正之場には至兼可申哉に付先々貴國御安全御備向御十分に御貯有之方却而御忠節と奉存候今日に相成候而は此地之有司等著眼更に解兼候今之處是も彼も都而百に五十哉と被察候乍憚御當主樣御當前之御勤方は世之竝と可被遊御事と奉存候得共　尊公には御隱居後之御

事故百に五十の內へは御加り無之樣奉祈候兎角今二三段高著に無之而は眞之場には無覺束哉と奉存候此地芝邊一條も意外之事に候尤諸町家等押入亂妨は過半芝屋敷內に居候哉之由是は實事と相見へ其後市中は至極靜に相成候只々町人共迄上納一條云々多く候此後一揆如き之事不始樣にと是亦祈居候

一近舶竹製筆手に入候毫之樣には無之候得共珍敷に付入尊覽候唐墨相副御一笑可被下候恐惶謹言

正月十一日　忠寛

榮井君玉几之邊

二白時令御自愛專一に奉存候何歟不穩候故吟情薄候

世の人にこゝろに花の咲ぬ間は春とてはるのひかりやはある

うくひすの聲をもまたて此春はたゝ千代〳〵となくほかそなき

歲暮

身老年徂涙自流人生默數等雲天下
頼有催春意一朶梅花消百憂

一翁　寛　拜

御大笑々

右同時雪江へも投書有之其概略は粗呈書と大同小異にして錦旗を被止候樣　朝敵之御汚名被除度等之主意也本紙失所在搜索して重而可記之
○同月廿八日今日於官代關東　御征伐御決定之議事有之下參與之面々意見御尋に付出席之上座中根雪江ゟ及御答候は關東今日に至り更に悔悟之體不相聞候へは早々　御征伐御當然之御儀たるへきと奉存候御軍略に至ては唯今申上候程之見込無之段申達衆議大同小異に而遂に御決評と相成
一此日江戸表廿二日立之飛脚御徒橋本兵吉著去る十九日重役一人西丸へ罷出候樣御觸達有之候に付飯田主税罷出候處御座之間へ御同席方重役一同被爲召　御直に　上意有之由相廻候寫如左

今般　皇國之御爲を以政權奉歸候次第は何之懸念も無之誠忠可盡存念一統も盡力致呉候儀に有之登京之節　奏聞之次第も承知之通之儀に候然るに京坂戰爭も行違之儀に而追々承候へは　朝敵抔との風聞も有之由兼而之素願も不相立殘念に存候併此上誠忠相盡候存念に候就而は朝敵等無之趣は申立度存候得共貫徹致間敷に付右之處一統より盡力致し京地へ申立呉候樣賴存候

一同飛脚に去る廿一日戸川伊豆守殿ゟ御呼出に付御留守居罷出候處平山圖書頭殿御渡之　御直書相廻る如左

一翰拜啓然は去る三日先供之兵隊鳥羽伏見兩道ゟ入京之處薩藩士指留候應接中伏兵一時に起り發炮に及候に付兩所共無據應炮怪我人も多人數有之實に意外之次第に而不料奉驚　宸襟人民を損傷いたし兼而之素志にも相背候間斷然大坂城を御兩家へ托し兵隊を爲引揚仝く一時供先之爭鬪附會して或は　朝敵之惡名を負しむる哉にも承り實に意外恐歎

之至に而畢竟華城を棄て赤心を表し候得共何分近來事々素心に違ひ候事のみにて遂に病魔に被侵事務取扱兼候間退隱いたし跡式之儀は相撰申付候積何卒是迄之御厚誼不相變御盡力被下　朝廷を始外藩へも御説諭前文意外之汚名相雪候樣此上にも御鼎力千萬拜囑する所に御座候書不盡言萬面罄

正月　　慶喜

大藏大輔殿

一同時勝安房殿ゟ呈書如左

邦內之事今日に至り亦何をか陳可申閣下當節之御動靜如何候哉深御案申上候小臣唯分を守り今一死ある而已付而は別紙之旨趣其御筋へ被仰立度偏に奉希候東都別に說も無之空論紛々たる而已何卒區々たる微忠可然御採用御座候樣奉願候別に申上度は海山御座候へ共非所盡筆紙宜御高推を奉仰候謹言

正月十八日　　　　　　　　安房

越前老侯机下

近々官軍問罪之御擧ありと臣子之分唯一死ある而已何そ患とするに足らん其曲直是非に至ては强而今分別を論せす暫く空漠に附し百歳公議之人を待而已昨今米利堅之報告に云官軍兵庫之居館を襲ふゆへに塀を築き兵士を分ち其地を固守し猶軍艦を呼と英佛亦然り長崎地方之如きはまた其確示を不得といへとも恐らくは同轍に過きさるへし臣愚聞之痛哭悲歎に不堪遂に印度之破れ近くは支那之地長毛官兵其是非曲直を鳴らして同屬相喰西洋諸國其虛に乘す今や　皇國殆と同轍に陷らんとす口に勤　王と唱ふといへとも其形勢今日に及へり公平を唱へて大私を挾　皇國土崩萬民塗炭に陷るを不察是を何とかいはむ臣上途して微衷を愬訴せむとすれとも今は有罪之小臣我主と一死を待而已然共此千載之遺恨を如何にせむ臣か斬首前に逼れとも默止するを不得希くは此

微志を以て參與閣下に代訴せむことを誠恐謹言

德川陪臣

勝　安　房

辰正月

一同時大久保一翁老呈書如左

去る十五日後も多分日々登城候得共諸司逆上强く而眞之道理更に不相分然るに小栗被退役其一連少々鎭靜等之說少くは耳に入候者も出來今日は閣壹州一人皆引に而都而靜に相成御前へも綏々罷出種々伺候處彌以御恭順之外更に御他念不被爲在其處は安心仕候得共是非御隱居可被遊との御沙汰此儀實に困難極候　皇國御爲に相成候はゝ聊御留も不仕候得共考候處而は又一亂之本にも可到と心痛極候漸々諸司血氣も少々鎭今日は翁も爲差言分も無之只々柔弱之誹受候計に候其は更に不顧萬一御恭順之御趣意不通節迄之御預物と覺悟に候夫は兎角扨置此地而は御恭順被爲盡候　思召に而も尊地に而御覽被遊候而は如何と御心付之

廉にも候はゝ一寸被仰下候様希申候其外眞に心得に可相成事思召付被為在候はゝ雪江ゟ一寸示呉候様被仰付伏希候此地眞相談は勝房之外不過二三人其餘は强事計申居候何分御敎示可被下候頓首

正月廿一日

二白南部彦助著委細一馬より承知一安心仕候間直に一馬同道登　城相談閣も被逢安心と申居候松周等には實に血氣計あきれ候乍去此邊は一度に申散候得共下々多勢紛々には困極候猶御精忠奉祈候　出候由遙に承知同人一筆敎示懇願に候謹言拜具

夜中退出宅へは論人不絶勞極候早朝より紀人三人正午迄論漸々為服返候心中は可愛事に而候得共道理不解人々多々三拜

一翁寛

棠井君

一右慶喜公御直書之儀在京諸侯へも御同様被進候御様子に而藝侯ゟは今

日總裁宮へ御指出に相成由也右に付種々御評議之處兎角君臣とも此表之事情承知無之故關東之悔謝に而は更に此表へは徹底不致次第に付右御書御請之代り　朝廷へ御達之上可然人物關東ゟ御呼寄せに而御口上に而御曉諭に相成可然と被決猶此地之輿論は雪江ゟ一翁老迄申遣し可然との御沙汰有之

一此日將軍宮御歸洛有之

○同月廿九日　公午刻ゟ官代へ御出參被爲在今日被議事浪華　行幸には御決に相成候得共御趣意柄兎や角と御居り兼に付　公被仰候は　御親征又は外國御交際或は遷都抔多端曖昧之御趣意に而は不可然御交際ならは御交際に而公然と臨　幸被爲在可然遷都之事は諸侯會議之上に而御治定可然　御親征之儀は將軍宮へ御委任御當然たるへくとの御議論之儀又議院臨　御も不被爲在候而外國御交際之臨　幸は御順序無之御不都合たるへき旨三條・岩倉之二卿へ被仰進御嘉納有之由

一今日御出參之節昨日御到來之　慶喜公御直書幷一翁老呈書勝安房殿書狀等御持參に而岩倉殿迄御披露右に付御見込之趣も御物語置之由
一此日木戸準一郎後藤象二郎大久保一藏總裁宮顧問に被仰付
一昨日之飛脚に申來る去る十七日御同席重役へ　上樣御直御賴之一條何共可被成樣も無之御筋候へは矢張御汚名御免れの儀は御謝罪之外は被爲在間敷と一統より申上可然歟との御評議に而土藝肥は明日於官代打合せ津彥根小濱等は御家老中ゟ重役へ被申越相談に可相成と相決す

# 戊辰日記第二

二月

○朔日今日御布令如左

今般御一新ニ付明後三日二條城太政官代へ
御親臨被爲在候旨被　仰出候事

但　行幸之儀惣而御輕便を主と被遊月中數ヶ度御親臨之　思召候間
猥リニ供奉等不相願樣兼而申達候事

於武臣も供堂上同樣侍二人僕兩人可被召連候事

一今日於官代昨日邸議有之候　上樣御直御賴一條鹿之介ゟ藝辻將曹へ申談處申立盡力と申儀ハ見込付兼候故御斷り申上重役之心得ニ而京地之時勢申立而已ニ而ハ御筋立兼候形勢候へハ御悔悟御謝罪之道御立ニ相成候

樣申上候積之由申聞肥後も同樣明日ニも壹人指立候而申上積之由土州之方象二郎ハ當時已ニ舊藩へハ關係無之殊ニ嫌疑甚敷旨ニ而不及申談由鹿之介申達其段申上ニ相成申遣候三藩へも右之趣ニ可申談と相決ス午後藤堂歸雲彥根新野眞拙田中三郎左衞門へ御家老中ゟ申談ニ相成處歸雲說ハ藝肥同樣何分御謝罪之儀申上度と申合セニ而ハ御悔悟之筋ニハ相成間敷由申ニ付各々之申上方ニ相決ス彥根にはいまた不致承知候得共申來候はヽ同樣に可相心得との申談ニ相成小濱ゟハ重役耳遠ニ付用人之內名代罷出ニ付同樣申談處大晦日立之飛脚著之後は便宜無之右件は元より承知不仕漸々之事ニ而此比　勅勘御免ニ而また參　內も出來不申爲躰故たとひ承知仕候而も何共可致樣無之趣申出之

一此日過日　舊內府公ゟ御直書御到來に付御請可被仰含人物關東より御呼寄之儀却而　朝廷御嫌疑も可有之哉ニ付今日早飛脚御徒高木要助を以御請之御書被指立之但此御書不相見

一同時大久保一翁老へ御返書代り中根雪江より指遣ス書面如左
去ル廿一日御認大藏大輔へ之御呈書拜見仕候段々貴勞之御樣子拜承奉り爲宗家　皇國降心大慶仕候御紙表之趣且大藏大輔へ被遣候御直書を奉拜見候而も此表之事情と錦地之御見込とハ實ニ反對之事と相成候ハ此地之儀委敷御承知不被爲在御儀故と想察仕候右ニ付既往之事ゟ略陳述仕候抑此度之御一條最初ゟ聊に而も御妄動被爲在候へは忽　朝敵之惡名を可被爲負事は必然指見へ候儀故老臣ゟ御直にも再三言上仕閣老參政等へ御恭順御鎭撫之儀ハ反覆丁寧幾百回及懇請候得共不肖之者共之申上方徹底も仕兼候哉御採用ニも相成不申事遂ニ今日ニ至候儀千歲万歲之遺憾に御坐候其子細と申ハ兎角　朝廷ニ而ハ最初ニ一發致候降官削地之論消滅致兼候而種々御難題出て又二條に而ハ降削之所謂無之との御趣意故尾越其中に立周旋困苦ヲ極メ漸くにして　朝議を宥め寬宥之御趣意之御書面尾越へ御渡ニ相成候義ニ付夫を御承知ニさへ相成

候へハ直ニ御參　内引續キ御職掌迄も可被仰出歟之所迄相運候ニ付則寡君右御書面持參尾老侯ト一同下坂ニ及ひ言上被仕候處一々御承知ニ而御請書も御渡ニ相成猶又御上京之御模樣思召相伺候處何時ニ而も御上京可被遊間　朝廷之向篤と取調へ御上京直樣御參　内等之御都合宜見込を立御懸念無之處ニ而御案內可申上との御直約被申上廿九日夕乘船ニ而歸京被仕候事ニ御坐候處翌晦日瀧川播州御地より上坂ニ而煽動有之由坂地俄ニ兵事之議蜂起在坂之諸藩へは出兵御催促有之事ニ相成候是より先キ何故カ不存候へ共淀伏水橋本枚方等ニ御配リ置之兵隊此頃朝廷ニ而ハ頻リニ坂兵北上之由ヲ風聞ス如何々々と御不審有之も朔日以來北に向ふて追々御繰出會桑等も戎裝ニ而動き出候風聞二日夕京地へ相聞候ニ付夫ニ而ハ着々　朝敵と可被爲成勢故何分早々御鎭定相成候樣爲言上老生へ下坂被命候へ共微力ニ而ハ迚も行屆申間敷と細川家老溝口孤雲津家老藤堂歸雲土州家老深尾鼎柳川家老十時攝津等へ老寡君ゟ老生と共ニ下坂唯々御妄動

有之而ハ大事敗れ忽　朝敵之悪名を被為負候間速ニ御鎮撫相成候様可申上旨被申談候處何れも決然として下坂可仕と致承引三日暁より遂ニ下坂老生は猶又　朝廷之御模様如何と存シ三日朝下坂前岩倉前中將殿迄罷出候處使者之問へ薩ノ内田仲之助幷長人罷出居何も暫時對談ニ而引取其跡ニ而老生拜謁之處岩倉殿御申聞候ハ薩長ゟ伺ひ昨夜より唯今迄三度ニ而候其子細ハ坂兵甲冑候而次第ニ指迫候勢反狀相違無之打拂ひ可申哉如何可致との事なれとも唯今一發致候哉否大事敗れ　朝廷之厚き　思召も　内府公之恭順も尾越之周旋も乍不及拙者之盡力も悉く水之泡と相成而已ならす今後之見込も付兼候ニ付御沙汰有之迄ハ決而手出シ不可致と三度共ニ申聞只今も相返し申候是より惣參　内御大議ニ可相成候間大藏大輔殿ニも早々參　内候樣可申聞との事ニ付老生申達候ハ如此危急之場合ニ相運候得共猶一ト盡力仕度ニ付唯今より下坂致候ケ程迄之形勢ニハ立到候へ共何とか鎮撫之道相立　内府公上京相

成候ハヽ過日來及御談候通ッ直樣參　内等之運ひは相違有之間敷哉今一應相伺度下坂之上折角鎭定いたし上京ニ相成候而も此度之過失ニより參　內も不被命と申樣成事ニ而ハ再度動亂ニ及候故念を入れ候とヶ條書を以相伺候處上京之運ひにさへ相成候へハ兼而申談候趣は萬々請合ふとの事ニ付夫ゟ歸邸之上猶又差當り伏水表鎭撫之儀尾州申合せ等を申談午後發程四ツ塚關門邊へ罷越候處薩兵處々屯集英氣を蓄へ敵を相待候勢ひ夫より鳥羽村へ入候處坂地之第一大隊勢揃最中ニ御坐候是ハ大抵未の半刻比ニ可有之候此景況ニ而ハ無事ニ鎭定ハ無覺束ニ付一驚を吃し殆落膽仕候得共强而精神を勵し南下仕候處伏見幷鳥羽之方へ繰出候坂兵陸續として蟻行之如くニ御坐候故胸中不穩候得共道を急き罷越橋本之關門を過て數町ならす薄暮前八幡山を打越し伏見ノ方ニ當り火光天を焦し候故大事了と大息仕候得共今朝岩倉殿口上ニ而考候而も　朝廷ゟ容易ニ御指圖ハ無之模樣と申大藏大輔も參　內精々抑留之

含ミ候故たへひ兵端開らけ候而も　朝廷より御指圖さへ無之候へハ薩と坂兵との私闘候得ハ又取直し方も可有之何分一應華城之御安否も相伺度と枚方ゟ船ニ乘り四日曉七ツ時頃中ノ嶋之弊邸へ著船仕候處留守居之者ゟ先刻御達之由ニ而彼除姦之御發令を一見候處軍隊ニ可馳加との御文段を拜見是迄度々申上候事を御用ひなく御私ニ凶器を動かされ候而ハ正敷姦計之陷穽ニ御落入　朝敵之御名義御免れ難被遊相成たりしと長息虹霓を吐き悶絶擘地仕候事ニ御坐候又此曉ハ坂地薩邸を御攻擊之沙汰ニ而御手配リ御嚴重之由抔物語居候内地雷二發中ノ島邊迄震動薩邸忽燃上り申候事之躰以の外故直樣登城永井君へ拜謁如何之御樣子と相伺候處　御奏聞狀上達致兼候内御先供之行違ゟ戰闘と相成只今之爲御躰　上樣始御當惑との口氣今後之御施策如何と相伺候處御無策之由ニ付夫ニ而ハ猶以御大事と誘引之諸藩老も御城中へ會し種々申談閣老衆御初ゟも御談有之候へ共思ひ込下坂致候一條ハ何れも途中ニ而

戰爭相起候故徒然と相成今後之處も除姦ニ付軍隊へ可馳加との御布告有之候而ハ御名義更ニ不相立如何とも致樣無之と顏見合セ歎息致候而今五六日御堪忍ハ難被成候ひしかと既往を恨むる迄ニ而惣而無策ニ歸し孰れも退散致候老生ハ卽夜乘船橋本邊ニ而平明淀邊ニ而大小炮聲動地之勢と相成故上陸致し間道を經て五日暮時前京著扨三日以來之模樣承候處三日夕伏水鳥羽ニ而一炮相發候哉否錦旗翩飜將軍宮を被命宮中ゟ直樣御進發と相成　朝敵之名義を十分ニ揭ヶ顯はし候事ニ候戰爭手始メ前後之論も已ニ發炮と相成候而ハ其前後は更ニ論せす晦日已來之儀を初會桑戎裝等を以て惣而反狀ニ皈し候故如何とも申釋之道無之頃來尾越土藩と密議ニ及如何程之難題も惣而御恭順之二字を以取消し居候事ニ而可惜其比と相成候而ハ縉紳中にも御上京希望之向も出來晦日歸京元日ハ休日二日ニハ已ニ　上樣御上京之御運ひニ付而之　朝議ニも相成候處卽夕ニ前書相認候通リ何そ料らん大藏大輔ハ　前內府公御

請濟復命之途中ニ罷在候晦日來坂地ニ而ハ最早兵事御催之聞へ有之事ニ相成候ハ御運之末とも可申哉尾越之二藩も是迄恐らく二心なく盡力之積ニハ候得共猶御嫌疑も候ひしやらん一應之御談もなく坂地ハ坂地之御仕出しと相成候故此表之手筈悉く齟齬　朝廷へ對候而も申譯無之諸藩へ向ひ候而も宗家之無算不躰裁實ニ面目を失ひ申候華城御明ヶ退きも御誠意を被表候思召之由候へ共是以餘り成御不躰裁閣老監察位は御居殘り御城附之御武器錢穀等も御目錄に而御立派成御托しに相成候へはムザ〳〵と御建物は燒却器械金穀も分捕には相成間敷候を多宮唯一人居殘りにて兩藩之者なれは壹人に而もつらまへ口先きにて相渡し逃支度而已之爲躰ニ御坐候故火之元吟味も不行屆候哉彼是申內出火に相成誠以埓もなき御事共故御誠意も何も相立候事には無之華城之御退去は天下之笑ひ物に御坐候有躰に申候へは此表之事情は右樣之次第に御坐候故中々御先供之行違ひ抔を被仰立候而も其已前に戰爭之御趣向

有之候事を致承知居候故實に御先供に而も決而左様には請取り不申候ホンノ遁辭之樣に冷笑致居候勢ひにて候

實に御意外に候はヽ御承知被爲在候哉否閣老に而も被遣早々御引揚に可相成處御承知之上ニ而も尙交戰之儘被指置候而は被對錦旗　朝敵に相違無之六日に至り大坂城を御托し兵隊御引揚けに相成候而も御赤心之被仰譯には相立不申候故世上に而は狼狽と唱へ手を拍て笑ひ居申候

又前にも相記候通り御上京之御一途には無之會桑も取付き居り除姦之御目論見と相混し候而已ならす　御奏聞已前之御發令等御手違ひとは乍申御形迹にゐて御恭順之道は更に相立不申候故別紙に相認候通り何事も反形と取成され候而申開らき無之候且　朝敵之御惡名御殘念思召候も乍恐御尤至極に而一ッ御手違ひに相成候へは其御殘念に思召候御惡名を被爲負候は眼前指掌に御坐候故不被爲負樣にと大藏大輔初乍

不及周旋力を盡し九分は仕課ふせ候處一分之際に而御堪忍嚢切れ果して御悪名を被爲負候御義に而只今此地之名分名義上に而は負せ奉りしには無之御負ひ被遊候と申か正議に御坐候御心術上に御赤誠も御形迹上に於而貫徹可仕樣も無之次第に相成り居り申候此處を能々御洞察無御坐而は偏に御恭順と御誠意をのみ御主張御坐候而も無形之儀故於此表大藏大輔初口外仕候義は難相成候へは此上は唯此度之御始末何とも御恐入被遊御一言之被仰譯も不被爲在候へは如何躰之御沙汰御坐候而も兎角被仰上候義は不被爲在と御悔悟御謝罪之御筋道不相立候而は朝廷におかせられても御聞屆被遊度候而も難被遊御次第に御坐候右樣ニさへ被仰上候へは御恭順も御誠意も御貫徹之御道も相立可申歟彼是と憖成被仰譯は却而御名分上之御障に相成候へは只管御悔悟御謝罪之外に御條理は相立不申候此御筋さへ相立候へは又　朝廷に而も夫々御寛宥之御廷議も相立可申は自然之道理と奉存候尤御悔謝も乍恐御口上

計に而は相濟不申其御實跡を可被相立事に御坐候第一會桑之二藩心術上之忠赤は可憐可感歟に候得共　朝廷にそむき蛇蝎の如く御嫌ひ被遊候故歸國被命候而も共儘滯在のみならす戎裝北上官軍に向ふて戰ふ天下を騷かし此亂二藩より起れり宗家を倒す所謂贔屓の引倒しなり罪惡必誅不可免は關西之輿論に御座候且坂地に於而事に關りし諸有司は夫々御罰殛無之候而は御實跡相顯はれ不申候此處迄十分に御落入御悔謝に相成候へは年來之御誠忠も御逆心可被爲在樣も無之御儀も無御據譯に而御反形と相成候事も是又天下萬人之知る所候へは必雪寃之議起り可申も必然之勢に而候へ共即今之處に而は御形迹上に於而は御遁れ難被遊御名義故一人として口を開く者無之候書は不盡言難及禿筆而已ならす甚以不敬多罪に亘り恐入候得共心付候義は申上候樣との御書面に付大藏大輔申付旁此地之見込を申上候何分方今之長策は兎も角も干戈之動かぬ樣人心之安著する樣に御鎭定被遊候而天定之時を被爲待候より外は無御坐候是皆乍恐　上樣御一心より外に出る所無御坐候唯

々奉恐入候何たる御形行に相成候哉覧長生き仕候而如此憂目を見候事歟と書ニ臨んて落涙止兼候
一昨日　朝議に愈謝罪之躰も無之上は海陸之大兵を發せられ御征伐可被遊と御決定相成候
一右に反し　和宮様へ何か御和平御取計之儀被仰進とも相聞へ申候又和宮様ゟ田安様御相續御願ひ被成候とも相聞へ申候
一廿七日より二條城を太政官代りに相成宮公卿始御出勤有之罷出候而も黍離之有様不堪感慨之至候
一當月三日以前迄は諸藩幷縉紳中之有志は上様御參內之御運ひにさへ相成候へは天下は靜謐なるへし夫より後は　王政一途に力を盡せは濟事と一同に是を目的依賴とし其事に而已力を用ひ候處世態一變して算外之事と相成候に付　王政も名計にて實は望洋なり嗚呼御謝罪之筋たに立候はゝ罪はなし人材は棄へからす　朝堂に立てんといへる論も

朝野に聞く處あり
一岩倉殿より內意有之同姓大和守迄申越候儀も有之定而御承知相成候半と奉存候
一有馬遠州家來有馬帶刀に囑候儀も有之候是も定而御承知に相成候半と奉存候是等之諸說も御參考被下何分にも爲　皇國爲宗家御鼎力偏以奉仰望候勝君ゟ老寡君へ御呈書有之老生へも御投書候得共拜答之儀は前書之趣申上候より外は無御坐候へは乍恐宜御傳聲可被下候下略
私云先月廿六日著之飛脚に　內府公御直書御到來之處一向に御悔悟之御樣子不被爲在又廿七日著一翁老呈書同人ゟ雪江へ之投書等之趣に而も內府公御始御恭順と計に而御謝罪等之儀は更に御心附無之御模樣に付雪江ゟ之返書に此表之實況委敷申越可然との御沙汰に付廿八日一書相認紀藩東行之一士人へ相托し候處同人東行延引之都合に相成候に付取戾し日附其儘今便一所に相達書面如左

正月十五日御認之御書面拜見仕候何事も浩歎に附し血涙より外無御坐候錦地之形勢御見込之御次第も此地之事情御承知無御坐候而は一應御尤に奉拜承候得共京地之輿論は別紙之通に而如何とも可仕様無御坐候乍恐重疊之御不都合に而言語道斷に御坐候唯一日も早く御謝罪之御條理相立候方　御家之御爲御一身之御爲元ゟ　皇國之御爲は不及申事に御坐候一は御熟考之上御盡力被下候様天地へ對し奉懇願候今日は御征討之爲海陸之大兵可被發御決議に相成候御様子に御座候御東下已來未御一言御悔謝之御報告も無御座故右等之御運ひも無御據譯に而於此表は何とも可致様無之候如此　皇國之大變動之起るも起らぬも御一身上に止り候世態と相成候は扠々是非に不及事に御座候余は御諒察に讓り申候要文之外は嫌疑世界故及省文候尤御悔謝之御條理相立候上は自ら御開明之道も可有之歟之輿論も有之候へ共此等之儀は利害に亘り候に付態と不及詳悉候伏水淀之一戰より追々御敗衂且華城御落去等之御手

際兼而恐居候名義を御毀被遊候事故何とも致方無之候へとも一日も早く先つ天下之平穏に相成候御策は御悔謝之外は無之候其上ならては正論も公議も行はれ不申候御心外之御胸中は萬々奉恐察候得共別紙之通之御形迹を被爲取候上は無形之筋は赤誠も眞實も皆虚妄に屬し難及口外勢に御座候今五六日坂城之御暴氣無之候はゝと天を怨み人を咎め候凡心何とも消却仕兼慷慨之悲涙血を灑て申上候事に御座候恐々謹言

正月廿八日午時　無名氏

別紙

抑此度之御一擧に至ては御不臣之御形迹不一方に付唯御先供之行違ゟとの御申開らき而已に而は中々以貫徹可仕様も無之不顧忌諱其條件を數へ候へは「第一には　朝廷に而殊更御嫌惡被成候會桑已に御暇に而海路歸國を被命候と迄被仰上置候處夫を御上京之御沙汰已前追々伏見淀邊迄御指出に相成且歩兵も伏見淀橋本枚方等へ御繰出に相成候は何等

之御趣意歟更に難相辨事故事敗に歸候後は　廷議反逆之企と名付候而も申開くへき道無之「第二には晦日には追々兵事御手配り有之候は除姦之御下タ構には可有之候へ共除姦之御奏可無之程之事候へは是以叛逆之御企と名付ヶ候ても更に申釋へき道無之「第三には朔日已來會桑甲冑に而北上致し兵隊も追々御繰出しに相成候爲躰御上京之御先供とは相見へ不申故是亦反逆之御企と申而も申解くへき樣無之「第四　御奏可は勿論御奏聞に相成候哉否も御貪著なく於坂地は除姦之號令を被發可馳集との御布告は御不都合之尤甚敷ものにて事を除姦に托し　闕下に迫らんとする叛形顯然と指斥されても更に申解くへき樣無之候「第五除姦之實不被遂上は皆托言にして　闕下に逼て別に姦謀ありといふとも申釋へき樣無之「第六鳥羽伏水之戰鬪は御先供之行違と申にもいたせ淀わたりの戰爭は何事候哉除姦之擧候はゝ進戰勇鬪御立派に其實を被遂候へは　朝廷に被對御異心無之儀も現然可致候得共會桑死戰し坂兵も頻

りに被進候得共悉く及敗走候得は除姦は口實にて謀反破れたりと稱するも更に申解くへき様無之「第七四ッ塚鳥羽畷之一戰御先供行違候はヽ一戰之後は速に兵隊御引揚に而早々御悔謝被仰譯も可有之處其儀無之而已ならす將軍宮御進發後も猶兵隊を被進候は叛形にあらすして何事なるへき如此反狀と名付へき形迹現然候上は無形之口舌を以申譯すへき様は無之頻りに御恭順御鎭撫を　朝廷へ申上候拙生迄も奉對　朝廷恐入申譯も無之次第にて年來之御誠忠は心を以て心を知り候上之儀に而知らさる者に至ては形迹を認めて其心を察候外は無之　朝廷之御赫怒御至當之御儀に而今日と相成候而は御誠忠も御恭順」も王莽之謙恭同様之姿に相成候而愁訴之道も絶果候如斯反狀明白之上は不日に征討之大兵を不被爲發候半而は　朝憲も相立不申候は當然之事に候左様に相運ひ候へは祖宗二百餘年之御盛業も水泡に相成　朝敵之汚名千載之青史を穢され且は生民之塗炭生靈戰鬪之慘毒を受け剩へ外夷其虚に乘す

るに至候はゝ其罪惡は實に天地間不可容事と相成可申と不堪恐悚悲歎之至候今之時に當りて御誠忠も御恭順も　朝廷は元より天下萬人見て信すへき證據を形迹之上に顯はされ候而御謝罪有之干戈を戢め天下を穩にし　宸襟を被爲安罪戾之萬一を御償ひ被成候はゝ　御祖宗之御遺業も今後に及ひ德川氏之社稷も御後昆に御傳可被遊御條理も相立可申候即今天下之治亂も　宸襟之御安否も悉く御一身之御方寸に相迫り候事と相成候此處御深考御熟思之程　皇國之爲御宗家之爲御身上之爲千祈萬禱泣血頓首

正月廿八日

○二日御布達如左

東征御進軍可被爲在候ニ付大御軍議被仰出候依之去廿八日將軍宮御歸洛被爲在候此段申達候事

二月二日

一今日公ゟ諸侯へ御廻達如左

徳川慶喜御追伐之爲　御親征被仰出候段昨朔日御決定尙明三日太政官へ臨　幸巨細被仰出候此趣申入候樣德大寺大納言殿被申聞候御廻覽濟早々可返給候也

二月二日　慶永

御連名

〇三日　主上今日巳刻　太政官代へ　行幸被爲在　御親征之儀被仰出之御垂簾に而群議被爲　聽下參與之向へも御下問有之何も奉畏候段御請申上之

〇四日北陸道鎭撫使福井御著之上北陸道先鋒之出兵可被命哉之內意相聞ゆる趣指添罷出候酒井十之丞ゟ昨日報知有之に付御評議之上德大寺殿迄御指出相成御願書左之通

今度北陸道鎭撫使其領々へ御參著之上爲御先鋒領地相應之人數差出候

樣御達可相成旨差懸り候而は不都合にも可相成に付前以御內達有之段
若州小濱表に於而差出置候家來へ御達御坐候旨越前守ゟ申越候然る處
私義昨年來上京仕居別而當春　闕下不容易騷擾に立至り候儀故　禁闕
御警衛御沙汰之次第も有之追々人數差登候處御固場も被仰付其上御役
被仰付候に付日勤等に而彼是多人數滯京爲致候事に御坐候元來不肖之
私過分之御投儀を蒙り不堪其任は勿論に御座候へ共專ら御投筋へ擧國
之力を盡し御奉公仕候心底之處又々御先鋒へ出兵致候而は下タ地國許
薄地小人數之處藩屛之任立兼候樣相成兩樣之御奉公相勤兼殆當惑仕候
兼而殊遇之　寵命を蒙り候上彼是奉願候は奉恐入候得共右無據次第御
汲察被成下何卒御厚評之上兩樣之內何れとか一途に盡力仕候義出來候
樣宜御沙汰被成下候樣奉願上候以上

二月四日　越前宰相

右に付岩倉殿へも雪江被差出御書面之御趣意尙又御申立に相成候處右樣

之筋は決而無之筈に而夫か爲に御出勤無之樣之御次第と相成候而は以之外成儀に付出兵不及沙汰樣　勅使之方へ早々御申遣し御願書に付而も先鋒は御免に可相成御內評之旨御申聞有之
一今朝江戸表去月廿六日立に而南部彥助到著去る廿五日西丸へ重役御呼出に付林矢五郞罷出候處板倉殿御逢に而別紙　御奏聞書幷御直書御渡有之可然御周旋相成候樣御賴且　朝敵には不被爲在段呉々御申開に相成候樣且又御相續紀侯と御願には候得共是は　朝廷之　思召に被任候御含之段御演說有之由申達之

御封書寫

慶喜相續已來乍不及勤　王之道心を盡し罷在候へ共事々不行屆恐悚之至ニ付退隱仕相續之儀ハ紀伊中納言へ被仰付被下候樣仕度奉存候此段御　奏聞被下候樣御賴申候以上

正月廿五日　慶喜

松平大藏大輔殿

被相副候御直書如左

一翰拜晉然ハ相續之儀紀伊中納言へ差極相願候而ハ　朝廷へ奉對恭順ニ不相當姿ニ付三家三卿之内　朝廷之　思召を以被　仰付候様致度存意之處家來之者共遮而紀伊中納言へ相願候様申立ニ付別紙之通相願候へ共右ハ甚以恐入候儀ニ付何れにも三家三卿之内　朝廷之　思召次第被仰付候様致度右等之次第被差含早々御周旋有之様御頼申候夫々手續も有之ニ付否早々御模様御申越有之様存候草々不一

正月　慶　喜

松平大藏大輔殿

尚々事務多端代筆申付候段御仁海所希候

右に付直に　朝廷へ御指出可被遊歟とも思召候へ共事之体此地之形勢とは餘りに御軽易之御次第に而御披露相成候はゝ却而御爲にも相成間敷と

も思召且此間被差上候御請之御諫書も御覽に相成候はヽ御了解之御儀も可被爲在候へは旁此　御奏聞書は御手前に御扣置に而今一應尙又御謝罪之御趣意相立候樣可被仰上との御儀に而　御奏聞之儀無之

一此日公大藏大輔御辭退被　聞召坊城殿ゟ御達如左

被辭大藏大輔之事被　聞召候仍而早々申入候也恐惶謹言

二月四日　俊政

越前宰相殿

○五月昨日德大寺殿迄被指出候御願書御附紙を以御指圖左之通

京師御警衞人數差出有之且越前宰相上京之儀にも候間北陸道鎭撫使爲

先鋒人數指出に不及候事

右に付卽刻態飛脚を以敦賀表出張酒井十之丞迄申達之

一昨日御到來相成候德川公御奏聞狀之儀猶又御熟考被爲在御評議にも相成候處東西之事情如形齟齬相成居候而は德川公而已ならす往々　皇國之

紊亂に立到可申儀に付何分朝廷幷上國之形勢情狀熟く舊幕府へ貫徹不致候而は不相適儀に付御恐惶なから御奏聞狀は御返上今一と際御謝罪之御條理分明に相立候樣との思召通り被仰含本多修理出府被仰付可然との御決議に相成其段修理へ御直命有之依之一應御直書之御請今晩御徒飛脚橋本兵吉被差立御請如左

謹而奉言上候益御機嫌能被爲入先般海上無御恙御東歸奉恐悅候抑先達而〻每〻尊書頂戴被仰付難有仕合奉存候殊に正月廿五日御渡之尊書幷御相續御願書昨四日京著拜見仕難有奉畏直に太政官代總裁宮迄可指出之處恐入候得共愚存之儀も有之態と不差出候右に付而は言上仕度旁一兩日之內家老本多修理共御地へ差上申候間板倉伊賀より面會委敷聞取候樣乍恐奉願上候中〻筆頭につくさるゝ所に無之何分にも微忠御亮察被成下至當之御所置爲　皇國爲御家奉懇願候書餘萬〻之心緖は家老へ申含候誠恐誠惶頓首謹言昧死百拜

二月四日　　　　　　　　　　　慶永上

○六日今朝太政官代へ御家來御呼出に而軍務掛ゟ御達左之通

松平越前守

今般　御親征被　仰出候に付北陸道先鋒被　仰付候條國力相當人數指出諸事惣督之御指圖を受令勉勵候樣　御沙汰候事

但二月十五日迄に總督本陣へ相揃候樣被　仰付候事

右之通被　仰出候得共已に昨日不及出兵段御指圖濟に而又々今日如此朝議之御次第如何にも不審之至に而御目的も付兼候付猶明朝岩倉殿へ御評議之御模樣可被及御內調との御決評也

一今日修理出府之儀表向被　仰付伊藤友四郎被指添明日出立に付於彼地周旋之次第等御講究有之

一同人へ持參被　仰付大久保一翁老へ之御直書如左

密呈春寒料峭先以　德川公益御機嫌能被爲入奉恐悅候隨而足下愈御清

安會計惣裁被命候由御苦勞之儀乍去爲御家𢪸賀慶永迄も遙ニ安堵之次第に候下官碌々冗全罷在且舊冬於　朝廷議定職被仰付其後固辭更に被命先般又々內國事務總督被　命如下官不肖之者を御登用恐入候は勿論に而　宗家之御恥辱　朝廷之御失體無此上奉存候併奉　命之上は何分にも決死盡忠罷在候心底に御坐候間寸心之處は御承知希上候　公御東下後は實に德川支族之自分に而は片身狹く太政官へ參勤致し　親征或は出兵等之評議之節は實に殘念無限ハラワタ斷チキラレ候心地に而候不肖之心御恕察偏に希上候今日迄太政官出仕　朝廷御用取扱候も一ツには宗家之御爲御謝罪相立　御家御開運之盡力仕度と存込候計に而如不肖下官は一日も在職は出來兼申候扨今度從　公御直書被下候に付所存言上仕度儀も有之且此地之景況申上旁家老本多修理差出申候表向は伊賀へ申上候事と存候尙事柄により候而は　御前へ被召出　御直に京師之模樣太政官之景況下官之愚存　御聞取奉願度候留守居伊藤友四郎

と申者指添下し候修理儀　御前へ被召出候節は友四郎も同様奉願度候修理近頃カラッンボに御坐候間上意之趣伺取も六ヶ敷哉と被案申候且又足下にも何卒修理友四郎御逢被下下官所存委曲御聞取被下候而何分にも爲宗家至當之御所置奉懇願候偏に御盡力奉依賴候此御謝罪之道不相立候へは京師に於而盡力之道も無之當惑之次第に而候所存之趣は修理へ委細に申含候間同人より御聞取被下度候先日ゟ毎々御投翰恭殊に墨筆御惠賜辱每々御懇切之事致多謝候一々返答不贅候室賀甲斐も在京中每々相談いたし申候何卒萬事此邊御相談被下甲斐へも盡力之儀被仰下度候何そ呈上と存候へ共今便取込後信可指出候用事拜答旁如此書外之心緒は修理へ申含候也

二月六日於京師邸　　慶　永

會計事務惣裁大久保君

尙々時下御自愛専一に存候下官宰相大藏大輔兩人之樣に相聞　朝廷

向不都合之廉有之候故奉辭大藏大輔候間此邊も御序之節被仰上可被下候

○七日今朝岩倉殿へ雪江被指出此間出願之上先鋒之儀一昨日御沙汰止に相成粗安心仕居候處又々昨日之降　命如何樣之御趣意と相伺候處卿被申聞候は則其處へも心付候へ共惣躰之諸侯へ被命候は　御親征之故也其先鋒に外れ候而は却而武門之恥辱に而正に加州抔へは何とも不被命は不首尾之姿に而其御家抔は首尾宜故也との事に付　御親征之先鋒に候へは決而不奉辭候得共夫に依て兩途之御奉公と相成候而は於國力勤まり不申候へは大藏大輔は當地引拂ひ候より外は無之候得共此節左樣に申立候も恐入候次第故被及御内談候と申述候處卿被申候は當地を去ル事は決而不相成候間人數計歸候而は如何との事に付主人在京に而家來計歸れと申候而も主人を案し中々歸り不申候間其儀は難出來と申候處さらは拜借金を願候而は如何五萬位に而手も合可申哉と被申ニ付疲弊之事丈けは承知致居

候へ共私義會計には掛り居不申故如何程に而都合可仕哉難計と申處夫は誠に困難之事也則昨日も何とか願出候事も可有之と申合たる事也と被申ニ付唯今之行形に而は當地引取候より外手段無之候へ共其儀難相適候はヽ當座卽按には御坐候へ共當時有合之人數に而　御親軍之御用相勤候樣には相成申間敷哉其儀を相願候而は如何と申出候處夫は至極可然願出候事に相成候はヽ心得居可申との御挨拶に而退坐歸邸之上前條申上處御評議之上親軍御用御勤め御先鋒と御振替之御願書酒井與三左衞門を以被指出左之通

今般　御親征に付同氏越前守へ北陸道先鋒被　仰付難有仕合奉存候然る處私義去年來上京仕御役相蒙り人數も召呼置候儀に付兼而申上置候薄地疲弊之國柄父子兩途之御奉公相勤候程之國力兵數何分にも行足り不申候尤國許へも申遣候得共越前守に於而も當惑之外は有御坐間敷と奉存候に付幸私在京之儀にも御坐候間指向此表詰合之人數を以　御親

征之御用相勤候樣仕度奉存候間北陸道御先鋒と御引替被成下候樣奉願上候當今之御時躰右樣奉願儀恐入候得共何卒厚　御諒察之上宜　御沙汰被成下候樣奉內願候

二月七日

慶永

一此日於太政官五藩御申合せ總裁宮へ御建白如左

臣等謹而按スルニ古ノ能ク天下ノ大事ヲ定メ候者ハ必先天下ノ大勢ヲ觀テ緩急機ニ隨ヒ所置宜ヲ得候故ニ唯功德一時ニ光被スルノミナラス万世不拔ノ業是ニ於相立候今哉　皇上始テ大統ヲ繼カセ玉ヒ御政權又一ニ皈シ凡百ノ宿弊モ更始一新シ天下万姓目ヲ拭ヒ治ヲ望ムノ秋也卽在　朝ノ百官自ラ奮發シ內ハ　皇上ノ御德化ヲ輔ケ奉リ外ハ　皇威ヲ萬國ニ伭ヘ臣子ノ分ヲ盡ンコヲ欲ス就中今日ノ急務ハ　皇國ト外國トノ交際ヲ講明セスシテ不叶儀ニ奉存候近比　朝廷始テ外國事務ノ官職ヲ設ケラレ其人ヲ御撰擧被遊專ラ御力ヲ被盡候ハ天下ノ人ヲシテ方向

スル處ヲ知ラシメ玉ハンノ御趣意ニテ　皇威ヲ万國ニ赫耀セシメ候ハ此時ニ可有之ト不堪感銘奉存候乍併古語ニモ人心同シカラサルヿ面ノ如シト申候而在上在下ノ人未タ各々區々ノ議ヲ執テ疑念ナキヿ能ハス又或ハ漢土ノ人ノ如ク自ラ尊大ニシテ外國ヲ禽獸ノ如ク蔑視セシカトモ終ニ彼ニ打負ケ却テ驅使セラレ候樣ニ成行候覆轍ヲ踏ムニ至ルヘキ歟ト甚憂慮仕候依テ熟考仕候處今日ノ先務ハ上下協同一和シテ宇內ノ形勢ヲ辨シ　皇國一大革シテ開業スヘキ所以ノ方向ヲ確定スヘキ儀第一ト奉存候是迄　皇國ハ一方ニ孤立シ世界ノ事情ニ達セス只偸安ヲ志トシ荏苒衰微ヲ致シ彼カ爲ニ制セラルヘキ次第ニ立至リ候ト外國ノ他邦ニ航行シ衆善ヲ包取氣運日々ニ開ケ政治文明兵食充滿シ天下ニ縱橫致シ候ト比較致見候得ハ盛衰ノ原由モ判然相分リ可申哉ニ奉存候元ヨリ膺懲ノ重典モナクテ不叶儀ニハ候得共控御ノ術其方ヲ得候ヘハ遠人モ懷キ服シ候道理ニテ尤無罪ノ人ヲ膺懲致シ候譯ニハ無之候中古　朝

廷ニモ玄蕃ノ官ヲ立置カセ玉ヒ鴻臚館ヲ建サセラレ遠人ヲ御綏服ナサレ候事モ相見エ居其後天正慶長ノ間ニハ蠻夷共屢西國ニ渡來交易致シ候若モ來港不致節ハ大將軍ヨリ書簡ヲ遣リ催促シ猶モ遲緩ニ及候時ニハ此方ヨリ大軍ヲ發シ攻擊ニ可及ナト申越候儀モ有之處嶋原ノ一亂已來始テ幕府ヨリ鎖國ノ令有之候乍併漢土和蘭ニ於テハ猶交易差許候ヘハ一切ニ外國人ハ攘ヒ付ケ候ト申譯ニハ更ニ無之處近年攘夷ノ論盛ニ相起リ諸侯ノ内偶攘斥致シ候モ有之候ヘ共素ヨリ一國ノ力ヲ以テ不可爲ハ論スルニ足ラス且先年幕府ヨリ十年ヲ期シテ成功ヲ奏シ可申ナト申上候ハ陽ニ其名ヲ假リ陰ニ其私ヲ行ヒ候詐術ニテ　先帝日夜御苦慮被爲遊御儀トハ同年ノ論ニ無之ト奉存候然レハ今日　皇國ノ衰運ヲ挽回シ　皇威ヲ海外ニ耀シ奉ル儀ハ萬々一刀兩斷ノ　朝裁ヲ以テ井蛙管見ノ僻論ヲ去リ先ツ在　廷樞要ノ御方々ヨリ豁眼ニ被爲成上下同心シテ交際ノ道無二念開カセラレ彼カ長ヲ取リ我短ヲ補ヒ萬世ノ大基礎相

据ヘラレ候樣奉專禱候仰キ願クハ　皇上ノ御英斷能ク天下ノ大勢ヲ御觀察被爲遊是迄犬羊戎狄ト相唱候愚論ヲ去リ漢土ト齊シク視サセラレ朝典ヲ一定セラレ萬國普通ノ公法ヲ以參　朝ヲモ被命候樣御賛成被爲在其旨海內ヘ布告シテ永ク億兆ノ人民ヲシテ方向ヲ知ラシメ玉ヒ度儀ト偏ニ奉懇願候誠恐誠惶頓首々々

越前宰相

土佐少將

薩摩少將

安藝少將

細川右京大夫

二月七日

○八日今日御重役被指出候樣御達ニ付酒井與三左衞門參　朝之處佛國軍艦四隻攝海へ渡來今度　王政復古に付條約之改正且　御親征は全國之爲に不利なる故可被止との建議且又關東講和之內意も有之に付外國掛小松

帶刀於兵庫可及應接候付其節列藩之重役も指加る樣三條殿に木戸準一郎差加り與三左衞門へ御申渡有之由尤彼より　御親征御止め申上候共決然御止り無之又公平之　王政を行はるゝ際に當り外國ゟ彼是指綺候儀は決而爲致不申筈之含に而應接相成候趣も演達有之由依之直樣與三左衞門へ下坂被命夜中及發船

一此日彥根藩横川源藏去る廿三日江戸表出立昨日京著之趣毛受鹿之介迄申出候に付今朝鹿之介より申遣し參邸之上室賀甲斐守殿ゟ之呈書持參差出之且相含越候口上も有之趣に付拜謁被命御聞取に相成處專ら御謝罪之一條に而甲州見込も頗至當之儀に被思召候付猶御心付之條に被仰聞直樣引返し御返書并御返答之次第源藏ゟ甲州へ相達候樣御直に被仰含之甲州ゟ之呈書如左

　奉謹啓候未た春寒去兼候先以益御勇健被遊御座奉恐壽候然は今般之御事柄に付微臣儀も　朝譴蒙官位被召上候段傳承仕奉恐入候右樣之身分

に而書簡等指出候も不愼之至恐入候得共臣子之分默止難仕且　君上御恭順之御底意は今日に至候而も聊御替は不被爲在候處彼是俗論之壅塞に寄不計も　朝敵之御名被爲蒙候場に立至候段　君上にも深御痛心被爲在御側近勤居候微臣實に泣血悲歎之至奉存候然る處此間　尊公樣ゟ何國迄も御恭順被遊候樣との趣承知仕不相替御厚蔭不堪銘肝奉感荷候舊冬於坂地蒙仰候已來病氣に而不任心底罷過候次第就而は此上御恭順御底意貫徹仕候樣御盡力被成下度至願に御坐候只々御恭順と可申候迚御運籌被成方も有御坐間敷奉存候別紙件々を以御賢考被成下候樣奉願候微臣儀從來知遇も蒙居候に付微行拜謁仕心肝吐露仕度奉存候得共御嫌疑に觸れ候而は恐入候得は不得止事書中を以奉願候委細之情實難奉盡且途中懸念にも奉存候へは兼々面晤も致候に付井家臣横川源藏へ密に申含置候間御直に別紙ヶ條之趣御聽上可被成下時宜に寄不苦候はヽ御近臣之內壹人御指越途中迄潛行拜晤仕度懇願に御坐候潛蟄中執筆別

而錯亂御推見奉願上候先は奉申上度文略御免可被成下候匇々頓首

正月廿三日認　甲斐

大藏大輔樣

別紙

靜寛院宮樣ゟ御歎願之御次第も可被爲在と奉存候に付尊公樣厚く御盡力之段奉願上度候將臣子ゟも追々歎願可奉願候間宜御含奉願上候一於臣子申上候迄之儀にも無御坐候へ共御家柄之御儀にも被爲在一際御盡力奉願上候且兵御差向御延日之段奉願度夫々盡度愚意有之候間何分にも一端破れニ相成候而は吳々も　皇國之御爲に不相成候能々御熟慮可被成下候中々筆談難申上御坐候間極密御聽取奉願候密に御家臣一寸御差下し之段奉願上度候

右御返書如左

正月廿三日之懇翰二月八日朝彥藩横川源藏參邸差出忙手披閱春寒料

峭之處先以我宗家德川公御東下後之御安全を詳に被垂示歡天喜地初而安堵之至奉存候隨而足下愈御多祥御勤務不相替爲御家御盡力抃賀令降慮候事に候我宗家德川公を日々存上夜々魂江戸夢は夫計に候下官正月中旬於太政官內國事務惣督之　勅命降下如臣者昧愚にして奉職却而宗家之恥辱　朝廷之失態速に可奉固辭之處我宗家德川公謝罪之道相立候迄と存し固辭奉らす因循奉職罷在候儀に而下官之微忠仰亮察候扠足下も　朝譴被止官位候儀不得止事下官は誠に御心中憮々と落涙推察申候德川公之御恭順之御底意は今日に至り候而も聊御替り無之との事被仰下何より以難有先日より大久保一翁ゟは申越下官に於而は江戸より御恭順之儀不被仰越とも下官壹人は德川公之御恭順丈は兼而思召相伺居候事故能々心得常々感服致居申候乍去御心はいか程御恭順候とも其姿に至り御恭順之實効無之而は天下承知いたし不申は是亦明白之事に而候過去之事に候得共御上京御先供之行違

云々と被仰立候とも第一歸國せしめんと　朝廷へ被仰立候會桑御先へ被遣會桑具足著用に而伏見へ上る先供に具足著用は如何是一ッ也於坂城薩藩之罪を被揚　君側之姦を除く爲軍列に可馳加御軍令諸藩へ布告尙　朝廷へも被仰立書付以尾越被出　君側之姦を除く軍列に可馳加との義進軍之形アラハレタリ上京先供と被仰立相違す是二ッ也德川公捨華城御東下後城中地雷起り終に炎上是三ッ也小事色々有之候得共一ッも御恭順之形なく見へ天下反逆　朝敵を稱し候而も下官如き支族之末坐に居り夫ても恭順之心て御坐りマストハどうも申開き難出來不可言苦心實に御察し可被下候下官は別而御懇命蒙候者故まけても御ひゐき申度候得共どふ考候而も御恭順之御心之申ひらき口に出し難く只今と相成候而は乍內々土藝細川に而も人心日々離れ候姿に而殘念徹骨申候段々御申越之儀誠以感服別而御側近く御出之身分に而は泣血悲歎御察申候於下官も同然候右之通故御恭順之御

心は難有候へ共此上御恭順之御實効顯然願は敷奉存候第一　徳川公御謹愼に而恐入謹而待斧鉞と申被仰立に相成クワイソウ幷板老其外巨魁之輩先押込被仰付候而如何樣共所置致度と　朝廷へ御伺に相成候が則御實効候而其節於　朝廷も公議相立於下官は支族之身に而は何とも申立樣無之候得共當職を以精々盡力いたし社稷を存する儀至願こゝに止り申候此所は御安心可被下候雪江ゟ川越山田太郎左衞門へ委細申越下官ゟも大和守へ申越尙遠江守家來有馬帶刀へも申含遣候先日雪江ゟ大久保一翁へも委細以書狀申遣候昨日家老本多修理江戸へ遣候節一翁へも委細以書狀申遣候何卒一翁大和守帶刀太郎左衞門家老本多修理同差添伊藤友四郎御宅へ被召呼京地之事情御聞被下大盡力奉依賴候尙横川源藏へも下官逢候而詳に申聞候間意裏御聞取可被下候　御親征も被仰出近々錦旗華城へ　行幸十五日未定何れ不遠內と存候一刻も早く御謝罪之道相立候樣致度夜白奉期望候

靜寛院宮御使おふち一昨日京著と長谷新宰相より承申候何分事柄により盡力も可致候得共とふも只御隱居計りに而は下官も周旋六ヶ敷哉と存候先日條城へ參り太政官代御本丸御殿へ上り拜見申候城春草木深感慨無量長局小姓局御膳所等其儘にして亂雜不可言机鏡立紙德利諸道具其儘見るに不可忍堂上抔も被參候而恥ヶ敷穴へても入度心中御察可被下候色々申入度海山に候得共書不盡言大略報答如此書外源藏へ申含候時下爲御家御自重專一存候下官之苦心此返報を書くに臨み落涙數行嗚呼之二字に付し候也

二月八日　　永

知己甲州室氏座下

朝夕も夜も涙にかきくれて君か御うへのしたはるゝ哉

○九日御布告如左

御親征　行幸可爲當月下旬被　仰出候事

追而日限更　御沙汰候事

一一昨七日被差出候御願ニ付御指圖左之通

越前宰相

北陸道先鋒出兵之儀に付願之趣被　聞召候間不及出兵候尚追而可被仰付儀も可有之旨　御沙汰候事

二月九日

一此日丸岡藩知邸ゟ江戸表之報告有之帶刀盡力粗行屆前橋侯今九日御發途に而廿八日御上京相成筈之趣帶刀ゟ申來候段申達之

〇十日來る十四日太政官代へ　行幸之儀被　仰出

但十三日に至り　御風氣に付御延引被　仰出

一此日紀藩伊達五郎來邸此度江戸表爲周旋紀侯ゟ小出和泉草野錠之助被遣に付　朝廷へ御差出之御書取爲御相談持參いたし入御覽思召相伺候處御立派成被仰立候得共其通り御行屆に不相成候而は却而御不都合に候へ

は御口達之方御適宜に可有之歟との御挨拶に相成
○十一日今日前橋御家老竹田市郎兵衞被召呼江戸表之模樣御尋有之處去る朔日御登城有之夜半に御退出直に御上京之儀被仰出候由二日立之飛脚に申來候而事情之儀御思召通り御行屆ニ相成候段傳語有之而已に而委敷事は更に相分り兼候由七日には山田太郎左衞門爲上京出立之段申上候處太郎左衞門は一刻も早く致上著候樣急便を以申遣し大和守樣にも成丈ケ御差急き御上京被成候樣可申上旨御直に被仰含之
○十三日去る五日江戸西丸へ御留守居御呼出に而　慶喜公御直書御渡相成ニ付同七日林矢五郎持參御徒高木文平差添今朝京都著ニ付御直書御拜見之處御謝罪狀如左

慶喜相續以來乍不及勤　王之道心を盡し罷在候得共菲才薄德事々不行屆加之近日之事端奉驚　宸襟候次第に立至り深奉恐入候に付謹愼罷在伏而奉仰　朝裁候此段御　奏聞被成下候樣奉賴候以上

二月　慶喜

副啓今般鎭撫使東下之由相聞自然關內江戶市中迄相越候樣に而は兼々鎭靜方は厚申付置候得共人心動搖過激之輩如何樣之儀可相生哉も難計深く謹愼罷在候旨意を失ひ候樣成行候而は深奉恐悚候間可相成は右鎭撫使東下之儀無之樣御含之程御賴申候以上

二月　慶喜

大藏大輔殿

別紙

先般憚　朝憲退隱仕相續之儀差極相願候儀ハ家來共申立其外無據事情有之故相願候得共猶熟考致候ヘハ右樣之儀相願候而ハ深く恐入候儀ニ付改而別紙之通相願候間可然御周旋之程偏ニ御賴申候以上

二月　慶喜

大藏大輔殿

今日太政官御出勤無之御調之處日比望霓之思召に而被爲待候右御謝罪狀御到來に付御感悅不斜卽刻御供揃に而御麻上下を召太政官へ御出仕有之先ッ岩倉殿へ御內談之處至極御聞入も御宜猶關東之事情へも御承知被成度候間明朝矢五郞を卿之御宅迄御指出相成候樣被成との御事之由夫ゟ三條殿岩倉殿御揃之席に而表向御達に相成候處惣裁宮へ御指出に相成旨に而御落手相成由

一同時矢五郞ゟ指出前橋侯御返書如左

正月廿五日御日附之尊翰相達難有奉拜見候先以　天朝御安寧次に尊兄愈御勇榮被成御在京奉大賀候就而は縷々之御書中具に奉感承候既往之御苦情實に深察仕候猶此上とも御精々之程奉伏願候誠に小生には心底之萬一手屆兼只々心痛之仕合兎角小生には蒙　朝命候に付近々所勞中なから押而上京之筈に付其上は万事御示敎之程厚奉願置候委細は御家來へ申含置候間當地之模樣は是ゟ御承知可被下候發足前大繁雜之上御

家來發足に差懸り先は大略御請迄に如是御座候謹言

二月六日認　　大和守

大藏大輔樣

一同大久保一翁老ゟ呈書如左

益御勇健奉賀候然は於尊地も千萬御苦心奉遙察候矢五郎幷有馬帶刀より御模樣委曲承知仕候帶刀は人傑と見受候に付申上御愼被爲在候御居間へ召出之儀申上昨夜も一時計出居候翁日々登城退出は多分夜半過朝は明候と正論家海陸軍士等多柔に過候と相咎其辨解に食事之間も無之勝房にも同樣之由忍兼兩三日同人引候位之事に候乍去　上御一人確然故翁右御賴申上盡死力激論を說破仕居候老後之一戰同樣に而以身爲的罷在候此四五日は小人は一吹候得共平生愛居候志士に手餘居候御一笑々々閣唐津一人に相成疲勞甚敷眞病是にもこまり入候扨御趣意之處此度貴家へ御賴之御謝表に神以無相違事に候其段は御休意爲　皇國御盡力伏希

候熊本侯容堂侯厚被仰合可被下候小南も出京候哉之由乍憚御一聲可被
下候萬事此度之御謝表御貫之御信意故委曲は不申上候謹言九拜

二月六日　　　　虚堂寛

桊井君

二白未知眞僞候得共　勅使何々小路殿とか相唱信州邊迄被來家毎に金米等爲出候趣に而其注進來候毎々激論家馳出たかり甚難澁相極候間相考候處眞の　勅使には無之とは存候得共堂上方之御名故此方に而留方差支候故昨夜一策相考肥藝始之尊地御役被命候參豫等大侯之此地に罷在候留守居へ相談各家ゟ兩三人つゝ出穩に留候積に相成候此段も御心得に申上置候拜具

私云有馬帶刀は大久保殿へ罷出候節沙汰有之四日夕登城之處夜に入於御居間　上樣御逢有之御謝罪狀拜見被仰付候に付心付之儀申上候處平山圖書殿執筆に而大久保殿御相談所に御直し有之夫ゟ圖書殿清

書之爲退坐に付帶刀ゟ大久保殿も暫時避席被命候樣相願帶刀一人御膝元へ相進み公之御才識に被爲長候故御德誼は御短なる姿に而有司に御任用なく惣而御自任被遊候故御罪御一人に歸し候條理を諄々言上仍之御謝罪之儀は一身に御引受不被遊候而は難相濟次第關西之事情を推て十分に申上候處流石之御英才に而逐條分明に御會得被爲在候由夫より再度之御謝罪狀御草稿に御取懸り被遊候由

一同勝安房殿ゟ呈書如左

小臣之を海外之一知已に聞く近日魯西亞首として同盟諸國に報告ありと共趣旨に云東洋日本之定約は德川氏幕府之職たりし時結ひし處今日に至ては政權朝廷に歸納せりといへとも共國之大身會議一定之事ありしを不聞一二之矦伯倉卒に出つるものは尤以可疑其條理を究問し共情實を盡し共可討は討ち共可助は助くるものは大國小國を保護し共國之生靈塗炭を救ふ各國定約之大信公議之至れる所なり同志同約之諸國は

共に軍艦を整東洋に向ふて其是非を問はんと其實否に至ては未た如何を知らすといへとも必其事發せんは必せり從古東洋諸國西洋各國之爲に蹂躙内附する者比々として皆同屬其邦内之に是非人相喰終に其國家を失ふを不察私を逞くして其極其國を破るに不出なし今哉英吉利は兵庫にあり佛良察米利堅は横濱に居て英之下風を不好魯西亞豈此二國之下に附むや大信を唱へて以て我　皇國を内附せんとす誠に其眞意之在る所是を掌上に視るか如く然るを思はす侯伯默して唯其領國を固守せんとするは是を其任といはんや且勤　王之眞意またいつれに在るや百歳にして公義定る如斯成る者是を報國といはん歟印度支那之轍不遠朝廷を汚辱し　皇國を内破す其責何人に哉況や今百年を待すして小臣其詳解を問はむとす希くは私を去り公平至當を以て小臣か疑惑を解かむとを恐惶謹言

二月五日　　勝安房

一同時矢五郎ゟ申上東狀之大略

先般御隱居之被　仰出候而一同稍鎮靜之處紀州ゟ歸東之殘兵榎本等ゟ再紛亂を生し激烈輩　君前へ詰切居り伺事も難出來次第之由○有志之諸役も激烈輩に迫られ不快引多く廟議愈決兼候由○會も退隱歸國之運ひに相成由○山里へ御蟄居之御設も有之候へ共一日たり共御引籠相成候へは直樣惑亂之次第に付無是非御聞政之御運ひ之由○前橋侯十三日登城御謝罪之儀被仰上御聞入れ而已に而御採用無之十八日も同斷之處當月朔日御登城尙又被仰上粗御採用に相成夜半御退出夫より御上京御運ひに相成由○老公ゟ前橋侯へ之御直書相達せし已來御謝罪之御筋大に御果敢取に相成由○有馬帶刀は著府已來所々遊說四日には御前へも被召出御相談も被爲在由矢五郎も同道或は相談に而大久保殿初所々奔走之由○御謝罪狀は疾ゟ御出來相成居候へ共御披露難被成段々御手延ひに相成候處御指出後御披露相成候は丶不得止事覺悟も定り可申との

御內決に而先つ　御奏上之御運ひに相成夫より追々御發表に相成事之
由
一右御謝罪狀御到來に而　御奏達に相成候儀御國表へ被仰進御直書如左
急々一筆申入候春寒難去候處愈御淸全珍重存候抑去る五日留守居西丸
へ呼出に相成罷出候處　德川公御直書御渡に相成林矢五郎去る七日立
今十三日朝京著御直書披見右は御謝罪狀に付直に今夕大政官へ罷出麻
上下三條大納言殿岩倉右兵衞督殿へ差出兩卿御落手被致候右御謝罪狀
別帋之通に候此段急々爲可申入如此に候也
二月十三日　　慶　永
越前少將殿
尙々御謝罪狀二通幷此書狀奧之輔家老中老側用人中老見習田內源介
十藏彌十郎執法計へ可示給其餘は禁漏達候也
一容堂君へも御相談旁可被爲入御積之處御不快御示に無之趣に付象二郞

を以被仰遣溝口孤雲へは鹿之介ゟ申聞藤堂歸雲新野眞拙三浦帶刀等は先日御家老ゟ及內談候廉も有之に付御家老ゟ以手紙申通田宮如雲久野丹波守へは雪江ゟ手紙を以及通達之

一此日丸岡藩有馬帶刀ゟ雪江へ之來帖同藩新名與太夫ゟ差出之如左

去月廿九日夜御認之御細書今日尊邸草野生ゟ（私云草尾之誤）早速御廻しに相成謹閱仕候餘寒退兼候處先以益御壯健被成御奉職奉拜賀候然は其表之御模樣縷々御申越又一翁先生へも尊書之趣萬々辱奉存候當方之事も殊之外御懸念御尤至極僕著前著後形勢一變昨日迄之處は林氏承知に而歸京候得は少は御安心と奉存候今朝厩橋邸へ參上公始山田四王天之兩生とも面會猶又同公御發駕前御證跡御目擊有之度旨夫是申上殊之外御落意愈十日御發程之筈今夕一便取計候に付御答申上候明早朝一翁公へ參謁之積兎も角も此方丈けは精力相盡し可申寡君も快に付明日押而登營十三四日には發途僕も從駕又々再上御苦勞可罷成尙又御指揮を得周旋盡

力可仕候錦地兩端之義如何哉何分御盡力有之征伐之儀は御延期肝要所祈候尚又追々成行可得貴意如此御坐候頓首

二月七日夜　　　　帶　　刀

雪　江様

一此日紀藩久野丹波守參邸雪江及應對處申聞候は去月廿五日於江戸表紀州家へ御相續之儀被仰出段飛船に而申來候へ共決然御固辭之思召に付關東へは其段被仰上　朝廷へも御辭退相成候段今朝安藤水野を以太政官へ御達に相成趣爲申上參上之由に而御書取等指出ニ付雪江申答候は右御隱居御相續等之御奏聞書先達而此方様迄御廻しに相成候得共此節柄被對朝廷以之外成御不都合に付不被及　御奏聞此方様ゟ江戸表へ御返上相成事候へは此御書面御達等は關東之御不埒を御顯はし被成候様成物に而弊藩ゟは不申上世評は兎も角も表立上達之儀は無之候へは御書取御指出之儀も可相成は御扣に致度と申談候處丹波守も如何にも然なりと速に同意

し上達已前に候はヽ早速引留可申と伊達五郎同道太政官へ出頭せり
○十四日今日公太政官へ御出仕之處俄に御參　內相成候樣岩倉殿ゟ御達有之下參與之面々へも同樣未半刻比參　朝之處右は外國公使參　朝之儀彼より不申出已前此より被仰出度段浪華東久世殿ゟ御申越小松ゟも後藤迄申來に付而なり申刻比奧御廊下におゐて總裁宮岩倉中山正三德大寺等之諸卿公幷下參與迄御一席之大御評議あり拜禮之節握手或は屈膝等に付而之俗論甚敷更に不相決して夜に入遂に　叡慮伺と申事に相成戌半刻比迄御手間取亥刻前に至り漸く京師へ被召參　朝可被命御決議有之其段早々浪華へ御返事有之由拜禮之實際に至ては極內狀は未決之由岩倉殿歎話せられたり御場所之儀も南殿條城兩議有之遂に南殿に被決たり
一今朝藤堂歸雲新野眞拙參邸雪江對接之所昨夜之通達に付猶江戸表之御模樣伺度との事に付彼地之事情及物語候處何分追々相伺精々盡力可仕歸雲儀は一兩日中拜謁相願度由眞拙は萬端御指圖に隨ひ可申との趣なり

一於江戸表御謝罪狀被指上候御運ひには相成候得共去月廿九日板倉侯隱居嫡子萬之進へ家督被仰付等此節御不都合之由於江戸表風評も有之趣矢五郎申出候儀も有之に付猶其邊之御不躰裁有之候而は御大事之儀に付態々御人にても御指下し御周旋有之樣御談し被成度と今晩薄暮比ゟ罷出候樣尾之田宮如雲紀之久野丹波守は不快に付伊達五郎申遣候處如雲は其刻罷出候へ共御退　朝御遲延可相成御樣子相聞候付相返し五郎は相考御歸殿後に罷出に付鹿之介應對御趣意申聞領承罷歸る

○十五日御謝罪一條に付今朝徳大寺殿へ御直書幷御建白書被遣如左

一筆令啓上候愈御安全珍重存候抑昨夜は不容易御配慮實に感服仕候別紙之通差出候間何分にも今日は早急　朝議被爲在度奉懇願候尊卿御同意候へは岩倉迄御出し奉希候下官追付參　朝可仕候間尙委細期其節之面盡候仍而此段申入候也

二月十五日　慶永

徳大寺殿

御別紙

徳川慶喜謝罪狀指上候上は此段速に天下へ御布告有之早々諸道之追討使幷諸藩之進軍を阻め蒼生之塗炭を被爲救候儀今日之大御急務と奉存候此儀一日相後候へは天下一日之勞費難算數名狀儀と奉存候仰冀くは今日大惣督之御進發を被止候はヽ是亦生民之安堵如何計に有之御坐候哉無上之　御仁政と奉存候外國之御交際におゐては昨夕已に御決定に而御安心之御儀と相成候得は今日は內國におゐて差向候大議を建立仕候幸に今日諸侯も參集之儀候得は右止兵之大令を發せられ好生之御仁惠を天下諸侯之民心へ洽くせられ御一新之御折柄是迄凶器を動かせられ候は實に不被爲得止之御趣意たる事を御諭告御坐候はヽ騷然たる人心一定に歸し沛然たる御德澤皇國に充溢仕萬世至公之　御新政を奉感戴轉凶爲吉之好機會と奉存候得は當職に於而至大至願奉存候早急之御

評議被爲在候樣仕度此段謹而　奏聞仕候恐惶謹言

二月十五日　　　　　　　　臣慶　永

一今日在京諸侯惣參　內被命外國交際之儀御布告有之下參與之面々も參集を被命たり此時外國人へ御對面之儀後宮之物議等有之未決に而當路之公卿殊之外苦惱せらる暮時前　公岩倉殿と御一所に　天前に被爲候更に交際之事情詳悉極言御明辨有之御退出之後岩卿猶滯座に而御諫諍被申上漸くにして拜禮も可被命に御決定有之由今日御散　朝及夜陰に付御歸邸之上御內儀より御膳部御酒御拜領被遊

一今日征討總督宮御參　內直に東海道へ御進發有之

一關東御謝罪之筋相立候に付而は已に御建白も被爲在猶又右御進發御抑阻之儀も岩倉殿迄種々御懇告有之候へ共眼前に相迫り候儀と申是迄紛々風聞も有之義故今日過旅之儀には至り兼候御次第に付尾紀被仰談御周旋之儀を被及御內談候處是は御指圖之廉には無之候へ共宗家之爲に盡力は

勿論之事に而夫か爲に御嫌疑等可有之譯は無之との御挨拶に付今日參
朝致居候田宮如雲安藤飛驒守へ御直談に相成處各家老東下周旋盡力之義を及御請たり○雪江如雲と反復論談に及ひ關東君臣十分伏罪謹而待斧鉞之場に至り面縛して軍門に御悔謝其上に而　朝裁を被爲仰候御儀公論至當なるへきに決し其筋を以夫々御談に相成又御謝罪之筋　和宮樣を御賴に而惣督之軍門へ御歎訴之一路も可有之と示談せり雲州侯も幸ひ御參內に付右御相談に御加はり可然との思召に而大旨を內臣妹尾右衞門迄雪江ゟ申談之尙明朝參邸相伺ふ筈也

一田宮如雲執筆に而尾紀被仰合之御趣意書如左

御本家ゟ之御伏罪書を越老侯ゟ御指上に相成候得共　御親征御延引と申御手順にも不相成既に今十五日大總督宮御出陣に相成越老侯にも深く御苦勞被爲在方今之御模樣段々御回慮之上紀尾等之重職急行東下之上盡力之致方を御內々被爲示候趣如左猶委細は口授に附す

一先般京坂間之一件は獨御本家而已之御罪のみならす第一會桑を始執參幷旗下之士共にも有之事に付罪之ある處之者夫々深く奉恐入悔悟伏罪謹一人抗　命之者も無之如何樣之　御沙汰も謹而奉待　朝裁候樣相成事

一右樣行屆之上田安御隱居一橋大納言樣右之趣之謝罪狀を御持參大惣督御軍門へ御出御捧に而右樣一同伏罪　朝裁次第に相成候上は何卒最早錦旗は御止りに相成候樣御哀訴之事

一靜寬院宮樣ゟ御內使を以大惣督へ御寬大之御歎之事

一朝廷へは輪王寺宮之御役方を以是ハ強而是ニ限リ候譯ニ非ス急行に而前顯之通謝罪狀を爲御持錦旗御止り方之御歎訴之事

○十六日今日於太政官左之通被　仰蒙

今度外國人上京參　越前宰相

內右御用掛被　仰付候事

右同樣中根雪江へも被命たり

一今日中山殿正親町三條殿へ被遣御書如左

一筆令啓上候先以　至尊益御機嫌能被爲入奉恐悅候抑昨十五日被爲召に付　天前へ罷出臣慶永不顧恐惶干冒威嚴充分悃衷之趣　奏聞仕誠以戰寒之至實に斧鉞之誅難遁奉恐入候乍去臣子之愚意言上實に謹畏本懷奉存候御禮之儀　天前宜御執成之程希上候也恐惶謹言

二月十六日　慶永

中山殿

正親町三條殿

一昨日於官代尾紀へ御談之上各重役被指出候事に相成候上は御家々も御指出可相成處當時本多修理出府中に付此表之御運ひ修理迄被仰遣於彼地各家申談致周旋可然との思召に而右御使林矢五郎へ被命候而今晚直樣出立に付　上樣へ之御呈書も持參被仰付且又途中に而修理之歸京に出逢候はゝ東土へ引返し候樣御沙汰之趣も申含御呈書如左

謹而奉言上候去る五日家來之者被召出御渡相成候　御奏聞狀十三日朝上著即夕直に太政官へ罷出　總裁府へ執　奏仕且御別紙之趣も具に三條大納言岩倉右兵衛督迄申入候此段奉言上候尙委細之儀は家老本多修理ゟ奉言上筈に御坐候也誠恐誠惶頓首々々謹言

二月十六日第十二時　　慶　永

一此日於太政官紀州安藤飛驒守久能丹波守拜謁關東御謝罪一條に付東都へ御人被指出義紀國ゟ家老之内早々爲呼上示談之上東下之積之由御趣意之儀は如雲書取之通りに而別意無之候得共田一兩公之御動作如何可有之哉甚無覺束に付自然御談調兼候節は溜詰之内に而も可然候半歟之見込之趣申上たり晩方に相成伊達五郎出頭雪江對接之處今朝申上たる次第猶又及熟評處安藤水野久能何れも於江戶表少々故障有之候付昨冬迄在府いたし事情も解居候へは山高石見守指出候事に再決之由爲申譯參上之趣申陳之

一昨十五日泉州堺表に而土州兵隊佛人砲殺之趣飛報有之段土州知邸ゟ届出指出事情不詳細候へ共土州重役調旁早々堺表出張候樣被命由也

○十七日今日外國御交際之儀に付被　仰出如左

先般外國御交際之儀　叡慮之旨被　仰出候に付而は萬國普通之次第を以各國公使等御取扱被爲在候然る處此度　御親征被　仰出不日　御出輦被爲遊候に付而は御餘日も無之御事に付各國公使急に參　朝被仰付候に付此段可相達被仰出候事

　二月

右に付太政官代三職之御方々ゟ御布告如左

外國御應接之儀ハ上代　崇神　仲哀御兩朝之頃ヨリ年ヲ逐而盛ニ成來リ遠邇之各國歸化貢獻有之其後唐國トハ常ニ使節相往來或ハ居留シ其交際モ亦自ラ親シク候此時ニ當リ船艦之利未開ケス故ニ三韓四近ト唐國而已西洋各國之事ハ暫ク差置印度地方尙明確ナラス候然ルニ近代ニ

至リテハ萬民所知ノ如ク船艦ノ利航海ノ術其妙ヲ極メ萬里ノ波濤比隣之如ク相往來シ一時幕府之失措トハ乍申　皇國之政府ニ於テ誓約有之候事ハ時之得失ニ因テ其條目ハ可被改候得共其大體ニ至リ候テハ妄ニ不可動事萬國普通之公法ニシテ今更於　朝廷是ヲ變革セラルヽ時ハ却而信義ヲ海外各國ニ失セラレ實以不容易大事ニ付不被爲得止於幕府相定置候條約ヲ以御和親御取結ニ相成候既ニ先般御布令被爲在候上ハ皇國固有之御國躰ト萬國之公法トヲ御斟酌御採用ニ相成候ハ是又不被爲得止御事ニ候依テ越前宰相始建白之旨趣ニ基キ廣ク百官諸侯之公議ニ依リ古今ノ得失ト万國交際之宜ヲ折衷セラレ今般外國公使入京參朝被　仰付候元來膺懲之擧ハ萬古不朽ノ公道ニシテ假令和親ヲ講スル共其曲直ニヨリテ各國不得止之師相起候其例シ不少付テハ攻守ノ覺悟勿論ノ事ニ候得共和親之事ハ　先朝既ニ開港被差許候ニ付　皇國ト各國トノ和親爰ニ相始リ居候處其節ハ幕府ヘ御委任ノ儀ニ付諸事交際之

儀於幕府取扱來候然ル處此度　王政一新萬機從　朝廷被　仰出候ニ付テハ各國交際之儀直ニ於　朝廷御取扱ニ可相成ハ元ヨリノ御事ニ候今也　御初政之御時總テノ事件ハ全ク總裁始當職之責ニ有之候何分某等不肖ノ身ヲ以大任ヲ負荷シ非常多難ノ時ニ逢候上ハ深ク恐惶思慮ヲ加ヘ天下ノ公論ヲ以テ及　奏聞今般ノ事件御決定被爲在候且國內未定海外萬國交際之大事有之候得ハ普天率濱協心戮力共ニ　王事ニ勤勞シ萬國交際ヲ始メ萬機悉ク既往將來ヲ不論無忌憚詳論極諫有之度只急務トスル處ハ時勢ニ應シ活眼ヲ開キ從前ノ弊習ヲ脫シ　聖德ヲ萬國ニ光耀シ天下ヲ富嶽之安キニ置キ　列聖在天ノ神靈ヲ可奉慰上下擧而此　御旨趣ヲ可奉謹承候事

二月十七日　太政官代

三職

一今曉丑刻後在坂小松帶刀より飛札を以土州兵隊佛人を殺傷之事件佛公

使忿怒甚敷嚴重之懸合に相成候樣申來り公卿方も御參　朝御引上け御出仕に而官代以之外騷動せり且帶刀ゟ坂地內外事務多端手廻り不申に付內國參與之內ゟ一兩人早々下坂之儀申來に付雪江幷木戶準一郎へ下坂被命佛公使華港引拂之儀は以　勅使御抑留可有之との御決評に而　勅書裁制有之其趣飛報を以坂地へ發する等混雜を極めたり大久保一藏は今朝より下坂雪江は暮時下坂せり此件に遂に　勅使等御發遣應接之上廿三日に至り佛人を殺したる數に應し土州人十一人を外國人之目然に而令割腹事落著に及ふと雖とも　朝廷之か爲に數日之紛擾を生したり

〇十八日今朝五時頃萬里小路中納言殿御來邸に而御對面之上岩倉殿より外國一條に付公御下坂可被下哉之旨御相談有之

一去る十二日江城二ノ丸へ御留守居御呼出に而御目付妻木多宮殿ゟ御渡に相成御直書御徒田村鐘太郎持參卽日出立此日夜に入到著し指出す御直書如左

此度御追討使御差向可被爲在哉之趣遙に奉承知誠に以驚入奉恐入候次第に御坐候右は全　臣慶喜一身之不束より生候儀に而　天怒に觸候段一言之可申上樣無御坐次第に付此上何樣之　御沙汰御坐候共聊無遺憾奉畏候所存に而東叡山へ謹愼罷在候其段下々迄へも厚申諭し假令官軍御差向御坐候共不敬之儀等毫末も不爲仕心得に御坐候得共弊國之儀は四方之士民輻湊之土地に而御坐候へは多人數中には萬一心得違之者無之とも難申右邊ゟ恭順之意を不相辨不慮之儀等有之節は猶更奉恐入候而已ならす億萬之生靈塗炭之苦を蒙候樣に而は實以不忍次第に付何卒官軍御指向之儀は暫時　御猶豫被成下　臣慶喜之一身を被罰無罪之生民塗炭を免れ候樣仕度　臣慶喜今日之懇願此事に御坐候右之趣厚御諒察被成下前文之次第　御聞届被爲在候樣奉歎願候此段御　奏聞被成下候樣奉賴候以上

二月　慶喜

御謝罪狀御添簡如左

本紙奉申上候京攝事件之節詰合居候松平肥後并要路之役々同樣奉恐入候に付　御處置奉伺候心得に而爲愼置候間夫々　御沙汰被成下候樣奉願候以上

二月　　　　　　　　　　　　　　徳川慶喜

御家臣衆謝罪狀如左

徳川慶喜家來共昧死恐惶奉哀訴　闕下候主人事兼々奉蒙非常之　朝恩深奉感戴候に付而は別而　皇國之御爲日夜心力を盡し既に祖家傳來之政權を奉歸引續將軍職を辭退仕彌以勉勵仕罷在候處先般京攝之事件遂に奉惱　宸襟次第に立至り於主人深奉恐入東下以來只管恭順謹愼　御沙汰奉竢候心得に而上野寺中に退蟄罷在其節詰合候要路之者共は爲愼置　御所置奉待候事に御坐候抑京攝之事件主人に於ては深奉恐入居候得共右は全鎭撫方不行屆より相生候儀に而其胸中を推

察仕候へは臣子之分實以悲泣之至片時も不安次第に御坐候主人事元來　皇國之御爲一點之私を不狹忠誠之外二念無之段は厚く御諒察被成下且祖先之勳勞を被爲　思召出格外寛大之　御沙汰幾重にも奉歎願候

二月　　　　　　　　　　　　　　　徳　川　慶　喜

家來中

一同時尾張老侯へ之御封物も御一處に御渡之由に而指出に付卽日左之通御直書を以御在京尾張當侯元千代君へ左之通被仰進之

一筆致啓上候春寒難去候處先以愈御安泰珍重奉存候陳は二月十二日二丸へ御留守居呼出罷出候處御目付妻木多宮を以尾張大納言様幷私へ之御封物一ツヽ御渡有之大納言様へ之御封物共御家來へ御渡可相成由之處貴國御混雜之御譯も御承知被爲在私家來へ御渡に而私より大納言様へ御屆申上候様にとの御事に御坐候仍之貴君迄御封物差出候間至急之

儀御坐候故貴君御開封被成尙如雲等被仰談朝廷へ御差出之方と奉考候
江戸表に而は大納言樣御在京之思召と奉存候尙御勘考宜御取計可被成
下候樣奉希候也恐惶謹言

二月十八日　　　　　　　　　　　　　　　慶　永

尾　張公

一同時大久保一翁老ゟ呈書如左

益御勇健奉敬賀候陳は　御恭順之處幾重にも御請合申上候只々若年勇
士云々御城宅早朝深夜激論之請太刀眞に勞切候得共　上之確然御居故夫而
已御賴母敷相勤居候昨夜會計總裁御免相成若年寄事務取扱被仰付愈以
赤面慚愧之至候得共此御時節强而御斷申上も却而恐入激論家說解等に
出居候殿中に而認早々頓首

二月九日

二白別帋之通官位被爲召放と申沙汰之者皆御役御免相成候此中ニハ甚可惜人

も兩三人も有之候會桑も尙御安心之方に追々御手順可相成御樣子に候右等に而も御恭順之御趣意は御察可被下候再拜不得寸暇數度投筆三拜

一翁
寛

大藏大輔樣

別紙

御役御免如前ニ雁之間詰被仰付差扣可罷在候
松平豐前守

御役御免柳之間席被仰付差扣可罷在候
竹中丹後守

御役御免差扣被仰付之
塚原但馬守

御役御免被成候
永井玄蕃頭
平山圖書頭
御側
室賀甲斐守

思召有之御役御免被成候
大目付
瀧川播磨守
陸軍奉行兼
大久保主膳正

大目付 戸川伊豆守
御勘定奉行 松平河内守
奥詰銃隊頭 大久保能登守
御勘定奉行並 星野豊後守
歩兵奉行兼 牧野土佐守
御目付 設樂備中守
同 新見河内守
同 榎本對馬守

御役御免被成候

歸府之上申渡筈

一同時江戸表ゟ相廻る書附之内

二月十一日惣出仕被仰出

上意之寫

此度御追討使御差向可被遊段被 仰出候哉之趣遙に奉承誠に以驚入奉

恐入候右は全予か一身之不束ゟ生候事に而天怒に觸候段一言之申上様無之儀に而何様之御沙汰有之候とも無遺憾奉　命致候心得に而別紙之通　奏聞狀差出候依之東叡山へ退き謹愼罷在罪を一身に引受只管　朝廷へ御詫申上億萬之生靈塗炭之苦を免候様致度と至願此事に御座候就而は何れも予か意を體認し心得違無之恭順之道取失はさる様可被致候

御別紙御奏聞狀略す

御譜代衆萬石以上へ御達

東叡山へ御謹愼中西城之儀は田安殿松平確堂へ御頼被成旨被仰出候間是迄之通相勤候様可被致候事

同萬石已下

此度上意之趣御恭順とは乍申御不束之御罪を　御一身に被爲引受御謹愼可被爲在段臣子之分に而は實以奉恐入候御儀に付御趣意柄厚相辨心得違無之様可被致候事

松平確堂へ

東叡山へ御謹愼中西城之儀は田安殿御自分へ御賴被成候間御政事向諸事取扱候樣可被致候

一同時會藩小野權之丞於江戸表草尾一馬迄持參雪江迄相廻歎願書如左

歎願書

謹而言上仕候老寡君容保儀去戌年京都守護職被命候處弊邑之儀は東奥之藩鎭且　帝都を離るゝ事二百餘里應援達響之道も無覺束力を計り分を計て其任に勝さらん事を恐れ辭退申候得共其節之御事躰御艱難　皇國之安危に拘り候御場合故强而可相勤旨被命候に付數百年已來之　隆恩奉報度闔藩決議京都を以墳墓之地に心得罷上り大樹尊　王之趣意致遵奉周旋奉職仕候然る處不圖も　先帝無限之寵眷御賞譽之　宸翰を下し賜り其外度々　御宸筆被下置　恩賜之品々も幾度となく拜戴仕候元來容保儀誠實一片に勵精致毛髮も私意無御座に付　先朝已來格別之御

依賴を蒙り大病之折は無勿躰も　至尊之御身を以於　內侍所御祈禱被遊下　君臣水魚之情態　宸翰之表にも御顯はし被下　當朝に至り候而も　先帝以來　叡慮遵奉守護職相勵候譯を以　叡感思召被下參議推任前後　天恩之難有主從感戴泣謝罷在候隨而大樹ゟも度々之褒賞有之彼是重々之　隆恩闔國肝膽に銘し冥加至極難有奉存候前件之通　兩朝歴然たる　厚眷容保之誠實前後相替候儀分寸も無之候伏見戰爭之儀は德川內府上洛先供一同登京之途中發砲被致武門之習不得止應兵及一戰候儀に而敢而　闕下を犯候儀毛頭無之候は萬人所共知に御座候然るに今日におゐて不料も不慮之汚名を蒙候段臣子之至情日夜慟哭不雪君冤死す共不止と闔國決心仕居頑固之習風何共諭撫之道無之於私共は至々極々苦心仕候間此上は寸時も早く雲霧快晴一藩之人民安堵仕候樣幾重にも奉懇願候別紙　宸翰之儀は　先帝御深意被爲入被下置候儀故深く篋底に藏置候得共國事危急之今日に差迫り候に付御內々奉入御覽候間此

段御垂憐被成下乍恐　御奏聞之儀伏而奉歎願候恐惶敬白

松平若狹守家老

田中土佐

神保内藏助

梶原平馬

上田與大輔

內藤助右衛門

諏訪伊助

辰二月

孝明天皇より肥後守へ賜る

宸翰寫

堂上以下踈暴論不正之所置增長ニ付痛心難堪內命之處速ニ領承憂患掃攘朕存意貫徹之段全其方忠誠深感悅之餘右壹箱遣候者也

文久三年十月九日

右御壹箱　御詠之寫

たやすからさる世に武士の忠誠のこゝろをよろこひてよめる

和らくもたけき心も相生のまつの落葉のあらす榮へ舞

武士とこゝろあはしていはほをもつらぬきてまし世々のおもひて

一同時有馬帶刀より雪江へ之來書如左

前略然は今日は林生著京當地之景況縷々御承知御座候儀と奉存候前橋侯も十日御發駕相成申候過日尊公御細書に而尚更一翁君にも厚配有之候樣に伺申候昨十一日惣出仕に而御布告相成乍恐今早天東叡山へ被爲成愈嚴重之御恭順御謹愼之趣に伺申候則　御奏聞書も別段御改に相成申候定而尊邸ゟ御指出と奉存候此兩三日御延引に而草尾氏にも殊之外配慮有之事と奉存候就而は寡君も十五日發足愚生も從駕無程上京又々萬々御厄介に可相成餘は拜晤に讓り及閣筆候頓首拜上

二月十二日　帶刀

雪　江様

一此頃一應之御謝罪狀御指出に相成候得共確と御實効相立候と申御廉も不相顯ニ付御　奏達之上精々御盡力被爲在候得共御徹底之處如何可被爲在と深く御勞神被遊候御折柄右再度之御奏聞狀其外之御次第共に而御閉蟄之御實蹟も顯然に付大に御力を被爲得何分明日　御奏聞可被遊候へ共其已前一應御內見御賴被仰入置度と毛受鹿之介靑山小三郞同道に而三條殿岩倉殿へ御使被指出之岩倉殿に而は卿之御心付に而中山正三德大寺等之諸卿へも被仰入置可然段御示諭有之由

〇十九日今早朝中山正三兩殿へは鹿之介德大寺殿へは小三郞被指出御內見且御依賴之儀被仰入

一今朝酒井與三右衞門方ゟ御謝罪狀　御奏聞之儀別帋諸家へ以手紙及通達　御奏聞狀も寫相廻候左之候

去ル十二日江戶出立之家來昨十八日上著別紙之　奏聞狀宰相ゟ致執

奏候樣申來候付今朝參　朝　奏達に及候筈御座候右に就而は尙從是御相談申上候儀も可有之何分其御許樣におゐても御盡力之儀御依賴被成度先此段早々得御意候樣被申付候付如是御座候以上

二月十九日

尾州　田宮如雲　紀州　久野丹波守　作州

前橋　竹田市郎兵衛　雲州　朝日仙助　肥後　溝口孤雲

土州　深尾鼎　彦根　新野眞拙　津　藤堂歸雲

藝州　辻將曹　若州　團五郎兵衛

一今日四時御供揃御衣冠に而御參　內中山殿へ御逢御　奏聞狀幷御添翰共私云御家臣謝罪狀ハ御扣御指出之處御落手之趣に付猶又別段御逢に而御實効も相立候上は只管　御寬典之御歎達且內國御職掌之上ゟも一日も早く御進軍御指留天下萬民之疾苦を被爲救諸侯之勞費も御減殺有之樣被仰立且又御親征之儀も御止りに被爲成候樣之御趣意も御含畜に而縷々被仰立候處

一段之御嘉納御領承有之早々御伺にも可相成御模樣之由夫ゟ如例官代へ御出勤御同處に而御即席御認に而御建白有之如左

臣慶永謹而奉言上候今般慶喜伏罪之上東叡山へ閉居謹愼罷在會桑始夫々所置申付奉仰　勅裁候謝罪狀は既に今朝慶永參　內中山前大納言へ奏達仕候事に御座候抑於慶喜ハ實に謹愼之實効著然いたし此上は於朝廷速に征東之進軍被爲止　行幸も被爲止候而以天下公議慶喜へ之御所置幷會桑始之被仰付至當不可動之　朝裁早々被爲在度奉存候慶喜伏罪謹愼夫々所置仕候而も矢張御進軍　行幸等も依然御施行被爲在候而は天下之人心生疑懼候於　朝廷被爲好事候樣に相當り且爲　朝廷國々費弊を極め怨嗟之聲滿行路遂には乍恐奉怨　朝廷候樣之形勢に立至り可申は必然と奉存候慶喜伏罪謹愼無之候へは天下困弊候とも決而聊朝廷之御無理とも不奉存各藩進軍實に干城勤　王之赤誠可顯候利害を以言上仕候へは慶喜如此閉蟄謹愼罷在候に尙御進軍被爲在候へは慶喜

家來過激之者萬一忿怒に堪兼候所ゟ幾千人一心と相成前日ゟは必至之兵に相成可申乍恐　官軍に而は諸藩入交り之兵隊に而百人百心千人千心之景況此者共慶喜伏罪謹愼承知仕候得は猶以鋭氣減却可仕勝敗之上に至り候ても乍恐如何可有之哉其上客戰主戰之勢も有之は必然と奉存候　王師實に萬一勝利なき時は天下是限りと奉憂惱候何分早々被爲止御進軍公平之御所置奉願候且又今般外國御交際之上ニ付而も今度之御所置萬一公法被爲誤候而は實に御大事と奉存上候兼而申上奉り候通り外國は當今條理分明公法を以所分仕候伏罪謹愼之上に而も猶御征東と申儀外國人如何論し可申哉彼も此度之御一所置を以今後之天下御政道可推知奉存候臣慶永德川支族之身を離れ當職之任を以奉言上候萬一矢張御進軍　行幸之御大擧等被爲在候へは乍恐天下人心之向背に關係し今後之御大政先見仕候へは可相分候右故公平至當之御所置に出候へは皇德天下に輝き　朝威率濱に光被し億萬之生靈も不啻免塗炭諸侯も亦

感戴　聖恩治安再太平之天日を觀可申と奉謹畏候外國人も頗　皇政一新之公法を以被爲裁儀候はヽ海外之賞譽勿論と奉存候臣慶永忘狂僭簪越干冒　尊嚴以身言上候臣當死罪謹而待斧鉞萬一御採用被成下候得は天下幸甚之至奉存候臣慶永誠恐誠惶頓首々々再拜謹上

二月十九日　　　　　　　　　　　　　　　臣慶　永

右等之御誠心貫徹せしにや無程明日諸卿惣參　內之儀を被仰出しかは定而此件之　朝議にも可有之と　公之御感激は不及申御家臣共ニおゐても

一同蘇息之思ひをなせり

一此日太政官代に於而總裁宮ゟ左之通御直達有之

越前宰相

議定職內國事務局輔被　仰出候事

慶應四辰年二月　　　　　　　　總　裁　卿

一行幸奉行坊城殿ゟ御達左之通

爲　御親征大坂行幸供奉先陣被　仰出候事
日時幷御道筋等追而可申入候事
二月　　　　　　　　　　　　　行幸奉行
俊　政
越前宰相殿

○二十日今朝江戸表へ之御呈書被指立左之通
謹而奉言上候去る十二日家來之者西御丸へ御呼出に而妻木多宮ゟ御渡相成候　御封物以急飛差越去る十八日晩到着右は東叡山へ御謹愼被爲成候御謝罪狀昨十九日慶永參　朝議定中山大納言迄　奏達仕候處落手之旨申聞候依之此段謹而奉言上候誠恐誠惶頓首〻〻百拜謹言
二月廿日　　　　　　　　　　　　慶　永

一同時大久保一翁老へ被遣御內書如左
二月九日御認之御懇書一昨十八日到着春寒去兼候處先以德川公益御機嫌能別而方今無御障哉と日〻御案し申上候隨而老丈愈御淸安爲　皇國

御盡力御勤仕珍重奉存候抑今般之御謝罪狀に而は實に御恭順御實効著然いたし難有愚不肖之小生大に盡力も出來欣然之至奉存候昨日朝衣冠著參　內仕　御奏聞狀議定中山前大納言へ差出申候處落手に付猶能々賴置候御內々之儀には候得共　主上にも殊之外御心配に而今般之儀は實に被爲對德川家　御氣之毒に被思召候御樣子ひそかに相伺ひ申候乍去いまた　御若年之儀殊に　朝廷役人も夫々有之　叡慮も中〳〵まけつけられ候鹽梅に而誠に　御苦心之御樣子に御坐候今朝は岩倉殿初被爲召候而　朝議被仰出有之哉に承知仕候且昨日心付候而小生以當職言上仕候へは宜かと存し別紙之書面草卒於內國局認副總裁迄出懸申候御內々此書面德川公へも被入御覽候へは幸甚之仕合に御坐候扠又何分精々之儀は心配可仕候間御降心奉希候小生十五日參　內仕候處被爲召ニ付常御殿へ罷出少々　御風氣被爲在候故御床之儘に而　御對面外國事情十分御直に　奏聞仕候處外國人上京參　內於紫宸殿外國人へ　御對

面被仰出候尤此節土人暴擧に依り佛人之忿怒有之申立候儀は大困難此儀片付候はヽ上京參　內之手筈に可相成候小生過日ゟ風邪罷在候へ共押而參官代熱氣も有之甚以迷惑仕候一寸事情拜答迄如此候也亂筆仰御海恕也

二月廿日　　　　　慶　永

大久保一翁殿

尙々小生上書は德川公限りと御心得可被下候被仰越候儀は一々致承知候也

一此日　御親征に付被仰出左之通

今度　御親征之儀は先達而被仰出候通萬民塗炭之苦を被爲救度以　叡斷御決定有之候上　王政復古ノ爲最第一之儀候間萬端慈憐之御趣意貫徹候半而は忽悖人望自ら兵威緩怠にも至候間不法亂行は勿論聊之雖爲失錯堅被立法令候右等之御趣意篤と相辨至小僕迄厚加敎諭心得違無之

樣肝要に候實に今度之儀は重大之事に候間公武之差別更に無之候得共殊更王公以下諸有司之家僕共嚴重謹愼無之候而は不相成候自然違背之輩於有之者以制令可被及御沙汰旨に候此段爲御心得申入置候事

二月

○廿一日今日依　召御參　內被遊候處於虎之間中山德大寺御兩卿へ御對面に而左之通　勅答御渡有之

慶喜謝罪之狀東征大總督ヲ被置候上ハ右手ヲ經スシテ言上之儀ハ難被聞召筋ニ付宜ク其順序ヲ以執　奏有之候ハヽ　思召之旨可被仰出候事

右勅答之御趣意已に　御奏聞後追々御內々御承知被遊候御模樣とは御案外之儀に而御當惑至極思召候得共此期に相成候而は何共被成方も無之に付先つ急飛脚御徒田村鐘太郎を以田安中納言樣迄如左被仰遣之

以急飛啓上仕候春暖相催候處先以德川公御謹愼中何等之御障動も不被爲在候哉不堪案勞奉存候隨而貴卿愈御淸安珍重奉存候抑　召により今

一廿八〔一カ〕日午後慶永參　朝之處中山前大納言徳大寺中納言兩卿御對面に而別紙之通り之　勅答有之候依之別紙差上候間夫々其筋へ御指出有之右に付而は早々從其表重き御役人東征大總督帥宮御陣へ二月十二日御渡之御謝罪狀同御趣意に而御指出可有之至急之儀故老中始被仰談御取計一刻も早く奉希候此段爲可申入如此御坐候恐惶謹言

二月廿一日第七字　慶永

田安中納言殿

一同時大久保一翁老へ被遣御內書如左

以急飛令啓上候扨は昨日同役徳大寺大納言殿より紙面を以今日參　朝之儀申來候故今廿一日午後參　內仕候處於虎之間　勅答有之右御本書は田安中納言殿へ以直書差出候御評議有之儀と奉存候中山徳大寺兩卿へ尚又申談候處何分御謝罪狀は東征大總督帥宮御陣へ被差出候樣いたし度と被申聞候間此段申進候何れ早々重き御人帥宮御陣へ御差出可被

成候去る十二日妻木多宮ゟ小生家來へ被渡候御封書中御謝罪御同趣に而宜候尤進軍追々被爲在候而は過激之者萬一之儀有之候而は恐入候得は御止り之儀先日從　德川公被仰遣右御趣意も被仰立相成候而宜哉と奉存候下官も建白いたし候へ共更に貫徹不仕候右は下官愚昧不行屆之所ゟ所致にして甚以恐入申候此程中風邪押而日々官代へ出勤之仕合心中偏に御恕察可被下候且又家來當時徴士毛受鹿之介ゟ一封差出候間御落手可被下候委細鹿之介書狀中認有之草稿散逸不知所在且又心付候儀は幸　德川公御實家水府とは有栖川御近親にも被爲在候故何卒水府公幷御實母源烈公簾中貞芳院殿ゟも別段御謝罪御近親之處帥宮御陣へ水府ゟ内々家來等被指出德川公御恭順思召之處被仰上御近親之處を以御すかり之御依賴被爲在候而は如何哉と奉存候表向御謝罪狀重き御人に而帥宮御陣へ被差出候とは別物に而候尙又從　靜寬院宮は帥宮御陣へ御文なり御人なり或は御文を御使に而被遣歟是非御懇願被爲在候儀至當と奉存候尙

又愚衷之趣も十分申述候間宜敷御勘考至當之御取計爲宗家奉至願候書餘期後音候取込用事而已早々申入候也

二月廿一日第七字　慶永

大久保一翁殿

一此日酒井與三左衞門を尾之田宮如雲方へ被遣尾老侯へも御謝罪狀御奏聞御頼之由故尾老侯方は直に督府へ御達に相成候樣被成度段御頼被仰入候處早速名古屋表へ可申上段如雲御請に及ひたり

〇廿二日今日官代御退出方土老侯御方へ被爲入昨日來之儀御物語尙今後御周旋之御運ひ等御內談被爲在

一此日作州鞍掛定次郎方左之通御達替に相成候段江戶表方報告有之段以紙面通達有之

東叡山御謹愼中西城之儀田安中納言殿へ御頼被成候間御自分儀諸向爲

松平確堂

鎭靜日々登　城可被致候

私云追考に今日於江戸表被仰出如左

大目付へ

此度從京都表御軍勢御差向に相成既東海道筋へ御先鋒發行之由相聞候然共素々　朝廷へ披爲對深く御謹愼被爲在候儀に付此上如何樣之御沙汰有之共御恭順被爲在勤　王之御素志相貫候樣被遊候思召に付萬一官軍へ對し輕擧暴動致候者有之而は　天朝に對し恐入候而已ならす夫か爲に御誠意も不相達萬民塗炭に落入候樣可相成候間心得違無之樣彌一同謹愼罷在候樣可致忠義之志に出候共相違候趣に差悖候而は御爲不相成候間能々御主意之趣體認いたし決而妄動無之樣相守可申旨被仰出候」

二月

右之趣向々へ可被相觸候

〇廿五日當公御歎願書御國使者大宮藤馬持參於太政官代東園殿迄指出之

今般徳川慶喜深く悔悟服罪仕如何樣之御沙汰御坐候共聊無遺憾奉畏候旨に而東叡山へ謹愼罷在候段謝罪狀及　奏聞候趣於國元承知仕候處其情實不忍見儀に御坐候間支族之身を以奉願候儀何共奉恐入候得共慶喜謹愼之次第被爲　聞召分何卒寛大之　御沙汰を以官軍御進擊之儀暫時御猶豫被成下幾重にも御憐愍之　朝裁御降命之儀泣血奉歎願候誠恐々々頓首謹言

二月　　　　茂昭

○廿六日夜に入勘解由小路殿ゟ御使を以左之通被蒙仰

國家多難折柄頃日已來勵精以格別　思食被聽直衣之事

御捻文寫

追上啓仰詞一紙令進入候也

著直衣令參　內給之旨被　仰下候珍重存候仍申入候也恐惶謹言

二月廿六日　　　　資生

越前宰相殿

一此日前橋家老山田太郞左衞門參邸酒井與三左衞門逢對之處於江戶表御謝罪筋御周旋之次第逐一申上之

一鹿之介同人旅宿往訪之處前橋侯御上京御途中勢州關驛に而大總督宮ゟ之御召に而東方へ御引返しに相成甚御迷惑之由等物語に付罷歸其段申上候處督府へ御參趨は幸之儀　勅答之趣も有之候へは於督府關東御謝罪筋御歎願之儀御盡力有之樣被成度との御儀に付此夜鹿之介又々太郞左衞門方へ罷越思召之趣及內談之

一此日御布令如左

先達而布令相成候各國之中佛英蘭公使愈廿七日大坂表發途水陸通り同夜伏見表止宿廿八日上京被仰出候右に付而は兼而御沙汰之通り凡而万國公法を以御交際被遊候儀に付一同心得違無之樣於藩々も嚴重取締可致被仰出候事

但途中往來之節萬一彼より不法之所業有之候はヽ一己相對之儀は不致諸藩警衛之輩へ屹度尋問可致左候はヽ夫々所置恥辱に不相成樣御公裁可被爲在候尤此方之輩におゐては申迄も無之候へ共今度　御交際之初且內地多難之折柄に付始終之儀能々相心得卒爾之振舞無之樣可致事

二月

佛國公使之儀は來る廿八日大坂表發途伏見止宿廿九日入京被仰付候に付取締之儀別紙同樣可相心得　御沙汰候事

二月

○廿七日　御親征之儀に付左之通被　仰出

御新征之儀先達而當月下旬被仰出候處御延引更ニ來月五日被爲遊　御出輦戰地　御巡覽大坂へ　行幸西本願寺一應　行在ニ相成海軍　御點撿之上　命ヲ四方ニ降下セラレ速ニ追討之功ヲ被爲　聞食萬民塗炭之

苦ヲ　御救濟之　叡慮ニ被爲在候條一同厚奉體邦內一致之衆力ヲ以鞅掌イタシ可奉安　宸襟候末々ニ至リ候而モ御仁恤之御趣意ヲ奉戴シ聊心得違無之樣　御沙汰候事

二月

一同別段被仰出左之通

今度　御親征　行幸被　仰出候ニ付而ハ種々浮說申唱人心疑惑及動搖候如何之事に候固リ關東平定之上ハ　還幸被爲在候儀ニ付心得違等無之樣安堵生業相勵可申事

二月

一此日前橋侯御旅中へ被遣御飛札如左

一筆致啓上候春寒去兼候得共先以貴君愈御清安被成御坐御旅程無御障と奉恐賀候扨は昨日は御家老山田太郎左衞門弊邸へ罷出小生家老へ段々之事情申聞委細相伺申候不容易於江戶表御盡力實以感服奉依賴候右

に付而は愚衷之趣縷々太郎左衞門へ申遣候間同人ゟ早々可申上候何分にも貴君には大惣督宮へ被爲入御謝罪狀御差出十分御盡力被成候樣奉希候右之段早々得貴意度如此御坐候恐々謹言

二月　　　　　　　　　　　　　慶　永

前橋少將殿

○廿八日今日在京諸侯依　召參　內衣冠著用於御學問所　御對面　聖諭之御書付御垂示如左

朕夙に天位を繼き今日天下一新之運に膺文武一途親裁を以萬機を斷決す國威之立不立蒼生之不安朕か天職を盡不盡に有れは日夜不安寢食甚心志を勞す　朕不肖と雖　列聖之餘業　先帝之遺意を繼述し內は列藩萬姓を撫安し外は國威を海外に輝さむ事を欲す然るに德川慶喜不軌を謀り天下遂及騷擾萬民塗炭に陷らんとす故　朕不得止斷然親征之議を決せり尙已に布告せし通り外國交際も有之上は將來之所置尤重大に付

天下之爲におゐては形勢に依り萬里之波濤を凌き身を以艱苦に當り國威を海外に及し祖宗　先帝之靈に對へんとす汝列藩　朕か不逮を佐け同心協力せよ

右相濟後於小御所酒饌を賜り夜に入つて退　朝なり公は太政官へ御出勤夫より御參　内二更後御退　朝なり

○此日伊藤友四郎去る廿二日江戸表出立今日申刻歸京申達次第如左

友四郎儀先達而修理方同道東下之處天龍川大井川共に修理方に越後れ逗留に相成修理方は十三日午後江戸著候得共友四郎は十六日巳刻比到着之由翌十七日修理方友四郎草尾一馬同道西丸登城之處大久保一翁殿川勝備後守殿逢對に而修理方ゟ御直書被指上　御奏聞狀返上之處一翁殿被申聞候は　御奏聞狀御返上之儀は昨日も　上樣へ入御聽候處兼而御心懸り思召候所　御奏聞無之御返上大に御滿足との御意も有之由且又歸京之儀は成丈け早々候而此表之事情申上に相成樣致度との事之由

將又督府へ　御謝罪に御使之人無之御心配之由等物語有之退去之由今後も右御使忍侯は病氣前橋侯は御斷り宇都宮侯は御使は御斷り上京致周旋度との事漸淀侯御請に相成候に付其邊申上旁修理方は廿一日出立罷歸候處大磯小田原之間に而修理方事由井驛に而林矢五郎に被逢同道引返し被申に逢著之處友四郎は江戸事情爲申上歸京候樣修理方被申聞上樣ゟ土老侯へ之御直書一封大久保殿呈書二通參政ゟ呈書一通勝殿建白會津歎願書被相渡に付受取分袂之由に而夫々指出之土老侯へ之御直書は土州知邸如何樣申聞候而も受取不申に付無據修理方持參大久保殿賴托之由老侯へ被進候御同樣之御謝罪一件之由也

一大久保殿呈書如左

御細翰之趣幷本多修理申聞候條々將室甲へ之御細書共具に拜受爲國御懇配之程千々萬々奉遠察候〇於御形迹之御謹愼も御獨斷に而上野山中大慈小坊四疊半御端座眞に御愼み候得共表立候方未出に付上野宮樣廿一

日御出立幷戸田土佐守今十九日出立と相成候大和守は御使は御斷り申候へ共是も御使之方主に相成候樣道中先へ本多修理か爲通候積に御沙汰有之同人へ談中に候（在江ノ人少ニ而何分可然別人無之事故）○閣壹人も無之稻美引中月番も心得計故何事も御手延甚恐入候翁諸家々來諸役人引合舌戰可眠暇も無之每夜々打に逢候而勞極候○會昨日出立國許に而謹愼相成候御休意可被下候桑は行方未慥家來も不見懸候得共いつれ在方寺入等にも可談手續に候○御留守田安公幷確堂殿御心得に候田公懇に御世話には皆恐入候確堂能々御謹愼之御趣意御守御都合宜候○西城〆切位に致し役談所西城下に可致手續中に候認掛度々投筆大亂筆御仁恕希候頓首

二月十九日

二白爲國御勉精偏に希申候乍恐雪江老へ宜御一聲可被下候九拜

板賀始八人は屹度愼に相成候

榮井君　　一翁寛

極内申上候東臺へ被爲成候上は兎も角も御趣意一筋御貫故如翁狂愚も一ヶ月計既勤續候然に忽御人撰筋（安藤對　諏訪因）之類大に可變勢不可防不可當に付御使一條二三大事件御任之廉々今少取調出來次第引籠と決心仕候右等に而胸痛も甚敷勤兼候乍恐御近親之中申上候も不本意之至に候得共田卿御勢御盛に相成翁輩建言中々不通次第に至るへくは眼前に相成候（現一大事其徴安對州諏因州可出勢）田公思召計候はゝ何様にも諫爭可仕候得共何様之御内沙汰〱との御口氣に不可防存候乍隠居參政御役に對し決心之外無之候勝氏も陸軍局中歩兵等自由に不相成との申立に而既に引込退役願中に付察候に歩兵云々は託言と存候全は翁同病と被察候是迄激論家に而可被殺覺悟二度有之漸く説破仕候得共夫は死候而も快此度之眞綿〆は双より恐一人死に而は不相濟天哉泣涕九拜

別紙

本理老内話に付秘中之秘申上候

一民部公

二元千公　敢而衆不望候へ共穏歟爰ニ候ハヽ御下向御翼希申候

三小節ニ御拘無之為皇國御自任

其器之御當否は素よりに候得共右順に無之候はヽ忽又大瓦解可生當今一印之筋俗人は不評候得共決死之士望居候事に候彼よりは何より歟失節之臣に浮説申入可恐事も不少御動無之様伏希候頓首再拝

本文誓

光岳私心は毛頭無之候

二月廿二日　一翁寛

榮井君

一本多修理方ゟ指上る勝安房殿建白此處へ書すへきを脱落せし故巻尾へ追記す

一參政中呈書如左

以書狀啓上仕候然は稻葉美濃守老中被免候上御謝罪之爲早々上京候樣被仰渡候然る處御謹愼中直に入京は相憚近畿に相扣罷在候入京相叶可申哉參與衆へ御聞合可被下候何れにも御歎願之儀相貫候樣此上御周旋之儀深く奉賴候此段可得御意如此御座候以上

二月廿二日

服部筑前守
大久保一翁
川勝備後守
淺野美作守

越前宰相樣

猶以本文之趣戶田土佐守へも申遣候間爲御心得申上候且又美濃守儀來る廿六七日頃當地出立之筈御坐候間本文之廉其筋御聞合御周旋之筋相貫候はゝ其段美濃守旅中へ向被仰越候樣仕度尤否やとも可被仰越方同人都合可相成奉存候間乍御手數右之通御取計被下度奉存候以上

一外に會津老侯謝罪狀一通持參指上之左之通

不肖之容保謹而奉言上候去戌年以來在京奉職仕候處不圖も無限　天恩を蒙り冥加至極奉存候然る處宗家慶喜以下不束之次第に而　天怒に觸れ　御親征被仰出候段遙に奉伺誠以驚愕之至奉惱　宸襟候條重々恐入奉存候京都之儀は容保專職に有之今日之形勢に立至り候段旁以何共可申上樣無御坐畢竟容保上慶喜を輔翼して不能安　宸襟下は頑固踈暴之家臣共制御不行屆之所致御坐候間何卒慶喜儀寛大之　思召を以御取扱被成下度奉願候容保儀ハ退隱之上在所へ引退き恭順謹愼　御沙汰奉待候右之趣宜御執成　御奏聞之儀伏而奉懇願候誠恐敬白

二月　　容保謹上

外に同家老共歎願書前記有之故略す

右等之次第共二更後御歸　殿之上御承知被遊夫々御評議相成候處何分東西共切迫之形勢候得共御謝罪之筋は督府へ不相達候而は御貫徹難相

成候へは此表之事情早々御飛札可被差出と御決議也
○廿九日今朝以急飛脚淀侯御旅中へ被遣御直書如左
以急飛令啓上候春暖之砌先以愈御清全珍重存候抑今般貴所樣老中被免候上德川公御謝罪之爲御上京之由淺野美濃守初ゟ申越候右は貴所樣御京著御謝罪狀被指出候而も大惣督宮（有栖川帥宮）已に御發行濟之事故於　御所御受取は無之儀と被考申候其子細は先日從德川公之御謝罪狀卽慶永參　內中山大納言迄指出候處其後別紙之通之御達に而何分從江戸表御人を以御謝罪狀大惣督宮御陣營迄被差出候樣にとの儀に御坐候此段は從慶永田安中納言へ以直書申遣候間定而江戸より貴所樣へも御申達相成居候事と存候たとひ江戸ゟ不被申越候とも貴所樣御謝罪狀御持參に而一刻も早く大惣督宮御陣營へ御參上に而御差出被成候樣致度且又貴所樣御上京之儀は大總督宮へ御伺被成候樣仕度候爲御心得去る廿一日慶永へ從　朝廷御渡相成候書付入御披見候仍早々以急飛申入候也恐々

謹言

二月廿九日　　慶永

淀侍從殿

副啓申入候扨て貴所様京都近々御旅行被成候而も大總督宮御陣營之所迄御引戾し被成候而御謝罪狀御差出可被成候此段爲念申進候也

私云此御書使御道中に而御出逢申次第指出候様脚力へ被仰付候處三月七日小田原紹太寺御旅宿中へ相達之御報末記

一同時若老衆へ御報如左

二月廿二日附之御狀廿八日申ノ刻相達退　朝第十一字直に令披見候春暖之砌德川公益御安泰被爲在候哉日々心中案勞堪兼被申越候趣に而安堵之至奉遙賀候各方御無異御勤仕令珍重候抑淀侍從老中被免候趣被申越令承知候其他方今御謹愼中直に入京如何可有之哉と段々之被申越一々承り申候右は過鴻田安中納言幷大久保一翁迄申越候次第柄に付從慶永發

急飛淀侍從旅中迄別紙之通申越候間左樣御承知可給候只今入京等之儀當局同僚幷辨事官所へ取調候而は不都合故不申聞候依之貴答如此候也恐々謹言

二月廿九日第九字　　　　越前宰相

淺野美作守殿

川勝備後守殿

大久保一翁殿

服部筑前守殿

猶々御端書之趣令承知候也

一昨日友四郎持參致候慶喜公御直書容堂君へ御直書添被進之

○晦日今日外國公使入　朝拜禮之事あり第一字ゟ佛蘭之公使は入　朝して英國公使を待に不　朝三字に至て入　朝之途中に而亂妨に逢ふの風聞有之に付速に二國公使をして拜禮式を竟へしめ畢而於板敷諸官對接中へ

後藤象二郎來て變を告く其次第如左英國公使智恩院之旅館ゟ十二人の騎兵を先驅とし中井弘造先導して門前町ゟ繩手通りへ右轉し象二郎は猶公使と共に門前町に在る時前途俄然として騷擾を發する故象二郎乘付け見たるに弘造一浪士と戰ひ弘造既に手負て僵れたる際なり象二郎馬より飛下り忽に右相手之浪士を討留め猶同類之有無を尋るに英之通辯官サトーン此場にありしか今一人を見たりといへる故其邊搜索するに町家之軒下に一人之手負あり就而見るに重傷にして氣息淹々たり水を與へ介抱して英人と立會同類を問ふに初め隱せしかと已に一人を生捕りたりといふに因而二人之姓名出處を白狀す此時　朝廷ゟ迎に出たる五代才助行懸りたる故象二郎は才助をして公使を導き旅館に歸らしめ象二郎は弘造之手當等を命して唯今參　朝せりと白き羽織之紐袴等へ鮮血を濺き息も繼きあへす注進せり諸官之を聞て驚愕騷然たり不得止兩國公使へも此由を告たるに頗憂勞氣色あり英公使よりの書簡も來りて匆々として辭して退　朝

せり〇英之騎兵九人外に士官壹人傷きたり九人は輕傷にして一人は重傷之由弘造頭上之傷稍深けれとも絶命には至らさる由〇公使退　朝之後諸官集議之上外國掛り山階宮東久世殿宇和島老侯内國に而は德大寺殿幷吾公等速に英公使旅館に御行き向ひ發作不慮之御挨拶あり公使も無余儀情態を目撃せし故か敢而怒らす明日早々謝狀を給はらん事を申出たり公豫侯と共に公使之便室に入て晤する談話平常に異ならさりし由

一今日辨事局ゟ達書如左

今般被仰出候通り今晦日英國公使參　朝懸途中におゐて亂妨之所業有之終に參　朝延引に及ひ實以不容易事體致出來此御所置振如何收拾相整可申哉と深被爲惱　宸襟誠に以奉恐入候次第就而は前以嚴重　御沙汰之趣も有之末に候條於藩にも猶又手厚取糺不審之者有之候はヽ召捕速に可申出候萬一等閑に相心得候者於有之は屹度御咎被仰付候事

二月

○本多修理方ゟ被指上勝安房殿建白廿八日之條ニ記すへきを脱落せし故爰に記す

此程御著之由一翁ゟ承り申候邦内之事今日に及ひ亦何をか論可申哉過日老侯へ一書を呈候定而御覽も被下候事歟猶昨今別紙相認　老侯へ奉呈度と奉存候御便も御坐候はゝ御廻被下度候有罪之小臣今日に至候而も昔年之說而已別に考之品無之微力之小拙今半年も早く御取用被下候はゝいさゝか伸へ候處も可有之今日之御拔擢は身心勞候而已に而困疲之上に一死有之而已御憫察可被下候已上

二月十八日　　　　　安　　房

修　理様

臣愚微志を雖欲陳于政機朝臣卑臣有罪之小臣成るを恐れて不能仰天日空敷默止して臣節に死するは其分也雖然有罪と無罪を論せす邦家之爲卑言を盡す者は　皇國之一民今日あるを以ての故也伏而惟　皇國外國

之通交開けてより　尊王斥夷開鎖異同之説興り同屬憤爭是か爲に死する者連年比々として絶すこれ其政機の轉すへきもの不轉徒に鎖國一邦に可成の舊例を守て不移の故か或は其政機の移る所遲くして化育の速に成るの故か下言中に壅塞して不通故か其憤爭の跡を考れは頗る過激に失すといへとも其情を察する時は共に皇國を愁ふ一念深きに發せる爲是に死する者其深怨の歸する所亦何人に在る哉今日に至ては我德川氏罪を得　天朝　臣衆數千寃罪を愁訴せんと欲して其志不達既に同胞相喰んとす臣愚か輩其忠諫盡力すへき處其機を失する既數年前に在り今日悔悟涕泣すとも不能及今我主獨り其誤を悔て仰天㦲ものは臣子之分是を慚愧斷腸すとも不能所終に激怒して同胞憤爭之基固く乘御道なく是か爲に百萬生靈其災害を不遁之勢あり關內如斯なるを聞て　上國是を笑ふ者は戰略又妙なりといへとも王者之政生靈を愛護する道にあらす舊歲毛利家二國に蟄して弱轉して强となる關東今日之弱者豈後日之

強者轉するを思はさらんや且同胞相喰しむ憤死の怨亦何人に歸するや哉
況や譜代之主を捨て官軍に加らしむる者は君臣父子相喰の道にして羸
弱の者一時猛勢に恐るゝ處に出る歟　天朝之尊嚴を恐れて如此成歟不
可知といへとも內心忌懼邦內人心離散之基と成るへき必せり小臣か哀
訴せんとする者は數百人然れとも黨を結ひ强訴するは我主の意旨に反
す故に小臣代りて其微志を愁訴す亦興廢と戰爭を恐るゝにあらす一片
の誠心爲　皇國開き難きの口を開きあからさまに其情實を訴ふこひね
かはくは高明至正之慧眼を以了察高議を仰くに在る而已恐惶々々誠恐
謹言

辰二月十五日　　　勝安房

# 戊辰日記第三

三月

○朔日今朝諸官早く太政官へ參集あつて英公使へ贈らるゝ謝狀を製す

昨二月晦日閣下參朝之中途大和之產三枝蓊城州桂村之產朱雀操意外之暴行に及貴國之兵士數人に手を負せ候次第に相運ひ候處幸附添之者より壹人は打留壹人は被召捕候段申出候國之政府に於ては專ら外國交際を重し普親睦を厚ふせんか爲參　朝公裁も申入候儀は兼而御諒察之通候處頃日に至り右樣之所業數々有之候而は必竟我之政令不行屆より生候次第各國に對し實以汗背心外之至に候勿論右之者餘類之者有無精々探索を盡し何處迄も根を可斷候又召捕候三枝蓊は兩國政府之重大之禮式を妨け不屆至極に付嚴科に可處は勿論之事に候且又貴國之兵士手負

之者治療不相屆終及死亡候歟又は是よりして職掌に離れ活計を失ふ時は我政府より至當之養育料を與へて恣恚之一端を慰し申度候は我政府之實意候間此段貴國兵士は勿論本國政府へも厚意貫徹候樣以書面可申入旨　朝命有之候に付此段如斯御坐候以上

三條大納言
岩倉右兵衞督
德大寺大納言
越前宰相

三月一日

一此夕三條岩倉兩卿御退　朝〻旅館へ御行向ひ昨日之暴動を謝せられ生捕之者は來る四日帶刀を奪ひ士籍を削り斬首して三日之間梟木に懸くへきの書面を示されたり是等之次第によつて公使顏を解き此上異議無之由を陳述して明後三日再參　朝すへき事を約定せり

〇二日此日御布告如左

大坂行　幸御延引日限追而可有　御沙汰候事
〇三日英國公使入　朝拜禮有之其儀如前日畢而佛蘭之公使も來會して開
港等之諸件應接有之暮時前相濟散　朝
〇六日夜に入去月廿八日江戶表發之飛脚到著於彼地本多修理始諸方之有
志周旋盡力して遂に一橋公朔日御發途大總督御軍門へ御出迎に被決由日
光宮も同趣之由修理方ゟ申來る
私云二月十八日於江戶表大目付ゟ御達如左
上樣東叡山へ御謹愼御謝罪被爲在段日光御門跡にゐて不被爲忍候
に付來る廿一日御發途御上京被成候段被仰入候此段爲心得向々へ可
被達候
二月
一同時田安黃門公ゟ去月廿一日被指立候御飛脚之御內報書如左
以急飛御差越之貴簡廿七日晝八時雪手致披閱候先以益御安全珍重奉存

候然は御別紙之趣委細承領右御謝罪狀持參之儀に付而は一ッ橋大納言殿御使相勤候積り昨日評決いたし御請被致候右に付而は猶更急速發途に相成候樣可申進候拙生今日は登營不致に付家老を以西城へ申遣候夫々へも及演達猶此上にも厚く取計候樣致可申候左樣御承知可被下候所要而已早々如此御坐候謹言

二月廿七日第八字　慶　頼

松平大藏大輔樣

私云此時修理之內狀東土之事情形勢を詳盡せし物なりしか可惜其所在を失せり雖然當時之形勢追想之爲修理手錄を略抄して左に記す

一手錄云廿二日駿州西倉澤ゟ林矢五郎同道引返し廿四日二字江戸著五字登城大久保一翁老拜謁田安公御使之事尾紀へ御談に相成候樣及物語候處翁被申聞候は此儀は已に　上樣にも御心付に而翁ゟ申上に相成處田公大驚愕に而是迄御旅行被成候御覺無之候得は御遠方へは

御出被成難く趣に而彼是御延引相成有之由○上樣御恭順御謹愼は
御所御請も宜方候得共會津隱居と計りに而は誠に伏罪之印も無之體
松山始隱居跡目家督相續等之御不都合有之候而は誠以不相叶次第此
邊御一層之御盡力有之樣申上候處其筋合大久保殿には能相分り有之
候へ共會主人は歸國に相成候得共家來共更に不愼精兵五百計居殘り
御城内にて調練或は神奈川へ手勢出張奉行へ一萬五千兩を借り武器
相求等之事有之候へは畢竟　上樣も御捨切り難被遊思召被爲在諸有
司も多く荷擔先達而も御役方謹愼之御沙汰之節會も急度愼被仰付伺
濟にも相成處發表之期に至り何方に而か消滅し何共御沙汰に不相成
と申樣成勢之由廟堂に而會之事を議せらるは一翁老一人に而應答之
相手も無之運ひ之由△廿五日淀侯も被罷出由に而大久保殿より申來
修理矢五郎上野大慈院へ參上候處淀侯御逢有之に付矢五郎ゟ京師之
事情詳達之上會之御所置無之此儘に而は不相濟趣修理とも〳〵嚴敷

申立候處淀侯は篤と御了解有之一翁老噺に　上様も御承知に而御直にも會人へ御說得之思召之由乍併家來共俄に不殘歸國候樣に而は迚も引取申間敷候へは先つ下屋敷へ爲引取主人は國元へ指下し謹愼御沙汰相待候樣被仰付候趣　御所へ被仰立思召之由夫々御役々御所置之御草稿等御談有之矢五郞儀は猶又妻木多宮殿へ出會一條及嚴達候處盡力可有之との事に相成△廿六日京都廿日立飛脚著此者鳴海に而總督宮御著之宿札見受候由吉田宿に而何とか申堂上方御出有之由日坂邊に薩長人數見受其次に細川尾州之人數有之由小田原に而上野宮御泊見受候由申立之△廿七日京都廿一日立之飛脚著此者岡崎に而總督宮藤枝に而薩長探索人數五十人計荒井に而橋本柳原兩卿並人數五千計見受候由〇今早朝大久保へ行會狀相伺ふ處昨日御評議相成處諸有司一人として被聞入衆無之勢に而迚も不相叶　上様にも眞に御見捨は難被成處困難之由會も役人共は內心は知らす表向は說得に服し

候樣相見へ候へ共表方下々迄一向不服之體に而被致方無之由扨田府公は迚も不叶昨日は大議論に相成候得共迚も不行依而田橋之內御一人と申事切に申上橋公へ御目付川勝ゟ申上候處固く御斷りに相成に付無據拙者申上漸之事に而御聞入に相成今一應表向被命候はゝ御請可有之旨御答に相成由○自然江城點檢御謹愼之樣子見屆等之儀兵隊入込候而は人心沸騰に及ふへき故御承知難被成候へ共勅使並供人迄之儀候へは御頓著無之思召之由○此日紀州ゟ山高石見守到著之爲知有之明日八時頃ゟ紀邸へ罷越候樣申來る右に付尾之方取調候處重役出府は無之水野彥三郞相心得周旋に付明日午後盤邸へ可來由返答有之○橋公又々御辭退に付夜に入服部筑前守被遣由△廿八日會之件猶又申立可然向大久保殿へ申談處監察中に而堀貞之助妻木多宮梅澤孫三郞輩候得共此人々承知に而　上樣へ申上候而も　上樣は共者へ爲御任に而御引受には不相成此處至難之由○日光宮樣は駿府に而總督

宮へ御對面之御都合に而御發途御道中も御緩々被爲入由〇靜寛院宮様御内使御道中へ御文は六ヶ敷に付淀侯御内使御兼に相成候へは德川之御使計に無之故可然歟之御見込も有之由〇午時水野彦三郎來り京地に而　老公様より御沙汰に付重役出府可致處無人に付請合重役に而致周旋候様申來候得共此表重役は事に馴れ不申故彦三郎へ周旋委任に相成由右に付廿六日橋公へ出候處御前へ被召出御使被仰蒙處三家と違ひ部屋住同様不事馴候間彦三郎出候はゝ行くとの御意有之候へ共事務多端且主命も無之故を以御辭退申上幕臣之内御同道可然旨申上候へ共御人無之候間何分罷出候様御沙汰に而私不罷出候へは橋公も御止め可被成との御仰故無是非及御受晦日には御發途難被成との御儀候へ共一日も早き方可然と存候由大總督府に而御詰問あるへき歟と殊の外御恐怖之御様子之由申に付たとひ御詰問有之共都而不都合と御引受に而御謝罪有之候へは共上御詰問可有之様無之と答

ふ彦三郎又云會先達而之歎願書は功能書同様故此度改而純粋謝罪狀指出候樣及說破候處君侯歸國故急々には難行勢故詰合家來ゟ指出候樣申聞大方落著之由又昨夜とか所々張紙報國勇士連希は來廿八日櫻馬場へ寄合申談候樣なと有之誰かは不存候へ共御謹愼之妨に相成候素ゟ十八歲已上幾百人とか殘居候由歸國せしは老人婦女之類之由頭分は隨分相分り有之候へ共下ノ向か不落付之由路費なくは幕より被下候樣申立候由何分此度は會始役方迄之謝罪狀橋公御持參之心積之由○二字頃ゟ矢五郎同道修理紀邸へ罷越山高石見守對談之處別に好手段も無之樣子にて弊藩は事情に疎く周旋家樣之者は皆々國元に罷在甚無人尊藩は京都に御出御事馴之事故何なり御心付被下候へは評議之上御加はり可申抔との談判に而別に盡力之工夫も無之由等を申せし迄也

右は廿八日飛脚發迄を略記す

○七日御布告如左

今般　王政御一新に付　朝廷之御條理を逐ひ外國御交際之儀被　仰出諸事於　朝廷直ちに御取扱ひ被爲成萬國之公法を以條約御履行被爲在に付全國之人民　叡旨を奉戴心得違無之樣被　仰出候自今以後猥りに外國人を殺害し或は不心得之所業等いたし候ものは　朝命に悖り御國難を釀し候而已ならす一旦御交際被　仰出候各國へ對し　皇國之御威信も不相立次第甚以不屆至極之儀に付其罪之輕重に隨ひ士列之ものと雖とも至當之典刑に被處候條銘々奉　朝命猥に暴行之所業無之樣被仰出候事

二月

王政御一新之折柄天下に浮浪之者有之而は實に不相濟儀に付士分之者は不及申農商たりとも一切脫國不致樣嚴敷取締被　仰付候畢竟言路壅塞政令不行屆より自然脫國之者生候事故無上下　皇國之御爲は勿論主

家之爲筋等存込建白致候者は大に言路を洞開し公正之心を以其旨趣を十分に盡させ上下隔絶之患無之様可致候尙其趣により太政官代へも可申出候樣被　仰出候事

二月

一此日官代御出勤昨日之東報內狀一々岩倉殿へ御開示之處彼土之狀情を知るに宜候間明朝迄借覽被成度由大久保勝等へは卿方も手續有之兼々被賴越候儀も有之由等御物語有之由

〇八日今朝雪江山田太郎左衞門寓住訪候之御進止承之處一旦桑名迄御上り之處元帥府之命に而御引返し岡崎邊迄御追隨之由依之竹田市郞兵衞を督府察訪使に被遣御取調有之此者御途中迄復命次第元帥府へ御進之御積之由何分御謝罪之筋を中途に抑留之施策と被考候由「去月十九日立江戶飛脚昨夜著官軍御先鋒已に小田原迄進入之由此飛脚も薩兵嚴密之檢査に逢ひ甚困窮せし由通路切斷之勢に有之由「東國之景氣は無道なれは錦旗不足

畏といへる勢之由等物語之
○九日今日太政官代へ　臨幸被爲在捲簾に而蝦夷地開拓之儀被　仰出衆議被爲　聽畢而上下精勤之御褒詞岩倉卿御讀渡しに而酒饌賜之
○十日去る四日江戸表出立之飛脚今夕著彼表愈御靜謐に而御恭順之筋御行屆に付橋公も已に御發途之御運ひに相成處此頃出立之淀侯三島驛に而薩州先鋒より之懸合に而小田原大紹寺へ潛居之體と相成御謝罪狀途中に擁蔽淹留して督府へは相達間敷形勢之由日光宮樣御聲懸りに而箱根以東へは進軍無之趣に候へ共斥候と稱して追々進入之由府下有志之面々鎭靜勿論なから暴動之者今日にも難計甚危殆之景況に而心痛至極之由縷々細々本多修理方ゟ申來に付　公にも心之外御勞神に而夜に入右修理方內狀に被添岩倉殿へ被遣御內書如左
一筆啓上致候先以愈御安全被成御勤務奉敬賀候陳は唯今江戸表ゟ急飛脚到來家來之者ゟ別紙之通申越誠以驚愕之至　皇國之御大事實に旦夕

に切迫し奉恐入候爲　皇國伏翼くは唯今ゟ早々御手を被附先以御進軍御指留謝罪狀御取揚に相成候樣迅速被仰付候半而は實に危急無此上と奉存候何分今夜中にも御發令之程爲天下奉仰願候猶外に申越候儀も御坐候へは委細は明朝貴宅へ參上可及面　至急之條而已拜啓仕候恐惶謹言

三月十日　慶永

右兵衛督殿

右御卽報如左

令謹承候先以彌御安泰欣然候陳は江戸表ゟ急飛御到來之旨に而本紙拜見且段々示諭之條々御心中令恐察候乍去決而深く御配慮之筋は有之間敷哉三道之進軍著府之上は素より今日に至り不得止か亦謝罪之道不立筋毛頭無之事とかねゝゝ愚慮候併總督へ几而不通と申事は頗如何之事と存候右等は速に勘辨可仕候何分にも春來御內話も有之事

於臣は聊存込之儀も有之總督ゟ決極は　御伺出に相成筈に付戰爭にすら不相成候得は必御配慮之筋は無之哉と存候右に付明日來臨之事は御斷申入候尚明後日拜上萬々可申承候仍早々御請迄如此に候也

三月十日夜　御受　具　視

尚々此御報旨趣は尊卿限り御洩し無之樣御覽後早々御火中可給候也

右御報之趣には候得共是に而御安心も難被遊に付猶明朝雪江被指出可被及御建言御趣意之次第雪江へ被仰含之

私云追考に此日於江戶表川勝備後守殿ゟ大小御目付へ御達如左

中山道　御總督府へ爲御歎願大目付梅澤孫太郎被差遣候處別紙之通御總督府より被　仰出候趣に而先鋒隊長相渡候間爲心得相達候就而は彌以御恭順之御趣意厚相守決而心得違無之樣被　仰出候

三月

右之趣萬石以下之面々へ不洩樣可相達候

別紙

徳川慶喜並家來共歎願書三通被致傳達及披露候處右は早速　朝廷へ御差出可有之乍去今度先鋒總督之　勅命を蒙り御發向に付今更私に進軍を止る事は難被遊何分大總督宮及東海北陸兩道之總督共於江戸表御會議之上可被仰渡候尤慶喜一身之進退は　朝命被爲伺候上に無之而は私に御取計難相成候

右之趣慶喜家來共へ可申渡旨御沙汰候間御達申入候也

東山道總督府

參　謀

薩州
長州
御人數中

甲州表人氣騷立候に付爲鎭撫差遣候衆之内脱走之者も相加對官軍爭端開候哉之趣相聞へ右は兼々被　仰出候御趣意に相背候者共に付召捕次第夫々嚴重御所置可有之候間心得違無之樣可被致候

右之趣向々へ不洩樣可被相觸候

三月十日

又云修理內狀不知所在に付手錄を略抄する事如前記

二月晦日追々飛脚之者報告に付而も官軍駸々御前進之處江府之御仕出御遲緩に而御手後れに可相成模樣難安寢食次第に付今早朝修理ゟ大久保殿へ先一橋家老に而も被指出候而は如何との書面指出置後刻登城之處大一殿面會に而被申候は橋公へは若老に而河津伊豆守大監察に而河田相模守監察に而朝倉藤十郞被指添由橋公御沙汰に薩人小田原迄押來候趣故陸行は御好無之汽船に而駿州淸水港へ御著夫ゟ駿府へ御出被成度陸行に而淀も止られ日光宮も進兼候處なれは又々御出懸け薩之賤人に御留られ被成候事は難被成に付田安公確堂公御出に相成可然との御申出に而迷惑被致候由に付修理云何分御船は不可然强而御舟に相成候はゝ田確二公之內御陸行相成候樣申達之日光樣御役者覺王院は山を越

向へ引居候故か薩之宿割體之者三四人小田原へ來り淀は召し人に非す通し難しと指留困窮之處日を經て武器を除て通行不苦との事に而漸く前進之由○日光樣御策は薩之宿割樣之者を被召連關門を越て御泊り關門を以關東之過激輩を遮り又薩長之進入も御指留之御積なる由○奥宮樣之御直書は御嫌疑有之御出來難被成ニ付御代筆御封なし田橋御兩充に而御書付出候を御持參之御積之由○靜宮樣ゟ京都へ被差上候女使今日晝頃著之由○午後矢五郎同道橋邸へ罷出候處御用人川村清輔中根長十郎逢對に而物語に兎角西城間違のみに而排取不申由夜に入若老河津殿御出靜宮御使今晝著是は參　内も不出來御文は受取たと計申來由に而大歎息會桑松山之謝罪狀桑家は家來計に而出候由御持參之靜宮御文も于今御到來無之由「橋公御舟之事相談に付決而不可然彼必横道抔との申立に而受付け申間敷と申達多分御陸行に可相成趣之由御舟行之御内慮は一段尾州へ被爲入老侯へ御相談夫ゟ督府へ御出可被成御心算被爲

在事之由〇水野云宮御使京都著卽日は參　內出來不申翌日に相成由御直筆御返事有之事實說之由〇田橋兩公之御謝罪狀之儀御相談有之思存之次第夫々申上御草稿出來す△三月朔日箱根關門薩長大村之人數詰切諸荷物繼立難出來趣小田原問屋ゟ申達有之由〇板倉用人ゟ草尾まて報知小田原藩ゟ一昨日之飛脚相達日光宮樣ゟ藝州重役へ御懸合官軍箱根以東へ不罷越樣被仰出候處奉畏候得共寒氣之折柄山中には堪兼候に付畑湯本邊へ罷越督府御下知相待候樣仕度と申上御聞濟に相成宮樣は小田原御出立に相成由官軍右兩所に屯集爲探索日々五六人つゝ小田原以東へも罷越候へ共一泊は不致夜分は歸陣之由△二日彥藩脇伊織横川源藏來訪云淀出立日光樣も御立橋公も御立と相成候へは形迹は具備候へ共押强き人を附屬する外なしとの談に相成横川は室賀へ脇は西城修理は橋邸へ罷出橋公御立は明後四日早朝と御治定之由河野河田朝倉指添御用人は川村中根之由水野彥三郎も隨從是は道路御滯も有之候へは舟

に而駿州へ罷越積之由〇明早朝若年寄服部筑前守御目付堀貞之助謝罪狀持參出立之由〇靜宮御代筆御書付も出不申事に相極由〇日坂に而薩人或人に問大久保一翁殿は何故出不申哉外之人に而は不相叶御役方に無之而は不相叶と申せし由に付勝氏と兩名に而海江田へ之書狀を去冬薩邸變に囚人に相成有之薩人を御免に而持參せる由△三日彥藩脇來り木曾路にも一手謝罪使御指出可然との示談有之由木曾路へは彼藩人數も指出有之處鎭撫使岩倉殿之參謀薩人有馬藤右衞門京人宇田栗園大過激直に江戶へ踏込可申勢之由〇昨日橫川室賀へ相談候處御小性頭取成田下總守荒井筑後守新井主計頭等可然御小性に而も田村左十郎千田要も可然人物之由其段脇ゟ朝倉へ物語今日登城心配有へくとの事之由〇淀矦近習役之者早駈に而著申達候趣淀矦三島驛迄罷越處薩州先鋒之者使なれは決而通し難く候間被引返候樣との事に付小田原迄引返し菩提所紹太寺へ逗留懸合に相成處使ならは難通候得共督府ゟ御指圖有之候

へは可通候間督府へ懸合に相成候樣との事に而此道塞りたる由を申來れる由然るに於　朝廷老公迄　御沙汰有之督府へ御達に相成候樣之御書付今朝服部筑前守持參出立故夫に而貫通にも可相成由右に付何分水野彦三郎早々督府へ遣し周旋不爲致候而は軍門へ通徹之道無之に付爲相談暮時前ゟ矢五郎彦三郎方へ罷越〇中山道謝罪使は由良信濃守殿大目付梅澤孫太郎御目付櫻井庄兵衞今朝出立に相成松平播磨守不快に付出勤次第北陸道へ被罷出由此道之參謀は津田山三郎故都合可宜由△四日朝矢五郎歸り來り昨夜待明し候得共彦三郎歸り不來由彦三郎僕廿六日尾州出立に而昨夜著督府は金谷宿兩卿は駿府逗留之由軍勢は尾紀細川藤堂之由薩長嶋田前後に關門を構へ箱根は薩に小田原藩大村は畑之由藤澤に而薩人二人を見受たりと云〇八半時頃登城大一殿へ逢對淀矦之事に付而も御謝罪狀軍門へ可相達見込相伺處京都へ被仰出候を服部筑前守持參之外なしとの事に付夫も先手に而不知事督府ゟ御指圖之上

抔と申候而は又々閉塞に及候へは尾州勢も出居候事故水野彦三郎被遣一と周旋如何と申達候へは願は敷との事に付此一人に而も不安心に候へは細川勢の内に御心當り之人は無之哉と申達候處幸熊藩金坂熊太郎昨日も大久保殿へ來候由被申に付其者內談可然と申談す海江田へ手紙之事承り其邊に而被成方は有之間敷哉申出處夫は安房と兩名に而一筆可遣と云迄之事に而夫邊之事に非す且安房へ賴置候迄之事と被申聞〇退出途中下馬先に而水野彦三郎に逢同道再登城相談之處橋公へ水野隨從に而は督府之方之周旋難出來に付替り人心配妻木へ被命處同人痢疾に而道中難出來品川迄は可行其上に而之談決と相成不定に付兼而物語有之淸水﨑太郎氣概も有之此人ならは行屆可申と妻木へ談候處其人連れ來候樣一橋之物頭格に可申付旨に付昨夕下谷宅相尋候處向島へ引越由に付向島へ行逢候處隱遁之志決し引込候由に而斷り候へ共色々說得祿之爲に非す候へは祿は辭し職は可受との事に相成只今跡ゟ參候由今

朝橋公と一處に出立可致處昨夜ゟ歸宅不致仕合何分此處に而は談も整兼候間品川迄矢五郎罷越候樣致度との事に而退出矢五郎は直に品川へ罷越○會津一昨日より今日へ懸け國へ引取由に而舟車に積み和田倉兩屋敷明退之由

右去月廿八日後四日飛脚發迄之東狀也五日以來修理出立迄之手錄も爰に附記して佗日之想察に備ふ

△五日晝時過林矢五郎品川ゟ歸り云漸く之事に而彥三郎御先へ罷越候事に相成處淸水﨑太郎も橋公之御緩怠を焦ち御先へ參り懸合有無可申上旨に而御先へ參り候に付何分矢五郎は御一所に參候樣被仰出候へ共御供之儀は嚴敷御斷り申上候處見へ隱れに致候而成共罷越候樣左樣無之候へは橋公も御進み無之との御事に相成に付何分罷歸申談一兩日中に可罷出と申上引取候由橋公は右等之御失望により今晚は品川へ御逗留明日は神奈川七日藤澤八日大磯と申御宿割之由右に付素より橋公へ

御附添は難出來次第故御斷り可申上乍併右御謝罪御請取之有無は見屆候而可及復命事候へは明日又は明後朝此表出立道中に而御模樣致承知直に歸東之上可申上と申談其段矢五郞を以一翁殿へ申達候處至極可然との挨拶之由△六日晝時登城候處呼出も有之處に而於大廣間河田相模守殿面會御謝罪狀御別紙田橋二公御歎願書錦旗之書都合四通御渡有之夫ゟ鴈之間に而一翁殿ゟ修理へ八丈縞三反矢五郞へ二反東台思召を以被爲頂戴其節之御咄に中山道一揆樣之騷有之に付鎭撫之御人數被指出候處官軍と引當り可申次第に相成候付昨日御使番被遣候へ共未歸由陸軍不承知と申樣に而は當惑之至り何分爲引取不申候而は不相叶との事也〇日光樣は覺王院より申上箱根御越に相成由〇橋公は薩人來り橋公之御謝罪之次第ならは其段督府へ相伺可申候間夫を御待被成候樣との事之由〇服部等も同樣御謝罪之筋候はゝ督府へ可申達候間夫迄控居候樣との事に而大磯へ逗留之處又別人來り只今人數追々繰込に相成候間

混雜出來候而は不宜候間此處引拂候樣との事に付無據戶塚へ引戾居由
○問諸勢追々進來候はゝ何處までも御入れ被成候哉其通りとの答なり
左候へは唯今と相成候而は京都に而周旋より外無之早々出立可仕と申
候處尙厚く御盡力被相願候旨被申聞○大廣間入側口ニ而勝殿ニ逢中山
道之混雜如何ト問フ誠ニウルサクテナラヌ鎭撫ノ人ハ安房カ遣シタノ
シヤ夫カワルクハ安房カ朝敵トナツテモヨイ一揆カ居テ官軍ノ妨シテ
ハナラヌ故人數ヲ出シ夫カ事ニナレハ無是非夫切之事シヤ會人カ入組
ナトハ濟ヌヿシヤ早ク鎭撫ハ出來タ又奸民カ一萬五千計故昨日モ品川
ヘ人數ヲ出シタ鎭撫ノ爲安房カ申付タノシヤ橋公ト河津カ其人數ヲ歸
シタ安房ハ總督テハナケレトモ軍事取扱故御任セノヿシヤ夫ヲ橋公テ
モ濟ヌ只今安房ハ最早出來ヌト云切テ仕廻タ橋公ト河津ノ首ヲ切テ出
サネハ承知セヌ然ラハ惣督テモ何テモ別ニ置カヨイ貴樣御歸リナラハ
宜今日薩人ニモタセテ大島ト海江田へ手紙ヲヤツタ御逢ナラハ安房ハ

最早出來ヌト云フタ　皇國ノ亂トナレハ互ニ賊トナルシヤ御カサント御祖母サンノヿハ安房カ護ルト云フテクタサレト云テ引カル此生死ノ境ニ至リテ橋公テモナンテモ軍事ニ彼是スル者アツテハ承知セヌト怒ラルヽ故御尤至極ナレ𪜈此危急ノ場ニテ御忍ヒ下サレト申上ル○細川留守居澤村修藏今朝京ゟ來著せる故往訪京狀を問ふに無異條五日　御親征被仰出而已廿八日京發三日大井川に而總督宮に御出逢申候得は今日駿府へ御著なるへし兩卿も御立なく宮樣御待之樣子之由日光宮樣昨日箱根に而御出合申候今日比駿府へ御著なるへし東海道出軍之隊長を問ふに御備頭清水縫殿御番頭藤澤彌次兵衞柏原要人御奉行副役淺井新九郎御兩卿附添周旋益田勇と云今日は山薩長は戸塚なるへし昨日は藤澤なる由　東台御所替り等之說あり如何と問ふ故素ゟ不知といへとも決而左樣之事は有間敷と答ふ暮時前歸邸△七日朝六ッ時過盤邸出立四時過川崎少し手前に而水野彦三郎に逢ふ引戻し品川へ行と云且云薩人

あり橋公に至つて問ふ一橋公一萬五千之兵を率て防禦すと聞く如何答云決而左に非す最恭順謝罪之筋に而兵器ある事なし彼れ驚きたる体にて左様なるや御謝罪之事候はヽ何分督府へ可相伺其上に而可及御指圖夫迄は御逗留可被成との事に而好意之様に聞ゆれとも詮する所兵を止めす宮様橋公をも人質に取る様に而は大變之次第且水野忠四郎先達而越老公ゟ尾老公へ御廻し之御謝罪狀を督府へ持參せし共歸り唯今逢申候督府之模様御謝罪狀計に而御實跡なくて不叶と其語氣舊內府之　級を望むか如しと云如此なる時は大變なり今之內首謀之者を斬て謝候様に有之度と存候乍併京說如何昨朝澤村修藏著たる筈なり聞たる事もなきやと問ふ故何之噺もなしと答たるに夫に而は成り不申候彦三郎は是ゟ品川へ罷越修藏を呼ひ及相談度候間林は明晝迄逗留消息可相待修理は早く歸京根本へ力を盡し呉候様致度由且尾侯ゟ惣督へ御出し之御謝罪狀は內々之事候へは今一應老公ゟ督府へ被仰立に相成様致度且又靜

宮を女主に立て繼統之御盡力並に徳川有志之者を御雇被成候而も一策なる由等を說て分袂川崎驛に而午飯矢五郎を橋公之御機嫌伺に差出し高木文平とを殘して西上し此夜神奈川驛に投すと記せり

○十一日今早朝爲御使雪江岩倉殿へ參上候處唯今三條殿へ御出候趣に而御斷りに候へ共强而御對面相願候而昨日東報之通り御先鋒府內へ御打入に相成候節不遑之徒萬一及暴擧候半も難計左候而事破れに及候而は天下も夫切り之事に而太平之命脈も絕果候事と相成候へは何分にも御進軍を被止候歟又其儀は梱外は御委任之事に而御掣肘難被成御次第にも候はゝ此件公議に附せられ御進止御決に相成候樣との御建言之趣意縷々及陳述候處卿御申には慶喜如形恭順と申加之大久保勝等之周旋行屆候事に候へは決而暴動之氣遣は有之間敷候へは兵端之開へき道理無之と承引無之に付此頃近く英公使へ對し暴動之次第を以意料外に發し不得止事情も有之趣申上漸々御落意有之從是三條殿へ御出之事候へは兩途之內何とか御談

可被成宮へ御委任とは乍申御所置之結局は是非御伺に可相成御手續候へは共節は急度御含有之段御申聞有之罷歸右之趣申上候處猶又三條岩倉兩卿へ被遣御直書如左

一翰啓上仕候春暖之砌先以兩卿愈御清安奉謹賀候抑今朝中根雪江差出愚意之趣爲申上候處段々御懇情御返答之趣雪江罷歸申聞謹畏奉存候何分至急之儀一刻も早ふ御決議奉至願度幸只今兩卿御參會之事にも被爲在候故早々御相談被決候樣奉企望候此段早々及言上候也恐惶謹言

三月十一日　慶永

三條大納言殿

岩倉右兵衞督殿

○十二日有馬帶刀來邸去る四日立に而東報有之江府は愈鎭靜候得共會津庄內之二邸には畜兵有之風聞之由」會兵出張之聞へに乘し御先鋒戶塚宿迄進入之由」日光宮樣は駿府迄御進み之御運ひ之由」帶刀云來る廿日には三道

之先鋒一處に御府内打入之期日之由仍之相考候處　行幸も其節之形勢次第に而自然事六ヶ敷相成候はヽ浪華ゟ直に　御乘船に而　潜幸之御密旨抔有之歟と議論せり

一此頃藤堂之藩士督府之御用承り歸京之由相聞候に付右帶刀申出候趣も有之旁承調候樣被命今日雪江出勤懸藤堂歸雲寓往訪質問之處右は督府ゟ日光宮を被仰進候而去る六日於駿府御對面有之共上に而御使被命軍防局へ之御用狀外に御用物持參早追ひに而八日到著之由御用之次第は更に難相分候得共何分宮樣御對面濟直樣之御用故御謝罪之第一條にも可有之哉と相察候事之由此使之者之物語に御先鋒橋本柳原之兩卿は兼而御見込之通り〇〇割腹迄は御仕課ふせ之御勢氣之由」外に一人江戶表ゟ同道之者有之此者之申口に而は會庄內傑驁に而佐竹抔は大に辟易小藩は追々荷膽に而東國は二藩に而可及併呑勢之由」江戶は謹愼平穩之姿に候得共二藩之邸內には多人數罷在由」會藩より出兵に托し御先鋒は戶塚迄繰込之由等物語

有之に付其段於官代御內々申上之
一今日官代へ御出勤之處岩倉殿より右兵衞督殿御逢被成度候間御退出御見合被成度との御傳語有之七時頃督殿御出勤に而御對談有之は一昨日御申立之御次第三條殿御談之上御先手に而壅蔽等無之樣昨夜急飛を以元帥府へ御申通有之由阻旅之儀は梱外之事に而今更御取計方無之由且又　行幸はいつれに可被爲在候得共御日限は御不定之由太政官は御移しにも相成不申由就而は公は御殘りに相成候樣との御談に付御人數計り被指出度と御申入置に相成由
私云追考に此日於江戸表大小御目付へ御達如左
一橋大納言殿大總督有栖川宮へ御逢此方御事情御貫徹之御手續に候間御沙汰不相待妄動いたし候者は　公武之御爲を敗り以之外之筋に付此旨厚相心得候樣末々迄嚴敷可被申渡候
三月

右之趣向々へ不洩樣可被相觸候
「近日以來追々同志を語らひ隊名を私に唱へ甚敷者は本勤有之者と雖も私に隊に加はり候者も有之哉に相聞へ心得違之輩に候以後右樣之儀は不相成候尤御爲筋見込有之者は各其頭支配へ申立可受指圖候
三月
右之趣向々へ不洩樣可被相觸候
「勅使御下向に付先達而中ゟ謹愼之御趣意相守候樣度々被　仰出候へ共多人數之内には心得違之者有之表に　君命を遵奉し候ても心中窃に不平を抱きし輩有之哉に相聞へ右は素ゟ忠奮之心底より出候事に付臣子之分におゐて尤之儀には候へ共一兩人之心得違より上は　上樣御寺入御恭順被爲在候御趣意も水泡と相成下は億萬無辜之民塗炭之苦に陷り御家之覆亡は勿論　皇國紛亂之端にも相成り可申千歲之後迄も　御當家不正不信之名を被爲受候樣相成候はゝ假令誠忠之心に而一死を遂候

共眞之武士道に相叶申間敷に付能々勘辨いたし忍ひ難き儀を忍ひ居候様可被致候尤昨今大總督府並官軍先鋒へも夫々御申立に相成候次第有之候間御趣意之處厚く相守り不忠不義之妄擧不致樣可被心得候

三月

右之趣向々へ不洩樣早々可被相觸候

〇十三日紀藩堤嘉市本多甚五郎兩人一昨日江戸表ゟ歸京之由昨日安藤飛驒守より申上置候儀故拜謁被命去月廿九日江戸表へ著當月二日江戸出立罷歸候由日光宮駿府迄被爲入今夕督宮へ御對顏可相成と申朝之内に駿府通行之由」橋公には種々御難澁被仰立候得共色々御勸め申上三日四日には御發途可相成との御治定之由」江戸表極鎭靜見付々々番人引拂明ヶ切西城も宮樣天璋院樣計而已登城之人もなく明切り之由諸役出勤も無之淺野大久保若老之場合に而於役宅諸端裁決之由」上野は黑門計通行外口は〆切黑門に番人四五人罷在出入改候迄に而聊差支無之由」會庄內之邸內には彼是

多人數籠り居候由」御先手は追々繰入次第に御府内へ進入候はヽ如何之形勢に可相成哉甚懸念之由」箱根已東は人馬官軍之外繼立申間敷旨薩ゟ觸渡し行旅以之外指滯り諸侯妻子も是か爲に抑止せられ宿驛は不及申往還より一里内外之村落に充滿之由等申上之

一今朝士老侯へ毛受鹿之介指出され武市八十衞逢對昨日御示談之通り頭燃之大事件被懸公議候儀被仰入候處八十衞云容堂樣も先日來御嫌疑甚敷御迷惑被成且邸内も折合兼候時節故御盡力御擔當之程は難計候へとも何分可申上由申之此頃も　行幸御止一條之儀三條殿へ被仰入處至極御尤とは御挨拶有之候得共德川氏之模樣次第江戶迄も御討入可相成との御口氣故容堂樣も御あきれ被成候而御建言之思召も絕果候程之御儀之由邸内多分佐幕之議論に有之由等物語れりとそ

〇十四日今日在京之官武一同辰半刻參　内被仰出

御誓約之儀有之

誓文

一廣く會議を興し萬機公論に決すへし
一上下心を一にして盛に經綸を行ふへし
一官武一途庶民に至る迄各其志を遂け人心をして倦まさらん事を要す
一舊來之陋習を破り天地の公道に基くへし
一知識を世界に求め大に　皇基を振起すへし我國未曾有の變革を爲んとし　朕躬を以衆に先んし天地神明に誓ひ大に斯國是を定め萬民保全の道を立んとす衆も亦旨趣に基き協心努力せよ
慶應四年戊辰三月
勅意宏遠誠に以て感銘に不堪今日之急務永世の基礎此他に出へからす臣等謹て
叡旨を奉戴し死を誓ひ黽勉從事冀くは以て
宸襟を安し奉らん

慶應四年戊辰三月　　總　裁

公　卿　各名印

諸　侯

宸翰之寫

朕幼弱を以猝に大統を紹き爾來何を以萬國に對立し　列祖に仕へ奉らんやと朝夕恐懼に堪へさるなり竊に考るに中葉　朝政衰へてより武家權を專らにし表は　朝廷を推尊して實は敬して是を遠け億兆の父母として絶て赤子の情を知ること能はさるやうに計りなし遂に億兆の君たる唯名のみになり果其れか爲に今日　朝廷の尊重は古へに倍せしか如くにて　朝威は倍衰へ上下相離るゝ事霄壤のとしかゝる形勢にて何を以て天下に君臨せんや今般　朝政一新之時に膺り天下億兆一人も其所を得さる時は皆　朕か罪なれは今日の事　朕自身骨を勞し心志を苦しめ艱難の先に立古列祖の盡させ給ひし蹤を履み治蹟を勤めてこそ始て

天職を奉して億兆の君たる所に背かさるへし往昔　列祖萬機を親らし不臣のものあれは自ら將としてこれを征し給ひ　朝廷の政總て易簡にして如此尊重ならさる故君臣相親しみ上下相愛し德澤天下に洽く國威海外に輝きしなり然るに近來宇內大に開け四方に相雄飛するの時に當り獨我邦のみ世界之形勢にうとし舊習を固守し一新の效をはからす朕徒らに九重中に安居し一日の安きを偸み百年の憂を忘るゝ時は遂に各國の凌侮を受け上は　列聖を辱しめ奉り下は億兆を苦しめん事を恐るゝ故に　朕こゝに百官諸侯と廣く相誓ひ　列祖の御偉業を繼述し一身の艱難辛苦を問はす親から四方を經營し汝億兆を安撫し遂には萬里の波濤を拓開し國威を四方に宣布し天下を富嶽の安きに置ん事を欲す汝億兆舊來の陋習に慣れ尊重のみを　朝廷の事となし神州の危急を不知　朕一たひ足を擧れは非常に驚き種々の疑惑を生し萬口紛々として朕か志をなさゝらしむる時は是　朕をして君たる道を失はしむるのみ

ならす従て　列祖の天下を失はしむる也汝億兆能々　朕か志を體認し
相率て私見を去り公義を採り　朕か業を助けて　神州を保全し　列聖
の神靈を慰し奉らしめは生前の幸甚ならん
右御宸翰之通り廣く億兆の蒼生を　思召させ給ふ深き　御仁惠の
御趣意に付末々之者に至る迄敬承し奉り心得違無之國家之爲に精々
其分を盡すへき事

三月　　　　總　裁
　　　　　　輔　弼

一先頃出府被仰付候本多修理去る七日江戶表出立今十四日未明著五時過
於御前申上候次第如左
最初　御奏聞狀御返上之儀取計　御恭順之御筋も相立御謝罪御使も淀
矦御請に相成候故其段爲申上歸京途中林矢五郎方再　命之趣拜承引返
し出府於彼表尾紀御談之廉々夫々周旋之次第は追々以內狀申上候通り

夫々橋公も已に御發途相成候故江戶表出立罷上り候段申上相模守殿御渡之御奏聞狀其外指上之一翁老極秘之一言も申上之

御奏聞狀如左

此度慶喜爲御征討御下向相成候由奉伺實以奉驚入奉恐入候次第奉存候右は從來之不行屆而已ならす京攝之事件全慶喜一身之不束より相生候儀に付深悔悟伏罪東叡山へ謹愼罷在奉待朝裁之外他念無御坐候何卒出格之御仁惠を以御總督府に而御進軍之御沙汰は幾重にも御宥免被成下候樣仕度泣血叩頭此段奉哀訴候

三月　徳川慶喜

京攝事件之節詰合居候松平肥後並要路之役々同樣奉恐入候に付御所置奉伺候心得に而爲愼置申候間夫々御沙汰被成下候樣奉願候以上

三月　徳川慶喜

田橋兩卿御謝罪狀如左

臣茂榮臣慶賴誠恐誠惶謹而奉哀訴候宗家德川慶喜儀　先朝ゟ格別之天眷を蒙り年來奉侍　輦轂候て尊　王之誠心を盡し御奉公罷在候處今度不容易事件に立至り　御征討使御差向被爲在候儀誠以奉恐入候次第に付慶喜儀東叡山へ潜退仕重臣を黜け兵仗を去り謹愼罷在如何樣之御沙汰御坐候とも奉畏候次第に御坐候右は畢竟慶喜不束とは乍申私共門葉に連り罷在匡救之不行屆ゟ　逆鱗之罪を蒙り候段實以奉恐入日夜悲泣罷在候仰き願くは先祖家康以來　朝威を戴き　皇國之治安に苦心焦慮仕候微忠を御鑒み被下置格別之　御洪恩を以寛大之　御沙汰被成下候樣今日之至願此事に御坐候何卒厚く　御憐察被成下宜御執　奏被下置候樣至誠奉哀願候以上

三月　　茂榮

慶賴

臣茂榮臣慶賴誠恐誠惶謹而奉言上候別紙慶喜奉歎願候通悔悟伏罪東叡

山へ潜退謹愼罷在並松平肥後以下役々之者共迄爲愼置奉仰　朝裁候上は何卒　錦旗は被爲止候而夫々　御沙汰被成下候樣奉哀訴懇願候以上

三月　茂榮

慶賴

私云右は一橋公御持參之分也服部筑前殿初持參も同樣也

修理別段申上候は彼表極鎭靜に而追々官軍進入之節亂雜之儀無之樣所々へ警固之兵隊被指出候儀は官軍へ御屆有之町々へは謹而可奉迎旨張札等有之由乍去萬一亂妨等有之節は官軍には無之亂賊に候へは速に可討取手合も有之由〇上野におゐて御謹愼之御體檢査等之事穩便に出候はゝ無子細御許容可相成若し兵を以て迫るの勢なと有之候はゝ決て御許し無之御含之由當時已に御脫走御不在之浮說も相唱候由〇天璋院尼公種々御物數寄有之田公之に役せられ非材之人御擧用之御意內も有之由尼公は事により威を　和宮に借らせられ候次第も有之至難之內景に

而大勝二氏も大に困難之儀も有之由〇會は屋敷も立派に引拂ひ見事に歸國之體なる由桑は御東下以來君臣共に何方へ潜匿にや更に形迹無之由〇大勝二氏は何處まても御恭順に而貫徹之定見之由〇大氏へ　和宮様御委托之　内勅有之勝氏も同斷歟との事之由〇歸京途中去る十一日荒井驛に前橋矦御逗留に付御旅宿へ罷出四王天兵亮對接之處同人申聞候は矦名護屋に而尾老矦へ御逢御噺有之其夜宮様同所へ御著に付御出向も可被成處御使者のみ被遣御自分様には佐や廻り御出立に相成勢州關驛迄御出被成候處惣督宮御本陣へ御出被成候様筑前人使者に而申來候に付御驚に而京都へ御伺濟候上宮様御本陣へ御出被成候處御對顏も有之至極御機嫌能御噺等も有之其日は相濟候へ共尙も御追隨被成候様參謀之者ゟ被仰出候故不得止段々御進に相成荒井迄御下りには相成候へとも實は右名護屋之御使者之事に付右様之御次第と御心得に而竹田市郎兵衞を宮様御本陣へ御指出段々御手を被入候處畢竟大和守様勤

王を被成候哉德川氏謝罪之御使等を御勤被成候哉と問ふに付夫は論もなく勤　王に候謝罪狀も何も持參不致　朝命も有之左なく共京師へ出勤　王之積に御請致候處左候はゝ夫に而宜扨名護屋に而御ハッシ被成御自分御迎も無之は如何之譯と申候故論もなく不調法之次第と申立不調法人さへ出候はゝ事濟に可相成哉今明日には申來候半と存候由左候へは謝罪之事は出來不致上京より外は無之との物語之由夫ゟ矦御前へも被召出江戶之儀御尋に付委曲申上御謝罪御盡力之儀を願試候得共右之御次第迚も御六ヶ敷趣御答之由右樣之御運ひ山田太郎左衞門へも申傳候樣御賴も有之由等之儀共なり

〇十五日今日御布令如左

御親征日限御延引之處來廿一日　御發途石淸水社　御參詣同所御一泊廿二日森口御一泊廿三日御著坂共後海軍整備　叡覽可被爲在旨被　仰出候事

但太政官代被移候儀は先つ被止候事

三月十五日

今般　王政御一新萬機從　朝廷被仰出に付而は　皇國内遠邇となく蒼生安堵致候樣日夜御憂慮被爲在斷然　御親征　行幸被仰出候尙海軍整備　天覽被遊關東平定之上は速に　還御被爲在大に　列聖之　神靈被爲安度深重之　思食に付上下心得違無之樣名々相勵可盡其分　御沙汰候事

三月十五日

但億兆之君たる　天職を被爲盡　御親征　行幸被　仰出候處委敷御趣意を不辨ものは只々　朝廷御上を奉案候故か或は一家之盛衰目前之榮利を相考へる故か全體之御危急をしらす種々浮說申唱へ彼是疑惑を生し候儀も有之哉に相聞へ甚以如何之事に候條末々に至る迄急度安堵いたし生業を可營候事

東山道官軍先鋒既及戰爭賊軍敗走之旨には候へとも東海道亦如何とも難計趣言上有之旁以海軍出帆被指急　御出輦被遊候條各相心得出格勉勵可有之旨　御沙汰候事

三月十五日

行幸奉行坊城殿ゟ御達左之通

御親征　行幸來廿一日被　仰出候仍早々申入候也

三月十五日　俊政

先陣越前宰相殿

追而刻限丑半刻可有御參候也

私云追考に此日於江戸表被仰出左之通

此度御征討使御差下に相成今十五日江戸表御討入之風聞有之に付御歎願相成候處　大總督府へ伺濟之上迄御討入之義見合旨參謀西鄉吉之助相答候に付屋敷並市中共猥に動搖致意外之不都合相生候而は以

之外之儀に付諸事靜謐に致し　御沙汰相待候樣可致候

三月十五日

右之趣向々へ不洩樣可被相觸候

〇十六日先比江戶表へ被遣候林矢五郞今夕著申達候趣は先達而東海道由井驛手前に而本多修理方に出逢に付再命之趣申達夫ゟ同行出府於彼表修理申談に隨ひ尾紀御談之筋周旋之處尾藩水野彥三郞殊之外盡力に而橋公も去る四日御發途に相成矢五郞儀は彥三郞申談之儀有之品川驛橋公御本陣へ罷出候處於同所矢五郞儀も是非致御供候樣被仰付候へ共堅く御斷り申上候而罷歸り同七日朝修理同道出立川崎手前迄罷歸候處水野彥三郞川崎驛橋公御本陣ゟ品川驛へ罷越候に出逢修理方彥三郞談之上矢五郞は川崎に逗留彥三郞返事相待候事に相決し修理方は直に上方へ被罷歸夫ゟ矢五郞は川崎驛橋公御本陣へ御機嫌伺罷出候處折節諸向午飯認中に而混雜に付差控居候內近傍俄に騷々敷相成先鋒隊追付當驛に押來候段注進に付

御本陣忽ち鼎沸之騷動に相成取物も取敢す御引返し池上本門寺へ御逗留可相成趣に付矢五郞儀も何共致方無之其夜は潛に同驛に一宿いたし翌朝本門寺へ罷出御樣子相伺候處昨日川崎驛迄被爲入候處先鋒隊長薩藩中村半次郞と申者唯壹人罷越御出向之御趣意相糺に付御謝罪狀御總督御軍門へ御持參之旨御答之處左候はゝ其段督府へ相達候而可及御案內候間夫迄之處何方に成とも御指控被成候樣强而御進に相成候はゝ事情不通之下に如何成御不禮失體も難計趣嚇言を交へ申出に付何共被成方無之御謝罪狀は半次郞へ御渡に相成當驛に而御見合可被成哉抔兎や角評議中昨夕之大騷きに相成事之由御指添妻木多宮殿御用人中根長十郞等物語何も殊之外恐怖之趣に有之仍之矢五郞儀は最早御用も有之間敷候得は早々歸京之上此段も可申上旨申達罷上り候事之由此節風聞に先鋒參謀海江田武次之口氣に而は目的は唯壹人候へは一人を早く指出候か德川氏社稷之爲との見込之由に而彼是と途中に而齟齬延滯之策を釀し其際におゐて慘刻之惡計

を遂けんとする勢之由先頃前橋侯之御引返しも參謀林玖十郎之獨裁に而
宮には御承知無之事之由近來參謀專權に而宮御手元と不熟之由にも相聞
へ候由等申達之
○十八日公過日來御所勞に而官代も御不參勝に被爲左候御儀故御供奉之
儀も御勤まり兼可被遊哉と三條殿德大寺殿へ御內談之上今日左之通御直
書被遊

今般　御親征　行幸被仰出候に付慶永蒙　供奉之命武門之冥加無此上
深畏入奉存候然る處過日來所勞罷在騎馬難堪依之重疊奉恐入候得共先
陣　供奉被免度奉願候且又御警衞人數は差出　御親征御用相勤度此段
も奉願候也

三月十八日　慶　永

坊城頭辨殿

即日左之通

御親征　行幸供奉依所勞理　被聞食候仍早々申入候也

三月十八日　俊　政

越前宰相殿

一此比本多修理林矢五郎等歸京いたし江戸表之實況追々入御聽候處御謝罪狀は彼是之御差支に而督府へ相達兼官軍は駸々御討入にも可相成御運ひ之處府下は德川公ゟ御嚴重之御取締に而鎭靜之模樣には有之候へ共事機差到候はヽ如何成變故も難計隱伏之景況絕而無之とも難申勢之由に而萬一炮聲一發候哉否早春三日と等しく成功一簣に缺け不可挽回次第に及ひ可申左候はヽ當春と違ひ主客之利勢も有之一時に官軍之御勝利と相決候義も無覺束逐次に兵爭相募り遂に　皇國之動亂とも可相成と公御憂悶に堪させ給はす當時　朝廷には盛んに御征討之御軍務御振興之御中なから德川氏に御關係忌諱嫌疑を御憚り御默止被遊上　朝廷ゟ下萬姓に被るへき災害と可相成儀を御傍觀に而は被對　朝廷御不忠之至と思召に付又

々御建議可被遊と御認御懐中被遊御出勤ありし御書面如左

徳川慶喜謝罪狀順序を以大惣督へ及御達候様先達而御沙汰に付其段田安中納言迄申遣候處追々關東ゟ罷歸候家來より承候得は爲謝罪度々差出候使者彼是障碍有之于今大總督之御手元へ不相達御先鋒は駸々江戸へ差迫り候趣に御座候左候而は最早謝罪之道も絶果加之歸降伏罪之者を御討伐被爲遊候様之御次第に相成候へは徳川家臣共におゐても究鼠必死之覺悟に相成過日も及建言候通り　皇國之亂階必然に可有御坐と恐悚至極奉存候必竟謝罪之道を御開被遊候へは御平治勿論に可有御坐處言路阻絶に而强而　錦旗を被進候様に而は官軍より亂を御求被遊候御姿に而公平至當更始一新之　聖慮には不被爲適候儀にも可有之且後來不可爲之大害に立至り可申と　皇國之御爲　朝廷之御爲憂苦に不堪奉存候へは早速に御進軍御止り謝罪之道被爲立至仁至當之　朝裁被爲在候様必至奉願候乍去徳川氏之使節に而は謝罪狀於　御總督府御請取

難被遊候義にも候はゝ臣慶永へ暫時之御暇被下置候はゝ先日來病氣には御座候へ共厚く保養を加へ早々總督府へ罷出謝罪之儀は德川支族之身を以歎願仕　皇國之御安危は職分を以建言仕度奉存候此段伏而奉至願候誠恐誠惶頓首百拜謹言

臣慶　　永

三月十八日

右御出勤已前雪江官代へ出頭之處鹿之介ゟ今日德川氏一條に付嚴重之御布告有之筈之處文段中改竄之儀有之今日之處は延引相成由竊に一見之處殊之外嚴密之書面に而實は當時佐幕之嫌疑ある諸藩へ切當せる深意も有之由相聞候へは此節柄御忠實却而忌諱にも觸るへき御建白は無益のみならす却而巨害も難計と密告に付如何にも折角之思召も今後之御故障と相成候而は　朝廷宗家之御爲にも無所詮次第に付御出仕を奉待受其段申上今日は御上達不被爲在御持歸り被遊

一去月廿九日被指立候御徒飛脚高島意助去る七日小田原紹太寺に而淀侯

へ之御書相達夫ゟ江戸表へ罷出參政中へ之御書相達同十三日江戸表出立
今夕著淀侯ゟ之御返書如左
去月廿九日之御書今五日小田原紹太寺宿寺へ相達辱誦仕候如命春暖之候益御安健奉賀候然は正邦　德川前內府謝罪狀持參之儀參政ゟ御承知被成下就而は右謝罪狀正邦上京に而差出候而も最早大總督宮御發向後に付　朝廷に而は御請取に相成間敷儀故旅中差急總督宮御陣營へ差上候樣可仕其節正邦上京も相伺候方可然委細被仰下謹承仕候然る處正邦去月廿六日江戸出立同廿八日三島驛迄罷越候處薩州先鋒之者ゟ上京之趣意尋請候故在體相答候處德川之謝罪狀等持參候者は一應督府へ相伺候上に無之而は通し不申筈に付彼ゟ沙汰致候迄は小田原驛へ引返し關外に控罷在候樣にと申事故不得止任其意引戾候上猶再三上京之儀應接爲致候得共何分承引不仕只今之處に而は朝暮督府より之命令相待空敷山寺へ幽居罷在心痛而已仕候事に御坐候彼是因循致候內必天下之大事

を誤可申と胸裏如焦に御坐候　焦眉之急難救儀には御坐候へ共於　尊地も其筋へ御達し旅行速に相成候樣御周旋相願候前文之事實宜御諒察御含置被成下候樣是亦相願候先は右等差急貴酬申上度如此御坐候恐々頓首拜

三月五日　正邦

越前宰相樣

猶々時下御自愛專一に奉存候去月廿一日御達書之寫並御副書共慥に落掌仕候且正邦此度上京之儀は謝罪狀而已には無之昨冬以來再應之　朝命に而上京仕候心得之處へ謝罪狀被相賴持參仕候處に相成居候間其邊も御含置吳々も御取成宜奉希候已上

一同時一翁老より呈書

益御勇健御在京被爲在爲國奉賀候東台には御心配多より百事御懸念甚敷事に御恭順に相障候趣之御しかり計に而多忙極候○御先鋒薩勢六郷

迄も渡來之由薩中には西郷海江田氏等も入居候由海江田ゟは傳言も申來候右兩人等參候事故　皇國に疵を付候樣之無法は有之間敷長之方にも桂氏等來候趣若し　御恭順不貫候節も右數輩へ一語不談死候は遺憾之事に候橫井先生出京に相成候哉小松氏は未出此地も人少々出候萬一不日歟江城灰と相成候共人多く出居候はゝ何歟と可致事も可相成候○御先鋒に而御謝罪狀不受取手際上手掛碁打に類候實は爲德川氏には能灸に候得共可惜は灸と不心得人多には難澁之至候彼趣向か所見一著下に候何方も人少と被存候呼々頓首

三月十二日　　一翁　寛

榮井　明侯

二白時令御自愛專一に奉存候只今之勢にては　皇國一度は泥沼之如くに可成體如何とも可致見込更に無之候再拜

一同時草尾一馬ゟ林矢五郎へ來狀之内

一去る十日靜寬院宮樣御使ゟ藤の方東海道通り柳橋二卿へ御書持參

一甲州勤番之者百姓等鎭撫之爲大久保一翁指圖に而大久保剛實は近藤勇なり御遣之處甲州笹子峠手前に而官軍と出逢に付一旦其趣意申越處官軍先隊ゟ放發に付無據一度應炮候得共恭順に相障候に付剛始東奥之方へ脱走

一上州筋士民騷立且江戸脱走之歩兵立交に付爲鎭撫勝安房之指圖に而遣候歩兵頭古屋佐久右衛門松波某官軍と出逢深谷宿邊迄行兵隊引退間道羽生驛ゟ梁田迄引戻候途中三月九日朝旅宿へ官軍發砲俄に應炮候へ共歩兵脱走古屋も宇都宮迄引去松波も船に而關宿迄引

右大久保殿之噺

一橋公七日已來上池上本門寺に而御逗留之處昨十二日御進に相成候樣申來り池上御發途と申事

一日光宮は七日九日之兩日總督と御逢七日には餘程六ヶ敷九日には御

都合宜方と申事

一稲葉は家來は關所通行不苦旨申來り兩人駿府へ指出候處九日朝迄歸り不申

一品川も板橋も官軍入込關所取建候由

一岩倉は十三日桶川御止宿と申事

一十二日薩州人益滿休之介是ハ勝氏ニ先達而御預ケ人遊撃隊山岡鐵太郎過日小田原へ罷越西郷へ面會談判別紙ヶ條書持歸り西郷ゟ兩人へ申處甲州上州等之混雜は不都合に而候得共少々之事は有り内決而夫等之儀を兎や角は無之官軍も輕輩は少々之事は有り内御互之事シヤト云又云川崎ゟは一人も兵を不進心得之處手違に而品川迄入込候由西郷行き進兵指留候由噺有之

一來る十五日江城へ進撃に付十五日前に大一勝安へ應接可致と吉之助申聞候由其節箇條之返事有之樣申候由依而大困窮愈應接致候事に決

候はゝ麾下有司邊之印書に而も取り不申候半而は假令應接は整候共
罷歸り一命無之且再ひ亂に可相成と心痛之由
吉之助相渡書付
一慶喜儀謹愼恭順之廉を以備前藩御預可被　仰付事
一城明渡可申事
一軍艦不殘可相渡事
一軍器一宰可相渡事
一城內住居之家來向嶋へ移り愼可罷在事
一慶喜妄擧を助候面々嚴重取調謝罪之道屹度可相立事
一玉石共に燬之御趣意更に無之に付鎮定之道相立若暴擧致候者有之手
に餘り候はゝ官軍を以可相鎭事
右條々實行急速相立候はゝ德川氏家名之儀は寬典之　御處置可被
仰付事

一坂城に而甚敷　上樣へ相迫り候者瀧川播磨塚原但馬小野内膳に而可
有之と申事
〇十九日今日立　大后御祝儀御參　内夫ゟ官代へ御出勤有之於官代　公
へ岩倉殿ゟ江戶表に而大久保勝之兩氏西鄕吉之助へ對談有之御都合宜趣
御內話有之詳細之趣意は漏泄無之由
一今日雪江有馬帶刀往訪之處公卿方ゟ出たる說之由　公此般御謝罪之御
周旋御誠實に過させられ候由御評判以之外宜からす由物語有之
〇廿日今日公卿諸侯を初非藏人迄も總參　內被　仰出御布告如左　公は
御所勞に而御參　內無之
德川慶喜御處分之儀於　朝廷は諸事御寬容に被　思食　御沙汰被仰出
候處舊冬鎭定を名とし下坂之上軍配に及候次第始終言行相違正月三日
已來之擧動叛逆顯然其罪天下萬民之共に知る所候故不被爲得止大號令
御發表終に　御英斷を以　御親征被　仰出勤　王之諸藩私情を捨て公

義に基き諸兵大總督に附屬し已に賊城に相臨み候折柄恭順謝罪之實効も更に無之尙先供之行違等を口實といたし停軍相願候次第　朝廷を奉輕蔑候所爲に而不屆之至に候天下後世に對し決而御許容難被遊儀に可有之假令御許容被爲在候而も亦前條暴入之轍に出候哉も難計御條理上は勿論彼之情實萬々御採用難被成却而人心之疑惑を生し候而も此御塲合不容易儀に付大義名分篤と勘辨いたし以來私に文通等之儀於有之は逆徒に均しき筋に候間屹度　御沙汰可有之候事

三月

一右等之被　仰出も有之御謝罪之一件に付而は御家之御嫌疑最甚敷御藩之徵士は於官代人々ゟ對話も致遠慮候程之摸樣なり

○廿一日曉丑半刻御揃に而浪華爲　行幸　御出輦被爲在　公御所勞に付御參　內無之

一今日西鄕吉之助江戸表ゟ早駈に而歸京之風聞あり

一公爲　朝家御精誠を被爲盡一點之御私情不被爲在候處昨日之御布告に而は　朝廷宗家之御爲と思召込れたる御謝罪之道も絕果德川氏之滅亡も遠かるましく思召且暗に御心胸に被爲徹候御文段等も有之此上因循御在職被爲在候而は　朝廷之御嫌疑と申御宗家へ被爲對御益も無之其上如何成御家之御禍辱等御到來も難被爲量候へは斷然御辭職御歸國被遊度思召立之御旨帷幄參謀之向へ御密談に付何れも非材に而輔贊之力難及事之此に被爲至候御儀は恐縮血淚臣子之罪責難遁は勿論に御坐候而御思召之御儀も乍恐御尤至極とは奉存候へ共只今御奮激御勇退被遊候へは　朝廷御宗家共に眞之御隔絕に相成天下之形勢も夫切に而御耳目に不被爲觸御事に相成候へは他日　皇國不測之變動有之節御應變之御機會御違失被遊御忠貞上におゐても御遺憾無之とも難量候へは當時之處は御忍ひ被遊世變且は御宗家之御形行御靜觀被爲在候御儀御遠略にも可被爲在歟と代る代る御諫諍申上候に付今日之處は思召止らせらる御次第なりき

○廿二日一昨日西郷吉之助關東ゟ上京之旨趣御承知も可被爲在哉と土老侯へ御內調之處秘中之秘故御對面に而御物語被成度關東に於て薩兵暴發は決而無之間此儀は御安心被成候樣御返辭有之

私云此秘中秘說とて聞合候は西郷吉之助去る十一日入府十四日發廿日上京之由十三日於江戶表大久保勝兩氏と應接有之兩氏ゟ御謹愼之實跡は函嶺以東へ入兵有之而も毫も抗拒之景況無之又數隻之軍艦あれとも一處に碇泊して動かさる等之事を說得して恰好之談に相成上京之處於此表は何處迄も押詰候樣との指揮にて西郷も困窮不平之意味有之由也「小諸侯歸邑之儀を辨事神山ゟ德大寺殿へ申達候處卿被申候は今暫に而關東之御所置も可及落著候へは夫迄之處は見合せ候樣大久保勝外に何山とか申人格別之盡力に而謹愼之實効顯はれたれは無程結局に可相成と輕易に物語有之由

一此夜要樞之面々御前へ被召出方今御行止之儀御再議有之處猶反覆御討

論之上此儘に而時勢御觀察之條理相勝れたるに決せらる
○廿五日　公此頃御所勞之處今日ゟ御出勤有之於官代御直願如左
慶永過日來所勞罷在騎馬難堪に付供奉被免度奉願候處願之通被　仰出
奉謹畏候其節御警衞人數差出度旨願之通被仰出重疊奉畏候依之何卒少
分之人數には候得共於浪華　行在中御警衞場所又は市中巡邏何方成共
御遣立被成下候樣奉願候也

三月廿五日　慶　永

○廿六日此夜岩倉殿東久世殿御病氣爲御見舞俄に御來訪有之於御居間御
小酌種々御談論に而二更後迄御滯座なり是は公之御樣體何となく懸念に
付爲伺察御推參之御樣子なりき
○廿八日今日於官代左之通被　仰蒙

民政租稅宿驛掛被　越前宰相
仰付候事

一此日去る廿二日立江戸表ゟ之飛脚著草尾一馬ゟ來帖之内

一辰三月十四日大總督參謀西鄕吉之助と勝安房守殿と於品川應接談判有之候事

一大久保一翁老ゟ一馬へ書簡之寫

口章

過日御內話申置候勝房州西鄕氏引合今に返答無之昨日承候には西鄕氏十四日房州と談後直に上京致候由故右に付而は其返答は月末に可相成と存候間過日先方ゟ廉書並答廉書共御指立之方と存候本鄕墟並市谷御尾屋敷等間近に入來には候得共穩之體も御申上可被下候只々上野覺王院今日に至り窃に防戰御勸申上候口氣更に不解候乍去採用決而不致心得に候草々頓首

三月廿二日

二白聊に而も變候はゝ早々可申上候此度は呈書不仕候間宜希候今日

泊番には候得共替り候事承候はゝ御城ゟも御通可申候乍去此分に
而は差向穏と存候
一大總督府ゟ關東へ御達ヶ條寫私云十八日に記する處に同敷故略之
一三月十四日勝房州と西鄕との應接之節關東ゟ御渡相成候箇條書寫
第一ヶ條　隱居之上水戶表に而愼罷在候樣仕度候事
第二ヶ條　城明渡之儀は手續取計候上卽日田安へ御預け相成候樣仕
度候事
第三ヶ條　第四ヶ條　軍艦軍器之儀は不殘取收め置追而寬典之御所
置被仰付候節相當之員數相殘し其餘は御引渡申上候樣仕度事
第五ヶ條　城內住居之家臣共は城外に引移し愼罷在候樣仕度事
第六ヶ條　慶喜暴擧を助け候者共之儀は格別之御憐愍を以御寬典被
成下一命に拘候樣之儀無之樣仕度事
但萬石以上之儀は本文之御寬典之廉に而

朝裁を以被仰出候様仕度事

第七ヶ條　士民鎭定之儀は精々行屆候様可仕萬一暴擧致候者有之手に餘り候はゝ其節改而相願可申候間官軍を以御鎭壓被下候様仕度事

右之通屹度爲取計可申候尤寛典御所置之次第前以相伺候へは士民鎭定之都合にも相成儀候間右之邊御亮察被下御寛典御所置之程心得迄に伺置度候事

〆

御目付　櫻井庄兵衞

勝安房守

三月十四日督府參謀引合先方指越候書狀寫

昨日督府軍門へ引合候處歎願之儀は一已之返答は難相成大總督府へ言上之上何とか返答可致旨且軍門參謀右伺として駿府へ直樣出立可致と申聞候御先隊明日之進擊は前件伺濟迄差止置可申間先隊へ對し

暴擧無之樣精々取計可申旨に付今夜ゟ右之段嚴重之御所置御觸出等
可然と奉存候故急き右申上度如此御坐候
參政衆　安房
○廿九日左之通被　仰出
越前へ
行在中西北角柵門御警衛被　仰付候條　御沙汰候事
三月廿九日
○晦日今日曆法之義に付御上書如左
曆法之儀は誠以日用不可闕之者にして別而民政之第一と奉存候是迄於
德川淺草天文臺取建製曆仕來り申候然る處
王政御一新に付而は曆法製造所並天文臺早々御取建相成從來年は從
朝廷天下へ被爲頒賜候樣仕度候以上
三月晦日　慶永

四月

○二日　德川公御謝罪之一條公被盡御心力御斡旋被爲在候得共兎角御障碍多く御貫徹無之而已ならす御嫌疑も不少に付御浩歎之餘り此上は　御宗家へは御關係無之無用に被動干戈候而は　皇國之動亂とも可相成之條理公議を以決候樣議定之御職掌を以何處迄も御十分に御主張御押詰被遊度思召候得共内國事務を御兼帶に而は御不都合之御廉も被爲在候に付先つ此御職掌を御辭退被遊而後公明正大之御議論を可被爲發と思召被爲立邸議も相決し今日御認相成候御辭表如左

慶永去冬蒙議定職之重任其後三職分課之折内國事務總督及補被　仰出天恩海山實奉謹畏況や　皇政一新之際日夜奉命拋一死雖駑鈍盡力可仕は勿論に而其覺悟に御坐候處客月風邪後痰血相吐き時々覺胸痛一身には格別困苦とも不存候得共手醫師共申候處に而は唯今之内厚加養生不申候而は浸潤遂に釀大患に立至り候儀と申聞候且其上日々之參官仕兼

候より自ら不參に相成重疊奉恐入候而日夜心配罷在候處今般民政租稅宿驛掛り等被　仰付深奉畏候精誠與病勉勵奉職之心底に御坐候得共素々租稅宿驛等之儀は實に是迄不心得に而更に奉職之方向定兼申候且民政之儀は萬民之生活に關係し第一　皇化　皇德にも相管し候儀にも候得は前條奉申上候病症に而折々參官位之事に而は決而難被行却而　皇德を損傷可仕歟と實に心中不安憂勞之至に御坐候當節柄奉恐入候得共民政掛被　免議定職而已被　仰付度奉至願候左候得は日々參官も不仕只今之內病症厚加養生全快之上は再各局之內職掌被　仰付度只今より奉願置候其節は日々參官不才凢庸之慶永乍不及盡力可仕と奉願候且又今般　御慈恩を以議定職而已被　仰付候共奉報答　聖寵萬分之一素願に御坐候間御大議等有之節は何時に而も被爲召候へは參官仕庸劣不才を不顧愚衷言上盡力可仕と奉存候此邊深御亮恕被成下總裁へ御呈達奉希上候表向辭表差出候而は別而恐惶之至に付多病乍不本意不得止內々

尊卿迄奉歎願候偏に御許容被成下度奉存候也恐惶謹言

四月二日　　慶永

徳大寺大納言殿

覺

一民政之儀に付思召付之御儀共御建議如左

製暦之儀是迄於徳川家致來候得共素々鎌倉時代より唯今に至迄も薩藩に而製暦仕候尚大久保一藏御尋問可被成下候依之愚考仕候處今般　王政御一新に付於　朝廷夫々製暦等被　仰付候御儀にも候はゝ早々薩藩暦家之者幾人に而も御雇に而早々暦法之儀御取建相成候様仕度候

一慶永暦法之儀尤不案内に而候得共是迄承及候處に而は來暦は已に前年四五月頃ゟ取懸候哉に御坐候へは當秋冬俄に御取立に相成候而も間に合申間敷と奉存候

一年號改元等之儀は何れ　勅意可被爲在別段不言上候也

四月二日

覺

一秤之事　一升之事

右是迄於徳川取極有之天下相用來候今般御一新に付於　朝廷御定兩座京師へ御呼寄於諸國妄に製造被禁度候事

一尺度之事

是迄鯨並カネ共寸尺區々相成以後以公法於　朝廷被定天下一般之規則被相立度候事

四月二日　慶永

一此日岩倉殿より被申聞候由萬里小路中納言殿より御達左之通

天機爲伺下坂之事

四日出立七日歸京　越前宰相　八日出立十一日歸京　土佐少將

十二日出立十五日帰京　肥前中將

○三日戸田大和守殿ゟ御內書御到來如左

再拜言上仕候過刻は於官代御目通大慶奉存候以來益御喜元能被成御坐奉恐賀候然は官代より　宮中へ相廻り橋本へ面會承候處昨夕同人子息より文通有之候處江府益御靜謐　和公之御趣意貫徹之由に御坐候無程平定にも可相成哉と申來候尤熊谷邊に而會賊に幕臣交り官軍に向ひ候處心易く打拂十二分官軍勝利と申事に御坐候兎角會賊御恭順之邪魔を仕候には歎息仕候愈以江戸御靜謐之由承候間鳥渡申上候　還幸一條も大宮樣ゟ中ノ院大納言を御使として被仰遣候由に御坐候此段荒々申上候明日は御下坂御旅中御太切に御歸京奉待候且　還幸之儀も御盡力爲國家奉祈候恐惶謹言

四月三日　謹呈　忠至

○四日　公九半時御供揃に而　天機爲御伺御下坂被遊

一今日御發途前青山小三郎へ御下ケ御直書如左

一筆申遣候只今發京前昨三日附之宇和島ゟ之書狀來り一覽之處官代移り之義認有之尤關東今少模樣決候はゝと申事に而只今之事に而は無之候へ共何分關心之至に候依之本紙は只今戸田和州へ廻し戸田ゟ內々岩倉殿へ入一覽候樣申越候よつて宇和島書狀寫其方迄相廻候間謙藏彌右衞門靜逸等へ見せ可申候別而　王政御一新之際に候へは於　朝廷信を滿天下に御示しは勿論萬國之末々迄も　聖政を仰き奉り候樣致度と慶永駑鈍之身なからも日夜苦心いたし居申候　朝廷一度信を被爲失候而は所謂四分五裂之形勢は眼前に而　皇統綿々之美事も此度之　御新政も遂に屬水泡候かと慶永起ふしに被案申候て寢難寢食不下咽候是慶永一身之生死は如何樣とも宜　皇國之生死に關係し萬國之奴たるは必然に候還都移官も今度之新政愛度成功之末　還幸被爲在候はゝ再以天下矦伯公議兩事件御決定候はゝ其節　皇居新築官新造公然之布令候へは天下之信を被爲執是即　御一新之御信義も確乎著然たる義と慶永日夜

奉存候右兩事あしくと申には無之方今　新征交際遷都之兩事條混交に而は天下生疑懼々々極りて亂世と相成　皇國之大患不過之存候　皇國之治亂安危は時運のしからしむる所とは乍申人事之所爲第一候へは朝廷握權之公卿之胸中に治亂は胎居候事と存候何分內々從其方靜逸へ此書狀見せ謙藏彌右衞門等へも見せ候而よろし此意味能々靜逸より岩倉殿へ申上候樣致度候慶永才淺力微にして不足爲一男なれとも勿欺之二字信義之二字は眷々服膺候事兼々其方承知之通りに而候慶永愚案兼々岩倉卿忠誠も能々承知致居勿欺信義之四字に至候而は岩卿も兼々之素志は相伺居候事故何分にも靜逸ゟ申上候樣致度慶永病多只爲　朝廷乍恐御贔負申上一言一句も滿天下ゟ　朝廷之事を指さゝせ度無之候臨發京拭涙歎息爲　朝廷早々及陳啓候也

四月四日

昨日も民政局吏へ面會令怡悅候宜可被申入候也

起ておもひふしてそおもふ蘆か出る難波入江の行宮の松

よしあしの早くわかれて難波かた寄ては歸るなみをまつかな

昨三日宇和島ゟ書狀寫

江戶表今少模樣決候はゝ當分太政官當地へ可被移哉と轉法卿歸坂密話に御坐候人心如何御坐候哉關東御見返し付候はゝ太政官御移しより還御之方重疊かと疑惑仕居申候尙轉法へ尋候心得御坐候下略

私云追考此日於江戶表御先鋒柳原橋本兩卿御入城有之御ヶ條書を以御所置被仰渡有之末之本文に詳記之

○五日今日巳半刻比浪華　行在所本願寺掛所へ御出仕中山前中將迄　天機御伺有之御　奏聞之上態々御下坂苦勞被　思召御酒肴御頂戴之儀御同人を以被仰出中ノ院大納言殿ゟ御內々に而御有合之粽五把御拜領被遊五辻大夫殿を以被仰出御同人御案內に而被拜　龍顏秋月右京亮殿と御一所なり態々下坂苦勞　思召別而御留守中諸事心配之段　御滿足被　思召

旨於　天前中山殿御申達有之於御控所正親町殿を以明日陸軍運動　天覽之節御拜見之儀被仰出之
○六日今日於浪華城中陸軍運動　天覽有之公も爲御陪見御出勤有之相濟於　御休所　御對面被爲在此夕直に御乘船御歸京被遊
○七日今日申刻過公浪華ゟ御歸邸被遊
○九日有馬帶刀來邸雪江逢對之處去月晦日發之東報有之大勝兩氏は存命限り御恭順を以貫徹之見込に有之由二氏も官軍之謹肅には感服唯御家人邊之不都合には心配之口氣之由「總督宮御手元と參謀との間甚矛楯となりしは宮の御威令聊も難被行故之由仍之浪士體之者三十五十伍をなし宮の麾下隨從し彼是百數にも餘るよし彼輩云官軍之先鋒は官軍にあらす奸軍なれは奸を誅せんか爲に黨を集る由を抗言する由今關東に事起らは官軍之內輪之瓦解可指掌勢之由此輩之御扶助に付而も宮之御手元殊之外御逼迫之由「奧羽筋佐竹は可諭之景況あれとも共他は一圓佐幕論之由申來れり

と云

○十二日此日大總督宮御先鋒總督並參謀其他ゟ去る四日發之東報有之於江戶表德川氏御所置一段落相濟たる由を申來る諸說を集て當日之次第を略記する事如左

一西鄕吉之助出府之途中ゟ直に御先鋒御本陣池上本門寺へ參著御示談申上四日御入城之儀柳原橋本御兩卿ゟ田安中納言へ被仰遣に相成由御當日には擒に被爲成候御覺悟に而兵隊も不被召連至而之御輕裝二卿並參謀馬上櫻田內上下纔三十人計之由品川ゟ町奉行馬上に而御先立府內市中取締り嚴肅　勅使へ失禮無之樣との儀處々へ張札有之辻々警固之兵隊を配り恭敬を表とし內に兵威を畜へ美事なる手際之由扨西丸へ御入城之處役々多人數麻上下著用御出迎申上監察等頻に奔走周旋して敬禮を警め田安殿御式臺迄御出迎御案內に而大廣間御上段御著座田安殿は御下段に御控吉之助始參謀之面々御下段に相控德川家若年寄大久保

一翁御下段に相詰罷在候由於同所田安殿迄被仰渡如左

徳川慶喜奉欺罔　天朝之末終に不可言之所業に至候段深被爲惱　宸襟依之　御親征海陸諸道進軍之處悔悟謹愼無二念之趣被　聞召被爲垂　皇愍之餘別紙之通被　仰下候條謹而御請可有之候就而は本月十一日を期限とし各件所置可致樣　御沙汰候事

右日限既に寛縱之　御沙汰に候上は更に歎願哀訴等斷然不被　聞召恩威兩立確乎不拔之　叡慮に候速に拜膺不可異議者也

第一ヶ條

慶喜去十二月以來奉欺　天朝剰へ兵力を以犯　皇朝連日錦旗へ發砲し重罪たるに依り爲追討官軍被指向候處段々眞實恭順謹愼之意を表し謝罪申出候に付而は祖宗以來二百餘年治國之功業不少殊に水戸贈大納言勤　王之志業不淺旁以格別之　思食被爲在左之條件相立候上は被處寛典徳川家名立被下慶喜死罪一等被宥候間水戸表

へ退き謹愼可罷在候事
第二ヶ條
城明渡し尾藩へ可相渡事
第三ヶ條
軍艦銃炮引渡可申追而相當可被差返事
第四ヶ條
城內居住之家臣共城下へ引退き謹愼可罷在事
第五ヶ條
慶喜反謀相助け候者重罪たるに依り可被處嚴刑之處格別之寛典を以死一等可被宥候間相當之所置致可言上事
但萬石以上者以　朝裁御所置被在之候事
右之通被　仰渡に相成處謹而奉拜承候尙慶喜へ申聞御請可奉申上旨田安殿拜答有之由相濟若年寄始罷出御挨拶申上參謀之向も大廣間に而田

安殿始役々何も挨拶有之無御故障相濟夕七時頃御退城池上本門寺へ御歸陣相成由於城中　和宮樣ゟ御料理可被進御支度有之處御斷に而御退出之由今日德川氏恭順敬禮之至りには官軍も頗感歎落膽之由

一翌五日於西丸被　仰出左之通
　上意之御書附
昨四日以　勅使別紙之通被　仰渡有之恭順謹愼無二念之段辱も達　叡聞　皇懋之餘蒙寛大之　御沙汰候段實以難有仕合に候素ゟ一同に於て聖旨遵奉可致は申迄も無之候得共若心得違之者有之候而は不相濟候右は兼々相達置候事に而今更敎戒にも不及儀に候得共猶又厚相心得叡慮遵奉可致候事
　四月
　　別紙
明六日　御簾中樣水戸御屋形へ御退去相心得候面々へ可被達候

別紙

三大手御門矢來御門は御城内と可被相心得候

一此夕容堂君御來話に而公へ之御密語如左

去月十日木戸準一郎於圓山今善長薩二侯並阿侯肥之長岡左京公子と各藩之有志とを會合して盛宴を張たるは甚深意ありし事也他人曾て不知其所以は畢竟薩論徳川公を忌憚する事甚敷大逆無道に坐して罪死に抵らん事を鹿幾せり準一郎其不當なるを患苦し救濟之一策を施さんと先つ諸侯有志を會して和親を結ひ再會に及んて此一件を議せんとの心算なりしに何そ圖らん西郷去月十九日俄然として上京して東都之御處分を謀るに逢ふ三條岩倉並顧問之輩參　朝して其議に及ふ此時吉之助德川公大逆といへとも死一等を宥むへき歟之語氣ある故準一郎其機に投し大議論を發し寛典を辨明し十分之盡力に而箇條書等も出來せり德川公免死之幸福は準一郎之功多に居るとそ

一西郷吉之助曾而英國公使に會せしに公使徳川公之所置を問ふ故西郷答に大逆無道罪死に當るを以てす公使云萬國之公法によれは一國之政柄を執りたる者は罪するに死を以てせす況や徳川公是迄天下之政權を執りたる而已ならす神祖以來數百年太平を致す之舊業あり徳川公をして死に抵らしむるは公法にあらす新政に此舉あらは英佛合同徳川氏を援けて新政府を伐ッへしといへり西郷大に驚愕して爾後宥死之念を起せしとそ

一此日辨事局ゟ之布達如左

先般　御誓約被爲在　御宸翰を以御布告被　仰出候通り　朝政御一新之時に膺り總而簡易質略之　思召を以御國體御更張被爲在度との御事依而は於諸藩も　御趣意を奉體認速に政令を大變革致し奉安　宸襟候樣無之而は不相濟次第勿論之事に付假令慶元以還受封之國法政令たりとも當今之時勢に不都合之儀は斷然廢棄いたし一新之基を相立　朝廷

諸藩一致之全力を盡してこそ日新之　聖業も相建候御事に可有之然し朝廷將門之政權を御取返し被遊候より復古と申候へは　朝廷之御事而已と相心得候者も有之哉に相聞へ甚以無謂事に候抑各藩　朝旨を奉體認一新之基本を建るは第一舊習因循を看破し賢才を擧け國政を改るに有之候處諸藩多くは任撰を主とせす專ら門閥を以政柄を爲執候より隨而舊習難改姦吏難除之患可有之哉今般於　朝廷も攝籙門流を被廢候程之事に候へは諸藩におゐて世祿家格を以政事を專らにし方今之事體に不都合有之或は庸劣其任に不堪向等は速に廢黜いたし非常拔擢を以賢才を登庸し國政十分改正致候而　皇國一體復古之御趣意貫徹致候樣
御沙汰候事

右之通被仰出候上は諸藩速に實効相立可申若容易に相心得尙因循有之向は品により御取糺可有之依而は追々諸藩巡察使被差向改正之政蹟可被　聞召候此旨相心得可申候事

四月

○十三日去る七日江戸表發草尾一馬ゟ來帖如左
陳は一昨四日爲　勅使橋柳二卿入城相成田安樣へ別紙御書付二通御渡
に相成直に御引取に相成申候
一過日來西鄕返答を頻に御待之樣子に候處同人ゟ無返答
勅使御入込に相成候事此邊不都合と奉存候處全くは西鄕にも大に嫌疑
を恐れ居候由大一殿咄しに而は大一殿にも今般被命水戶表爲御供來る
十日出立被致候事に治定致候由に申聞候爲國家東地へ相殘候樣同席共
餘之邊に而も種々議論も有之由に候得共何分東臺に而是非とも一翁御
召連被成度との御沙汰故是非に不及との事に御坐候此儀は實に殘念と
奉存候夫故今後御文通も難出來事に可相成旨　宰相樣へ一書被呈度由
候得共未た認も出來不申何れ出立前には一書指上度との趣に御坐候扨
年來之御懇意にも被爲在今般は何十年相立候而被歸候事歟更に前途不

相分趣被申實に落涙之至御坐候心中相察申候且爲國家實に可惜事と奉存候下略

○十四日此日薩藩ゟ廻達如左

諸侯參　朝制度之儀は追而可被　仰出候へ共去冬以來引續き別而當正月三日後不容易御時勢立到り迅速上京今以滯在　王事に勤勞せしめ候段神妙之至に　思召候然る處方今物價騰貴之折柄徒に致疲弊往々藩屏之任難堪樣立至候而は實以不相濟事に付差向き御用無之面々は御暇被下候就而は歸國之上は先達而御誓約被爲在候御趣意を奉體認速に家政向改正は勿論未た　皇國内御平定にも不立至事に付彌以不虞之備を嚴にし追而　御沙汰次第治亂之御奉公無御間缺樣可爲覺悟段被　仰出候事

一大藩貳百人ゟ百五十人迄

一中藩百五十人ゟ百人迄

一小藩五十人より貳拾五人迄

但右人員定之儀は兵隊而已にして其餘役方之者用辨相調候丈け相當
相詰可申總而簡易質略を主とし無用之者滯在屹度可致用捨事
　附依御沙汰御警衛人數之儀は制外之事
右之通萬石已上不洩樣相達候事
　四月
○十七日今日官代へ御出勤之處去る十一日發之東報有之由に而德大寺殿
御示之書面如左
今十一日慶喜公水戸表へ御出立天夫人は一橋へ　和宮は清水へ御入盡
く引拂空城に相成候跡は官軍ゟ尾州へ御預けと申事に御坐候」當地店人
負擔大奔竄不可言候」會津並强梁小笠原松山両家桑名大多喜五侯籠城北越追々徇下連衡仕
候樣子會津兵白川宇都宮關宿邊へ出陣官軍來迫を相待居候奥羽諸藩戮
力捍禦之策と申事に御坐候奥羽北越人心鼎沸仕候猶追々可申上候
○二十日今日公爲　天機御窺御參　內之處岩倉殿ゟ公並正三德大寺萬里

小路等之諸卿御呼集に而於江戸表大總督宮九日御入城十一日には炮艦も相渡城も受取に可相成夫に而先つ一段御平定之姿故右確報有之候はゝ
皇上にも還幸可被爲　在之御内評有之由

一此折柄徳大寺殿被申出候は唯今關東ゟ報知有之去る十一日徳川家ゟ軍艦引渡之筈之處風雨に而取計難出來に付翌十二日に取極候處同日に至り數隻之軍艦何方へ颺去候哉行方不相知事に相成徳川氏役々殊之外心配此節専ら探索中之由申越たりとの事に而岩倉卿も大に被驚被申出候は夫に而は廿日迄に平定之報告は無覺束と當惑候得共猶熟考被申候は當時慶喜は水戸へ引退謹愼罷在江戸城も受取濟之事候得は右兩條を以大總督宮ゟ平定之　奏上有之樣急飛を以宮へ申上宮より右之申上を以　還幸之御運ひに被致度との御示談御一座御同意之旨に而相濟候由

一右御談濟之上　公官代へ御出勤之處良有て岩倉殿其外も御出勤猶御談之趣は唯今薩藩之者關東ゟ罷歸大總督宮ゟ御申越候は宮も御入城慶喜ゟ

實に謹愼に而水戸へ引退に相成是に而實効相立有之十二日軍艦脱颷之儀は前以其兆し有之故船將大に苦慮何分にも暴行は恭順之障碍と可相成段議論を盡し及說得候得共過激輩更に無聞入遂に颷去候事之由共跡應接懸合等また相殘り有之趣には候得共大半は平定之姿との事候へは　行在所は狹少且追々暑中にも相成候へは一刻も早く　還幸相成候樣今日爲言上辨事神山左太衞下坂に及しとそ

○廿三日肥前長崎近傍に而耶蘇敎蔓延之次第に付長崎裁判所ゟ見込書を以申達候義有之に付今日上京之諸侯不殘登官被命於議事所總裁議定參與何も御出座に而諸侯席々へ左之御書付御渡有之考慮之上御請申上候樣御申渡有之

長崎近傍浦上村之住民先年來竊に耶蘇敎を奉し候者有之哉に候處方今追々繁茂致し一村擧而右之敎を奉戴し殆と三千人にも及ひ候樣相成不容易大事之儀に付長崎裁判所ゟ精々申諭し候由之處更に悔悟伏罪無之

趣に候方今大政更始之折柄右樣追〻蔓延致候而は實に　國家之大害に相成暫も難捨置事件候得は右巨魁之者相集尙懇〻說諭を加候上速に悔悟致候はヽ右宗旨之書籍並像一切取毀ち改而神前におゐて誓約なさしめ若萬一悔悟不致節は不得止斷然巨魁之者數人斬罪梟首いたし其餘之者は悉く他國に移し夫〻夫役に相用所〻根底を勦絕し數年を經て悔悟之實相顯候上歸住相許候外有之間敷歟實に不容易事件に付聊無伏藏各見込之程言上可有之被仰出候事

四月

右に付公ゟ之御請如左

浦上村洋敎信向之者共は斷然之御所置被爲在義至當之御事と奉存候併先年舊幕府におゐて處置に及候節佛國ゟ彼是申立候儀有之哉に付今般之義も萬一佛國ゟ嚴重申立却而敎法弘り候樣相成候而は益以御大事之儀に付別而被盡衆議至當之處を以御裁決奉願候事

但閑叟儀は兼而長崎之事情並外國之事も功者故昨日大久保一藏言上仕候洋教を奉し候者故御所置被成候と同時に佛國へ右國禁を犯し候者可處刑戮段可被　仰遣との儀一應御尋問被爲在猶伊豫守並外國掛りにも御申談御坐候樣仕度萬一佛國陽には公法に服し陰に叛謀を助け候樣之儀有之候而は不容易御事と杞憂奉存候間此上篤と御評議被爲在應接振等も斷然御定置に相成候樣仕度候事

四月　慶永

○廿四日今朝岩倉殿へ青山小三郎被指出候處關東之御所置公思召御一杯之處御書取御指出に相成候樣吾藩徵士之面々へも同樣相心得可申旨御申聞有之肥前老侯へも御同趣岩倉殿ゟ小三郎を以御申入に相成候由老侯も御不例中御病床に而御逢有之前條之次第申上候處御跡目之處は御存分可被仰上候得共御高之處は何分御申出兼被成候由明朝迄御勘考可被成との御儀之由

一公御登官之上岩倉殿へ御直對御跡目之御談に相成候處尾は何方も不受に而迚も適ひ不申田の方は　宮並天璋尼公も頻に御願之由御申に付公にも田龜公は御幼少之御儀故何と申御子細も無之候へ共黄門君御執權に而は弊後之御繼絶は難相適候へは黄門公は御關係無之御家政向は大久保勝等へ御任用相成候はゝ可然と御答猶御書取可被指上と御約之由

一此夜雪江ゟ岩倉卿へ密啓如左

謹而奉啓上候今朝小三郎迄御垂問之趣誠以難有仕合奉存候右に付先つ指向之儀を御含迄に奉謹啓候御下問之廉は明朝可奉言上と奉存候　德川家之御所置は治亂之境に而御偏倚相成候而は天下之人心居合兼始終之御安心無覺束候得は何分にも公論に被附候樣と申儀は諸藩有志一同之希望に候得共御時勢に憚り窃に呟き合迄に而開口仕候者は無御坐處此度衆議公論を被爲執　御裁決被遊度との御儀は最早治安之御基本相立候處に而　皇國之御爲無此上恐悅歡天喜地不知手舞足踏次第に御坐

候右に付奉申上度奉存候は公議とは乍申先日以來未た御場席馴れ不申故衆人不顧前後心肝吐露仕候樣には至り兼意中盡き不申儀萬々に御坐候此度坏之儀は他日之遺憾御坐候樣に而は折角之御盛意も形迹計之事と可相成候へは明日之處は一同へ御趣意柄篤と被仰渡銘々存寄候次第聊無伏藏書面に認名元不書載封物ニいたし一兩日後局に取集指出候樣被仰聞候はゝ何も本心之儘無懸念申上候樣可相成候左樣無御坐候へは衆議には相成申間敷何分にも匿名書面に相成候儀公論を被爲執候第一義と奉存候尤御急被遊候而は是亦意中を盡兼候へは衆議之爲御後れに相成候而も衆人之知る處に候へは決して異議は無御坐候扨相揃候上御開披有之多分を以御伺に相成候而速に　聖斷被爲在候樣無之而は御衆議之詮無御坐儀と奉存候

一在京諸侯は勿論在國在邑之向は詰合家來共ゟ封書指出候樣被命一人に而も廣く御下問相成候儀人心歸服之專一と奉存候以上

四月廿四日夜　　　　　　　　　　　　　　　　　中根雪江

○廿五日辨事より傳達如左

在京諸侯へ

德川慶喜段々悔悟恭順之趣愈謝罪之實効相立候はヽ慶喜之處分且家名被立下に付相續人並秩祿高之儀衆議公論を執て　御裁決被遊度　思召に而議事有之候間明後廿七日巳刻迄に各見込之儀封書に致し重臣を以太政官代へ可差出樣被　仰出候事

四月廿五日

諸藩貢士へ

德川慶喜段々悔悟恭順之趣愈謝罪之實効相立候はヽ慶喜之處分且家名立被下候に付相續人並秩祿高之儀衆議公論を執て　御裁決被遊度思召に而議事有之候間明後廿七日巳刻迄に各見込書取候而太政官代へ出參可致樣被仰出候事

但所勞に付不參之向は見込之儀書取留守居を以可差出事

四月廿五日

○同時岩倉殿ゟ開示相成候御書取如左

具　　視

竊ニ考ルニ創業經國之大活法ハ尋常規律ヲ以處スヘカラサル事アリ何ントナレハ今一人私ニ人ヲ殺スモノアリ官吏捕ヘテ法ヲ加ヘントスルニ當リ其人薙髮シテ死ヲ謝ストモ法ニ於テ猶免ルヘカラス況ヤ慶喜恐多クモ

萬乘ノ兇敵現ニ　御親征

聖體ヲ勞シ玉フ程ノ罪人ナレハ必其身首處ヲ異ニシテ大義ヲ天下ニ明ラカニスヘシ豈唯謝ヲ以其罪ヲ免スヘケンヤ是法律ノ明白正著論ヲ待タサル所ナリ然ルニ創業ノ功ハ國ヲ治ムルニアリ國ヲ治ムル要ハ民ヲ安ンスルニアリ故ニ寛洪至仁ノ

聖旨ヲ以テ古來尋常ノ規律ニヨラセラレス非常ノ大活法ヲ行ハセ玉フナレハ今目前見ル所ノ異同ニ因テ當否ヲ論シ難シ只事ノ難易勢ノ緩急ニ因テ宜ヲ制スヘシ畢竟其家祿ノ多少ニ至テハ我ニ於テ深ク得失ヲナスニ足ラサルニ似タリ只至急トスル處至仁ノ

聖旨ヲ奉シ萬民ヲ安ンスルニアルヘシ尤天下萬姓頸ヲ延

聖斷ヲ仰クノ秋ユヘ各能此意ヲ體シテ公議ヲ盡サンコヲ欲ス

四月

一今朝雪江ゟ青山小三郎を以岩倉殿へ指出書面如左

徳川氏相續之者は尾張元千代と申上度奉存候處日誌之趣に而は埒明不申殆當惑仕候此上は田安龜之助候得共徳川家も新たに御繼絶被成下候折柄幼少と申田安中納言政柄を執候而は迚も一家は治り不申候左候へは中納言は家政に關係不仕紀之末家左兵衛督へ後見被命同人見込に而有志之者及撰擧候はヽ不都合之儀も有御坐間敷と奉存候

一秩祿之儀は德川氏臣民存亡に係り候所に御坐候故天下萬人近く長州之御所置に比較傍觀仕居候儀に候へは何卒聊も御偏黨不被爲在　王道坦々之御所分に被爲在度奉存候右に付議し試候へは長州先年之一件禁闕發炮は一日に止候へ共大擧上迫之計議は一朝一夕之事にも無之儀は德川氏臣子は勿論擧世之知る所に御坐候當今之慶喜妄動一件　錦旗に向ひ放炮は數日に相成候得共實は一朝之怒り不可忍之過失に出候儀は正敷御承知も被爲在候通に候是亦擧世之目撃親聞仕居候處に御坐候是を秤量致候へは德川氏之方軽くても重くは無御坐候然る處長州父子は悔悟謝罪之道相立候に付極寛大之御所置を以如當時に御坐候德川氏も慶喜謝罪之實効も相立追々被　仰出之趣を以論候へは極寛典候へは長州同様秩祿如故に可有御坐儀夫に而も慶喜妄動之罪科により幽閉被　仰付候丈け長州とは重く相成申候是第一等之寛典と奉存候又長州は伏罪後數年謹慎之譯も御坐候故例外之寛典に仕り抑先年一旦　朝敵に相

成候砌尾張大納言總督に而國界迄押詰謝罪狀差上候節之形勢方今之關東に齊しく此時は秩祿三の一を可被削歟之御內定に有之と申儀は舉世之申唱へ居候事候へは此比例を以德川氏之舊領三の一を被削候はゝ動きなき至當之御寛典と奉存候乍併猶紛紜之儀も御坐候はゝ的當之目途は無御坐候へ共俗に申しらすは半分と申如く舊封之半を被削候はゝ長州に比候而は御嚴重之刑典と奉存候是を超候而は德川氏臣子之死生存亡にも拘り候へは臣子は勿論東賊之黨類も
聖恩感戴悅服之所へは至秉天下之見る處も御偏倚無之とも難申可有御坐と奉存候尤是迄世に八百萬石と申唱へ候へ共實積夫程は無之哉にも相聞候へは多寡を石高に而被　仰出候而は御不都合にも可相成候へは舊領共儘なれは論も無之被削候共大凡之石高御取調らへ之上譬は舊領之內關八州並駿遠甲參等國名を以被　仰出候方御至當に可有御坐と奉存候たとひ如何程被削候共久能日光之兩處は領地に被　仰出候はゝ德

川主從は不及申普天下
御仁聖之恩澤を可奉感戴儀と奉存候臣之公議如此御坐候へ共公議之通
被　仰出候はゝ　朝廷之御賄ひ如何可被爲成哉見留無之恐入候次第に
御坐候乍去　朝廷に而被成方不被爲在候迚條理におゐて御削り被成間
敷之土地を御削り可被成筈は無之此處極困難に御坐候愈條理御削被成
間敷に相決候はゝ　朝廷は全國之力を以御賄筋相立候儀無私　王政之
御所置にも可被爲在御坐歟と奉存候是等之儀至仁至惠至公至懇之高慮
に奉廿春來貯置候胸中之雲霧一時に吐露仕候へは今日絕命に及候而も
聊遺憾無之身後迄も重疊難有仕合奉存候死罪頓首
四月廿五日　中根雪江
○廿七日今日在京諸侯並諸藩貢士ゟ指出封書御採收有之
私云窃に聞く相續人は尾紀越之矚望多く有之秩祿高之儀は最下三萬石
最上三百萬石之由

○廿九日追々之時勢　公御感慨に不被爲堪今日御上表如左

臣慶永感慨涕泣之餘謹而奉言上候昨年十二月九日
王政御復古之大號令ヲ被爲發更始　御一新夫々御制度相立太政官御再興三職並分課八局ニ被爲定實ニ　神武帝以降ノ御大業ニ而天下億兆ハ勿論西洋諸州迄モ拭目觀望罷在萬民苛政ノ域ヲ免レ再昇平ノ日月ヲ仰キ安堵ノ思ヲナシ利用厚生ノ
聖政相行ハレ遂ニ海外諸州ト可並立之　皇德一地球中ニ冠絶タルノ
御盛業不待歲月而可見儀ト天下欽仰罷在候然ル處方今ノ太政官ノ景況
相窺候ニ庶政次第ニ繁務追々之
勅諭並　御沙汰書等被　仰出候ヘ共乍恐今日迄萬民安堵仕候程之　御
實行不被爲在衆人實方向ヲ失ヒ渺々タル滄海無棹ノ扁舟ノ心地ニ御坐候其諸侯伯ノ情態徒ニ用ナクシテ在京致居候モ畢竟　朝廷ノ譴責ヲ畏レ候ヨリ妄ニ勤　王ヲ唱ヘ各國邑富強ノ根本タル政務ヲ廢シ領下民庶

ノ膏血ヲ絞リ無益ニ滯在ノ冗費ニ供シ東奔西馳殆無寧歲加之藩士ヲ以テ徵士トシ其人員若干ニ至ル況ヤ裁判所ノ如キニ至リテハ所謂後來尾大不振李唐藩鎭ノ殷鑒實ニ不堪悲歎至候伏テ惟レハ往昔ノ人ヲ用ヒ玉フ𪜈易簡ニシテ全國ノ官人幾十名ニ過キス和漢古今創業ノ　聖帝明王其人ヲ用フル必然英雄ヲ撰擇シテコレニ委任シ而狐疑掣肘スル𪜈ナシ僚屬モ亦幾人ニ過キス近ク德川氏ノ制度雖不得其宜今日ノ紛擾ニ至ラス卽今　御初政ノ時ニ當ツテ任重スル者一二人ニ過キサルヘシコレヲ贊助ノ者又三五人ニ過キサルヘシ人ヲ用フル妄ニ多ケレハ必支離ス支離スレハ事ヲ誤ルニ至ルヘシ萬一目今ノ形勢一度瓦解スルトキハ億萬ノ生靈流離顚沛塗炭ノ苦ニ陷沒スコレ千歲ノ遺憾ニシテ臍ヲ噬ムトモ不可及ノ悔ニ御坐候是慶永悚栗流涕スル所ニシテ臣其職掌ニ當リカタク進退實ニ相谷リ心思迷亂不堪哀痛之至候仰願クハ從今　御政治條理判然タル

皇國ノ御基礎被爲立目的分明に被爲在度奉至願候就テハ簡易ノ御制度
御委任ノ人材不顧恐懼懇衷以別楮奉言上候臣慶永不堪怖懼之情誠恐誠
惶頓首々々謹而拜表シテ以聞候也
四月廿九日　慶　永
三條大納言殿
岩倉右兵衛督殿
一此日前橋藩四王天兵亮參邸關東之模樣愈騷々敷に付而は何卒早々御宗
家之御所置相定候はヽ自然鎭定之運ひにも可相成に付於公何とか御周旋
被爲在候樣被成度と前橋侯御心付之由に而風說或は探索之書面指出之其
大概は關東に而會始東兵强盛小山戰爭官軍一敗之後は宇都宮館林等を乘
取追々勢强大之由前橋侯上總御領分も脫走兵來迫種々難題申出甚困窮之
次第に候へ共官軍之援助も六ヶ敷勢に付德川家へ申乞ひ松平太郎來て及
鎭撫稍靜定之運ひ之由右等之形勢不容易相聞に付　公御登官之上岩倉德

大寺兩卿へ御所置よりして德川臣民安堵可致之兆相見へ候へは早々至當之御所置被　仰出度且還幸之儀一日も早く不被爲在候而は今後之御運ひ方如何可被爲成哉と御案勞之旨懇々御談論に相成御嘉納は有之候へ共御信用之程は御度り兼被遊候御旨なりき

# 戊辰日記第四

閏四月

○二日　行在所正三卿ゟ尾藩へ同藩中村修之進を以會兵前進强勢に付駿遠參之兵を合せて可防戰旨降令有之由尾よりは公卿方之惣督幷錦旗を賜らんことを乞たる由風聞あり

一阿州藩某之雜話に東軍每々之戰爭尾兵にも討死等有之會兵進んて尾濃へ掠略するの勢甚盛大之由專ら攘夷を唱へ弓箭を用ひ且敵とする所は唯一藩也と聲言せる由此讐敵たるの目的は一藩に止るといふ事兼而申立有之事之由

私云此日於江府左之通被　仰出之

田安中納言

昨今之時勢に付格別苦慮盡力之事件深感思召候猶此上見込之儀は無忌諱申出萬端可抽忠勤旨　大總督宮　御沙汰候事

辰閏四月二日　大總督府參謀

田安中納言

江府鎭撫萬端取締之儀御委任候間可有精勤旨　大總督宮　御沙汰候事

辰閏四月二日　大總督府參謀

○同月三日前橋藩老山田太郎左衛門參邸雪江逢對之所東國愈以不穩勢に而宇都宮城已に陥り戸田侯舘林に走り東軍は舘林に迫り前橋は隣境故甚懸念に付頻に侯之御歸邑を促し申來候由右に付侯も此比御赦宥に而不日之御出願も如何候得は御歸城御鎭撫被成度段御願被成候而も御不都合にも相成間敷哉御相談之趣に付其段申上所今日御參　内濟ゟ官代へ御出公

幷肥前老侯等へ御談に相成可然と被仰進候に付午後官代江御出仕夫々御對談徳大寺殿廣澤兵助へも御逢御示談之處至極御尤之御趣意に候得は御書面御指出に相成候樣との御儀に相成由

○太郎左衞門雜話に上總に前橋侯御領知四万石有之處先日陸軍隊三千人計脫走し來る所立派なる軍隊に而騎兵も有之器械も十分具備之由四万石之內二万石之御收納借受度之强談槍之鞘を外し拳銃を差付け粗暴を極めたる應答其內には知る人も多分有之候へとも中々寬話可行屆勢にも無之殆困難之由漸々の事に而督府へ達し江戶へ懸合松平太郎來り和解に而居り合に相成尙富澤御陣屋邊に屯在之由海軍と一處に攝海へ迫らんとの景況之由此節に至ては寬大之御所置は不相顧相當の御所置を相待候旨申立に付上州之兵は江府內外を掠略し越後之兵は信を經て尾へ出上京之積り陸軍と一所に攝海へ迫るの軍配なるへき歟にて以之外强大之由將軍宮も緣山へ御在陣府兵警衞嚴敷俘同樣之由錦之袖印付け步行に而は却而片身

隘き體故隱し置候事之由一說に賊兵錦旗を奪ひ彼陣に建置候等之風聞有之由
○同月四日督府參謀宇和島藩林玖十郎去月廿八日江戶表出立に而急着直に登官して報告之事有之由風說云彼地表向は靜謐之姿なから一向に油斷難相成景況に而近傍賊軍も出沒不測中々不容易六七萬之兵なくては難相適由就而は唯々一日も早く德川氏之御所分無之而は難相濟且元帥宮も頗御困窮之次第等爲言上上京之由也
○同月五日於　行在所被　仰出如左
此度大總督宮ゟ言上之趣も有之德川慶喜降伏謝罪奉仰　天裁候ニ付而ハ非常至仁之　叡慮を以寬典之御處置可被　仰出依之來ル七日　還幸被爲在旨被　仰出候事
閏四月
向後治亂共時機により四方へ

行幸可被爲遊御儀可有之ニ付供奉御列之儀も三等ニ被爲定追而可被
仰出殊ニ近來國家多事小民夫役に苦み候段速に達
天聽歎　思召候民力を省するは國家之急務に付右三等中御平常は可成
丈第一御簡便に御隨ひ被爲遊候段被　仰出候に付
叡慮之旨厚可相心得　御沙汰候事
閏四月
先般御誠誓之旨に被爲基此度
還幸之上は　思召を以不日二條城へ
玉座を被爲移萬機親敷被　聞召猶御餘暇を以文武御講究を被爲遊候旨
被
仰出候に付彌以公卿列藩士民に至る迄可有勉勵　御沙汰候事
閏四月
此度　御親征海軍　天覽被爲遊時機に依り東海道へ大旆を被爲進候

思召候處大惣督宮より關東之形勢言上之趣有之暫浪華に　御滯在被爲
遊候然る處此度德川慶喜恭順謝罪奉仰　天裁候付而は不可赦大罪嚴譴
至當候へ共祖先之勳勞不被爲捨非常至仁之
叡慮を以寬典之御處置被　仰出候依之兼而御布令之通り速に　還幸被
爲在慶喜伏罪江戶城平常之廉相立候所を以
御先靈へ被爲告候　思食に而　山陵
御參拜被　仰出候乍去會津其外殘黨之者尙所々屯在暴威を張り抗官軍
候趣相聞候此後之動靜により直に　御親征をも可被爲遊候間公卿諸侯
益勉勵敵愾之氣不相弛樣屹度可相心得候且又追々內外之大勢被爲　知
食海陸軍之御振興ゟ列藩へ　御指揮海外各國之御扱等其當を被爲得候
と否とは御興廢之分る所殊に地勢之利不利は所係之最大なる儀に付彌
以御勵精　御誠誓に被爲基已後屢浪華に　行幸官代を被爲置萬機
御新裁內外之大勢　御統馭被爲遊候

叡慮之旨被　仰出候に付上下厚く奉戴之各其分を可盡　御沙汰候事
但今般被　仰出候通先二條城を
皇居と被爲定候　御崇廟之地旁以已來別而御警衛向等厚く被　仰
出候浪華之儀は屢　行幸被爲遊候に付而は下民之困苦被爲　厭
行在所官代等追而地利御撰ひ御造營被爲　在旨被
仰出候事

閏四月

一昨日御垂問有之諸侯御取扱ひ之御封書被差出如左
一皇上還幸之後速に在京諸侯御暇被　仰出候事
二諸侯御暇之節參　朝拜　龍顏其折勤王報國之志を益厚くし藩屏之職
掌を始め永世　御誓約遵奉之　御沙汰書被差出度候事
三出兵非常御警衛兼而被　仰付有之候諸侯御暇には賜物幷酒饌拜領被
仰付候事

四今般諸侯御暇被下節を機會として朝覲之御制度急速被相定候　御沙汰有之度候事

五無役之諸侯御暇之節長く在京之苦勞被慰候迄之御褒詞　御沙汰有之度候事

六今後不依何時上京可被　仰付儀も可有之其節速に奉　命遲參無之様御沙汰有之度候事

七會兵暴動等之憂患全く未除候に付今後出兵幷先鋒等被　仰付義も可有之其邊軍防局御打合せ兼而　御廟謀被定右出兵等被　仰付候諸侯へは兼而　御内意有之用意之儀御暇之節被　仰出度候事

八議定參與之諸侯御暇願出候はゝ關東平定之後三十日或は五十日限り其次第柄により　御許容可有之事

九平議定之諸侯は御暇之日限准第八候事

閏四月　　　　臣　慶　永

岩倉右兵衛督殿

○同月八日今日　還幸未刻前　御着輦被爲在

○同月十日今日於官代御內々大御評議有之關東之御處置御決定之由依之

左之通降　命有之

三條大納言

今度德川慶喜降伏謝罪奉仰

天裁候に付至仁之　叡慮寛典之御處置被　仰出候間速に東下億兆人心

安堵候樣取計可致旨惣而御委任候且可爲關東監察使之旨　御沙汰候事

後四月

萬里小路　辨

今度關東監察使三條大納言被指下候間附屬東下被　仰付候事

閏四月

松尾伯耆

中川對馬
新田三郎
江藤新平
小笠原唯八

三條大納言爲關東監察使下向被　仰出候間附屬被　仰付候事

後四月

一今朝御宗家之御所分御內評之節　公には御續柄之御儀故御明辨被遊兼候御場合も有之候に付御退出之上猶又岩倉殿迄御建白左之通

慶永以厚顏拭血淚誠恐誠惶頓首々々謹而奉呈上岩倉閣下候抑今日於小御所御相談被爲在候德川家御所置之大事件共支族慶永に至る迄被降御下問候義公平至當之御儀敬服感泣之仕合御座候別而公之尊慮不啻德川氏之興廢　皇國之大幸上安　宸襟下蒼生安堵に至り干戈相休干羽兩階に舞する之御所置に而有苗必至り候儀は乍憚奉感服候乍去方今總裁

局御用相勤不包心底奉言上候筈に候得共何分支族之身故恐懼罷在公之御盛意至當之儀にも難申上只胸中憂悶涙灑臆而已に御坐候扨家領百十萬石に而城地如舊候得は德川之主從彌飽　聖恩　天意感戴麾下之鼎沸忽鎭定可致は是亦不卜して可知儀に御坐候共上にも萬一暴擧等有之候はゝ天人所共惡德川之運命已に究し其血食を被爲絕天下諸侯をして討伐せしむとも決而異議有之間敷其節こそ大義滅親先支族之諸侯をして討しむとも必討伐可仕候是宋祖遇越王錢俶之策と同轍に可有之候左なくして只今家領百十萬石之食邑にして地所を駿城に被爲移候儀は却而從　朝廷求鼎沸兵革御招之姿に可有之其先祖家康駿城に退隱迄にて舊領にも無之墳墓之地とも難申江戸は祖先以來之墓所も有之二百有餘年之居城に候へは容易に不忍退去情よりして物議紛興可仕哉も難計其上再天下之兵を被爲動候樣に立至り可申全國之困弊相極り乍恐奉恨　朝廷可申歟慶永竊に胸中察する處即今諸侯疲弊相極り天下割據之形勢を

孕み極々御大事之儀と爲　皇國は勿論爲　皇帝陛下臣之所憂日夜こゝに御坐候且又城地假令駿に被爲移徳川主從無異議御請申上以　帥宮江戸之鎭臺とし副惣督迄被置候而も廣大之江戸四里四方は大凢にて只今は中々夫所に無之人民幾千萬之衆多是徳川若干之家臣に而夫々統轄仕候てすら容易に行屆兼候處況や　帥宮副督幷參謀已下百人に過さるへし如此寡少之人員に而管轄服　王化候儀萬々無覺束殊に横濱幷江戸も外國人罷越居候事故其制馭も難被及出來却而　朝廷之御失躰と乍恐奉憂苦邪推申上候へは徳川におゐては是迄ゟは減祿仕候事故若干之江戸持居候よりは駿城之方遥に有かたく立派に市尹を始夫々之管轄之小吏を解き　朝廷へ御引渡申上候はゝ鼎沸之裏面にして今日ゟ萬民生活之業如何御維持被遊候哉に奉存候只坐論之御決定に而は兎も角も今後治平無覺束何分公之尊慮之通り候はゝ會賊も有苗格之古例之如く愛度可鎭定候慶永兼而隨御懇命不顧忌諱　公へ奉恐疏候諸卿同座之折は何分

可否難申上愚意當惑奉仰御照察候且支族之小身決而徳川最負仕候にあらす徳川之興廢は差置爲　皇國と爲　皇帝陛下王政千古にわたり史冊に載せ不被爲恥候而　聖徳海内海外に光被候樣有之度朝暮爲　朝廷所至願に候敢而犯尊命奉言上候誠恐誠惶頓首々々百拜死罪々々

慶　永

閏四月十日

私云竊ニ聞ク今日之朝議領知ハ百十萬石ニ決スト雖圧江城ノ移否ハ彼土ノ形勢ニヨッテ未決ノ由三條卿明日下坂攝海ヨリ汽艦ニ乘シ東下ノ由〇今日ノ儀徳大寺廣澤後藤ハ三條ニ同シ萬里小路西鄕大久保吉井ハ岩倉ニ同ス三條ハ徳川氏ヲシテ祿位大名ノ上座タラシムルヲ最上トシ岩倉ハ百五十萬石ヨリ二百萬石ヲ上トスルノ由過日ノ封書一萬石ヨリ三十萬石マテノ建議八分ニテ二百萬石唯一人アリト云〇徳川氏ハ百十萬石ノ小祿ヲ與ヘ僅ニ加州ノ上座トシ旗下ノ士ハ皈順ノ先後遲速ヲ三等ニ分チ迅速ハ本領安堵次ハ本領三ノ一ヲ減シ遲緩

ハ半祿トシ共ニ朝臣トナストキハ徳川氏小祿ト雖モ從類扶助ヲ得テ
凍餒ニ至ルマシト云ル評議モアリシトソ

○同月十四日諸侯參暇之儀に付御布告如左

諸侯參　朝御制度之儀は追而可被　仰出候へ共先比　御親征　行幸御出輦前御誓約濟候向は一ト先御暇被下候處其後上京御留守中滯京　還
幸後
御誓約濟之面々に而も永く滯在いたし徒に疲弊往々藩屏之任難堪樣立到候而は不相濟段は勿論之事に付五十日滯京之向は追々御暇被下候條歸國之上御誓約之御趣旨を奉体速に家政向改正は勿論方今松平肥後守等賊徒益暴威を募り官軍へ相抗し候次第不謂事に而此後之形勢により恐多くも再ひ
御親征可被　仰出儀も可有之哉全く
皇國內御鎭定にも不立至事に付彌以不虞之備を嚴にし於國邑　御指麾

可奉待旨被　仰出候事
但兵隊差殘し等總而先達而御布令同樣可相心得事
閏四月十四日
○同月十五日長崎近傍浦上村住民耶蘇教を奉し候者四千餘人諸藩へ割賦御預之儀被　仰出有之
但御家へも百五十人御預十七日に至て御渡有之
私云受取人被差出候へ共其實行はれすして止む
○同月十七日於宮中　行幸供奉之諸侯下參與迄酒饌を賜ひ御役外之諸侯は拜　龍顏　天盃を賜り拜領物有之國邑へ之御暇被　仰出之
○同月十九日於辨事局東園中將を以御達如左
大政御一新萬機　御親裁之御一時に付被爲對　御先靈御至孝之實蹟相立蒼生之艱苦を被爲救度深く被爲遊　宸憂之處逆徒等樣々之造言を流布し愚民誑惑之姦徒を誘ひ

天子之御保全可被爲遊　王土を掠め
王民を苦しめ既に攘奪竊取至らさる所なし然るに只目前之偸安を事と
して往々逆徒の鼻息を窺臣子大義を忘失し進止曖昧兩端を持し候藩も
有之歟に相聞　御遺憾に被　思召候他日御吟味之上可被　仰出旨も可
有之に付此段改而爲心得　御沙汰候事

閏四月

私云此比世に流布する造言一二を左に記す
天地ヲ經綸シ宇宙ヲ總統スル者唯名義ノ存スルヲ以テナリ一日之ヲ
廢スレハ天地傾倒シ百姓塗炭ニ落ルヿ言ヲ待ス窃ニ見ルニ名分ノ廢
滅今日ノ如キ甚キ者アラス抑慶元以來圭運日々ニ開ケ横目竪鼻ノ者
五常ノ廢スヘカラサルヲ知ラサル者ナシ保元ノ亂
天子義朝ニ詔シテ父ヲ弑セシム萬世ノ下猶其肉ヲ噉ハンコトヲ欲ス
王政ノ過是時ヨリ甚キハナシ今日ノ形勢何ヲ以テ是ニ異ナラン今般

衆諸侯ヲシテ徳川家ヲ討シム其一二ヲ擧レハ因州備前ノ如キハ徳川内府ノ弟ナリ井伊ノ如キハ徳川ノ臣ナリ其他三百年來徳川家ニ臣從スル者ナリ而シテ弟ヲシテ兄ヲ討シメ臣ヲシテ君ヲ弑セシム天下後世是政ヲ何トカ云ン義朝爲義ヲ弑スルヤ爲義ノ　朝敵タルコト明白ナリ然トモ猶屢哀訴シテ命ヲ請ニ至ル況ンヤ今徳川内府　天朝ニ對シテ二心ナキハ天下萬民ノ知ル所ナリ假令　眞勅ヨリ出ルモ奉命スヘカラス然ルヲ今　天子幼冲姦臣權ヲ竊ミ猥ニ詔ヲ矯テ追討ノ命ヲ下ス苟モ人心アル者百諫千諍シテ之ニ繼クニ死ヲ以テスヘシ是　皇國ノ大綱人臣ノ大義ナリ而狗鼠ノ輩是大義ヲ知ラス甘シテ姦臣ノ驅役ヲ受ケ東ニ向テ兵旗ヲ飜サント欲ス不義無恥是ヨリ甚シキハナシ嗚呼當今天下文明五常ノ道昭々タル世ニ生レテ嘗テ一人モ之ヲ諫メ之ヲ爭フモノヲ聞カス天日地ニ落海內俄ニ冥々タリ悲痛歎惜是ヨリ甚シキハナシ苟モ之ヲ知ル者ハ志ヲ立テ速ニ義兵ヲ擧ケ　君側ノ惡

ヲ誅シ名分ヲ正シ萬世ノ後ニシテ今ノ保元ヲ見ルカ如クナラザラシムルコト今日人臣ノ節之ニ過ルモノアランヤ然ラスシテ甘シテ賊ノ驅役ヲ受クル者ハ已レ不義ニ陷ルノミナラス　天朝ヲシテ不義ニ陷ラシメ四海萬國ニ對シ　皇國ノ大名ヲ汚サシムルニ至ル其罪揚テ數フヘカラス庶幾氣節ノ士之ヲ四方ニ傳ヘテ天下ノ義氣ヲ皷舞作興シテ綱常ヲ維持セヨ

于時慶應四戊辰年三月中五

下谷御成街道石川家脇木戸に張有之

德川內府　天朝に對し二心なきは天下萬民の知る所なり譬　眞勅より出るとも元不正況や

天子幼冲姦臣權を竊み名義を假て追討の令を下す其罪姦臣にあり然則官軍は不義也

皇國天子の至尊なるも王政正しけれは也今不義を以て義を討は人倫

滅却す天下後世此政を何とかいはん長州は眞の　朝敵國賊天戮を免れさるもの也一朝姦臣と共に　天子を擁し昨日は朝敵今日は官軍其姦臣殆と悪むへし實に薩長の不義無道なる事徳川祖宗の大典之比に非らす其不義を以義を討しむ嗚呼王政の衰へたる此時より甚しきはなし誰か天下の不正を正し國賊を討する唯衆諸侯のみ今會藩の義氣を感して屬する者多きは大義を知れはなり官軍に屬する者は人面獸心不義是より甚しきはなし假令百戰すとも不義は義に不勝邪は正に勝す自然の理なり庶幾天下有道之士會藩の義氣を助け徳川氏の爲に義兵を擧け彼の國賊を誅戮して萬民を水火の中に救ひ　皇國の不義を正せよ

四月廿五日　下ケ札天書三日之内ニ取捨候者有之におゐては急度誅戮せしむる者也

薩賊奸謀を逞し徳川大君を　朝敵に陥れ封土城郭兵器悉く奪ひ臣子を以て君父を討しむ決して公明正大之王政に非す況や　今上幼冲叡

慮に出さる事天下衆人の知る所必竟彼か所爲にして　朝廷を欺き奉る所なり薩賊先日尊攘を主張しなから今日現に皇意を輕蔑し奉り朝憲を亂し人倫の大義を敗り外夷に媚を獻するに至る其反覆表裏賣國の賊たる事明か也諸藩主一々諫爭するものなきのみか却而惡を助くるは抑何事そや嗚呼悲哉　皇國の正義泯滅し外國に呑併せらるゝの期遠からさる事　大君一己の私を去り　皇國百萬生靈の爲に社稷を惜ます三百年の基業を一朝に抛ち水戸一僻邑に退隱す大君は眞に仁者といふへし僕等譜代恩顧之臣として泣血奉命主家の顚覆を救はす賊臣に一矢をも投せすヲメ々々と脱走する事士道の恥辱　先朝孝明天皇及徳川氏神靈へ對し地下に謝すへきのマヽなけん然るを今僕等忍て一命を全し暫く浮浪の徒と成るといへとも　皇國の人民なり安んそ唐國不義の賊と共に天を戴くに忍ひんや唯節に死して後やまんのみ待つへし不日に薩賊を屠り且是を助くる藩主の不義を問んとす

是全く僕等か私にあらす報國盡忠鋤奸の義氣たり錦旗天地に飜翻するとも必蹂躙すへし錦旗素より人手なり賊手に在ては賊手に動く賊旗何そ恐るゝに足らん大公至正忠膽義烈徳川浪士　皇國の爲に賣國不義の賊を誅鋤す則天兵なり起るの日兼而同盟全議の諸侯君臣四方に應援恊力すへし過て機會を失ひ汚名を千載の下に殘すことなかれ

因て檄す

戊辰四月　　徳川脱藩浪人共

私又云右等數紙は慷慨義烈を說くに似たりといへとも必竟一時の造言にして其所出根據を詳にせす特り當春二月小諸侯方向之對答義理精刻名分判然したる事闇室に巨火を燃すか如し因に左に記して懦夫を千載に起し薄夫を當時に厚からしめんことを庶幾す

正月九日私名代家來之者被　召出以御書付徳川〇〇　朝敵之罪御追討被　仰付候間各藩陪臣吏卒に至る迄方向を定候樣幷右大御號令御趣意

相心得國力相應人數差出候樣可仕旨被　仰渡誠以驚愕畏縮之至奉存候就而は速に奉　勅從事可仕之處抑中朝郡縣之御制度被爲在候得共　皇國自然之御体裁は封建世祿に有之鎌倉覇府之時將軍家臣之名目に相定陪臣陪々臣之分隨而相定時移物換慶元已來今日迄之形勢を成し居候儀は大凢普天之下率土之濱尊卑貴賤不爲　王臣者は壹人も無之候得共封國食邑其治內之士民各其主君へ忠勤候者則　朝廷へ服事之道に可有御坐奉存候私儀は德川家臣に候へは一意に德川家を翼奉し　朝廷へ忠勤仕度素志に有之元來一途同路に而更に方を異にし向を二ッにすへき所謂無御座追々〇〇恭順之効相立候日寬典　御處置只管歎願哀訴仕度心底に御坐候又人數差出候儀は外御用筋に候はゝ何樣に而も出精相勤可申候得共德川御征討に付而之　御沙汰に而は乍恐臣子を以て君父を討之譯に有之人之大倫天地之大經於是乎相悖り昔時義朝　勅命不得止とは乍申父爲義を斬候も同樣之筋義朝逆名千歲難遁　勅命に被爲於候而

も亦三綱壞九法戻之御失体は終古難被爲免實に私一身之進退難澁而已に無御坐候　朝廷之御爲深く御惜申上何分奉　勅從事難仕陪隷微臣之身を以直諫仕候儀は餘り恐入敢而言上仕兼候へ共臣子之身進退難澁仕候段幾重にも性情之忍ひ兼候處に御坐候何卒　御憫察御宥恕之儀奉願度右願之趣意御採用被下置候得は獨私一家之幸福而已に無御坐世道人心を千歳之下に維持仕今日　朝廷之御闕失をも聊奉補候儀に而冥加至極難有仕合奉存候乍去頑愚固陋遂に逆鱗を奉犯候次第其罪萬死難遁闕下に拜伏斧鉞之誅謹而可奉待申付以重臣此段哀痛奉懇願候誠恐誠惶頓首敬白

慶應四辰二月　　牧野遠江守

一同局ゟ左之通御布達有之

皇政更始之折柄當國之基礎被爲建度衆議を盡し一時之權法を以金札製造被　仰出一同之困窮を救助被遊度　思召に付當辰年ゟ來る辰年

迄十三ヶ年之間　皇國一圓通用可有之候御仕法は左之通相心得可申者也

但通用日限之儀は追而可被　仰出候事

辰閏四月　　　　　　　　大政官代

私云仕法書略之

○同月廿日被　仰出左之通

兼而被　仰出候通り二條城へ被移

玉座候就而は御造營幷是迄之官代御修覆に付自明廿一日當分之處太政官代を

禁中へ被移旨被　仰出候事

但武家玄冠を以辨事傳達所と可相心得事

閏四月廿日

一此日申刻參集に而御留守議定參與之公卿諸侯下參與迄於小御所　玉座

前酒饌賜候て相濟諸侯へは晒壹疋御扇子一つゝ判事へは晒壹疋つゝ被下之權判事已下は於官代頂戴物有之
○同月廿一日依召巳刻御參　朝之處今日八局之制度職課共被廢止更に公島津老侯鍋島老侯阿州侯へ議定職被　仰出之處各御辭退に而御請無之御退散未刻後肥前老侯阿州侯御來會御談中岩倉侍從殿五辻大夫殿爲　勅使御出有之是非御請に相成候樣との降　命に付明日改而御請可被仰上との御答御一同に被仰上之
○同月廿二日辰半刻御參　朝之處左之通被爲蒙　宣下

任權中納言　越前宰相

敍從二位

右

宣下候事

閏四月廿二日

此日三條殿從一位左大將岩倉殿從一位右大將中山殿從一位正親町三條殿德大寺殿中御門殿何れも從二位御昇進有之由

右　宣下に付公岩倉殿肥前老侯被仰談翌廿三日被指上御辭表如左

臣等謹而奉言上候抑今般　御一新に付以格別之　叡慮議定重職之　詔勅を奉蒙　聖恩隆盛重疊奉謹畏臣等實に鄙力共位に難堪恐懼之餘奉固辭候處再三深重之　叡旨奉相伺感泣數行戰兢之至奉存候臣慶永臣直正依而不顧前後御請奉申上候次第に御座候然る處豈計去る廿二日官位宣下誠以恐懼心痛之至何共可奉申上樣も無御坐候臣等天質駑鈍賛翼廟謨候目的も無之身を以當職之御請に及候すら不安心底之處臣具視慶永直正三人は別而祖先之官位にも超越し六十餘州群牧にも勝れ海山之聖寵謹畏勿論に候得共只天下後世に對候而も無面目心地に而却而　朝廷之御失體と奉存候而恐入候臣等素々當職之御請奉申上候末は乍不及不顧鄙才淺智日夜鞠躬盡力精勵奉報答　聖恩萬分之一度寸誠に御坐

候官位辭退被　聞食候而も今日之御用相勤候には聊關係不仕事に而
却而顕官高位を辭退し從來之儘に被差置候方十分之忠勤仕たく一身に
取候而も重疊奉畏入候臣實美臣忠能臣經之等過日之　宣下至當無間然
儀と奉存候間辭退候とも不被　聞食樣奉存候將又參與之如きは元各藩
之徵士無位候得は今後咫尺
天顏候御用も被爲在候事故敍位　宣下御尤と奉存候臣等素ゟ官位有之
故　御前御用も相勤り候此上强而辭退不被　聞食節は無據當職迄も奉
固辭候寸心に御坐候依而官位御辭退も一旦
詔勅之重き奉恐入候間暫時之所御請　御猶豫之儀奉願候伏而願はくは
以至仁至大之　宸斷被爲　聞召分　聖怒を被爲垂度奉至願候臣等實に
恐懼無所措身不堪激切懇悃之至誠恐誠惶頓首百拜謹上

閏四月　　　臣直正

臣慶永
臣具視

○同月廿五日左之通被　仰出
閏四月廿二日權中納言從二位
宣下之處　御請之儀暫時　御猶豫中山大納言正親町三條前大納言迄奉
願兩卿
奏聞に及
叡慮强而　宣下所願之趣難被及
御沙汰候得共無餘儀事情之趣も有之
御猶豫之儀被　聞食候事
閏四月廿五日
○同月廿六日新聞會津藩元藩は已に鎭靜侯は伏罪寺院へ退去謹愼伏水主
謀は手內に而所置濟に相成早々極寬大之御所置有之度との勢之由過激之

殘黨水黨と共に越後之方へ逃れ佐渡に據る之策なる由なれとも孤軍故無據勦絶に可相成手配之由

○同月廿八日　先朝御忌日幷每月御精進之當否兼而　勅問之御答今日被指上之左之通

今般　御一新ニ付　先帝御忌日幷每月御日柄御精進之當否　勅問之趣傳承仕乍恐　御追孝之　叡慮卽天下之子弟ヲシテ孝悌ニ勸ムノ　御基本ト臣實ニ感激落涙數行奉謹畏候臣聊謁愚考不顧恐懼謹而奉言上候伏惟レハ　先帝以十二月廿五日登遐被爲在以廿九日　御發喪是　宮中之御都合ニシテ無御據儀ト奉窺候過去ハ不及是非議政官決議輔相奉奏聞候如ク斷然　叡旨被爲在候ニ付以來　先帝御忌日十二月廿五日ト更ニ被　仰出候樣奉存上候如斯奉言上候所以ハ乍恐　朝廷中古　御衰世之御弊風ト奉存候以臣下之例上言ス最不堪恐怖候ヘ共徳川家康ゟ三代迄比ハ忌日ハ眞ノ忌日ニシテ死去發喪同日ニ御坐候其砌ハ天下侯伯

亦同斷ト相考申候乍恐　朝廷亦當時之　天皇崩御御發喪御同日ニ被爲在候徳川氏中葉太平之虚飾盛ンニ被行吉凶都而鄭重之風習ゟ死去發喪日ヲ同クセサルニ至ル　朝廷モ亦鄭重ノ御舊習コレ元文以來ノ儀ト奉存候且又毎月御日柄ノ儀コレ日本方今ノ陋習ト奉存候和漢西洋未タ其例ヲ聞カス殊ニ　朝廷往古ハ　御忌日ノミニシテ毎月御日柄被爲用候事無之其確證ハ方今公卿父母ノ忌日ハ必參　內不仕候毎月ノ日柄ハ矢張參　內仕候由豈惟公卿ノミナランヤ往古之餘風告朔ノ餼羊ヲ存シ候如此明白之確證アリシ上ハ速ニ被廢毎月之御日柄候方御至當ト奉存候御精進之當否ハ不待論候　光格仁孝兩帝　御諡號而已被設候而　玉體ハ泉涌ノ佛域ヲ以テ其土ニ被爲在候故臣子ノ痛歎スル所ナリ以非常聖明ノ　叡斷　先帝之　玉體　東陵ニ被爲在候上ハ佛法ヲ不被爲用天照皇大神モ　先帝モ古今ノ隔絶ノミニシテ聊モ不被爲替平野社ノコトキハ　仁徳帝ヲ所祭延喜式第八卷平野祭ノ祝詞ニハ波多能廣物波多

ノ狹物ノ言葉アリ當時ノ　天皇祭　仁徳帝ニ被爲用魚肉　天皇此時御精進被爲在間敷候故旁　先帝御忌日魚肉調進何ノ妨アランヤ按宋禮宋朱熹忌日ニハ不飲酒不食肉トアリ　皇國ノ例ニナスヘカラス臣願クハ毎月ノ御日柄ヲ被廢十二月廿五日一年一度ノ事ニシテ却而重大之御忌日トナリ前日ヨリ　御齋戒　御沐浴舊例ノ俗習ヲ停止シ玉ヒ　御神事被仰出此日　天皇御出輦被拜　東陵候歟或ハ奉幣勅使ヲ被差向候歟右兩條ノ盛擧可然奉存候朱熹ノ不食肉トイヘルハ魚肉ノ事ニモアラス佛例ヲ用ユルニモアラス只魚肉ノ當否ハ抑末ナリ　御哀慕　御追思ノ　聖情ヨリシテ諸事御謹愼第一ノ御儀ト奉存候魚肉ヲ御獻供或ハ　天皇被爲用候儀ニ候ハヽ諸事夫ニ應シ　神祭ノ御規則被爲立度奉存候臣慶永敢テ狂瞽ヲ忘レ十分ノ愚衷待斧鉞奉言上候區々ノ鄙情伏テ光明ノ　聖意ヲ以テ御採用被成下候ハヽ臣慶永幸甚便天下ノ幸甚ナリ誠恐誠惶頓首々々百拜謹言

閏四月廿八日　臣慶永

一此日東報あつて言古金銀相場定價御布告に依て却而融通を停空し新幣不可鑄之形勢に歸し會計逼迫を極むる故五十萬兩之劵金申來り大議事有之由

私云先達而會計判事池邊藤左衛門出府して於彼土月々十萬兩つゝの銀幣を鑄て當年中に百萬兩を備へ四方之官軍終年戰爭すとも不及支吾の定算を立て五六日前に歸京之風說あり此銀幣之鑄難きに依て會計の窮に及へるなるへし

○同月廿九日今日も劵金之議事困難未決之內一切之土木を廢し
天皇以下飢寒を免るゝに止るの極論又　詔書を以て勸金の議ありとそ諸藩之貢士へも議せらるゝ由にて左之通被　仰出有之

議事策問　諸藩貢士へ

一軍備は民安を保つ所以ん兵制を定め海陸軍を興す其術如何ん
一金穀は用度之第一庶政皆是に依て擧る今日會計之道何を以て其處置あらん
一東軍未奏成功人心猶危懼を抱く不知何を以て勦絶鎮定其宜きを得ん
○五月朔日辰半刻當日爲御禮御參　朝於　小御所　御對面夫ゟ御學問所に而議定之御方々於　御前御茶菓御頂戴　御好みにて各位御揮毫有之由
公御卽席之御詩作如左
　瓊尊五千年　皇統幾綿々　聖化如日月　是臣大願船
○同月三日中根雪江毛受鹿之介徵士參與職を被免御暇を賜り御褒詞之上於　小御所　龍顏拜被　仰付拜領物被爲頂戴
○同月四日左之通御布告有之
主上御幼年に被爲在是迄後宮　御住居之御事に候處先般御誓約之御旨

趣も有之候旁之　思召を以已來表御住居被爲遊毎日御學問所へ　出御萬機之政務被爲　聞食候間輔相ゟ逐　奏聞候樣被　仰出候尤時々八景之間へ　臨御被爲在御政暇には文武御講究被遊之旨被　仰出候事

○五月五日正親町殿幷參謀木梨精一郎歸京木梨は廿日比發船於下田三條殿へ拜謁之由正親町殿は三條殿江戶御着後廿四日出帆之由

右に付風說江戶表容易に鎭定致間敷に付今二大藩ゟ出兵一ト手は總州を押へ一ト手は會を押へ諸道之兵を江府へ集めたる上にて德川氏御處置被仰出御積之由私云竊ニ聞ク三條公之說候得共又夫に而は中々落付間敷百五十萬石や二百萬石にては無覺束由官軍も諸道苦戰而已甚恐怖之體に有之由○上野に彰義隊屯集脫走之向も追々嘯集官軍に暴行あらは直樣　輪王寺宮を册立して討つて懸り可申積り之由江城も明渡しに相成候へ共帳面と金錢は一枚一文も無之何方へ隱候哉不思儀といへる程之事之由市中へ金は拂底にて官軍如何にも困窮之由○大勝兩

氏等之見込も持堪へかたし駿府之方願はしき趣之由

一此頃之傳説に甲府城へ四百人計籠居す夜中出て官軍を斬る事甚し晝間に是を糺彈するに何も髮鬚を延はし慶喜公之恭順に效ひ候由に而甚謙遜浪々之者共先祖位牌を此地に集め一同餓死之由を申立追ひ立候へは事之敗を生すへき勢之由○東兵を斬るに胃中粟粒而已にして米粒は無之由○官軍大に金穀に窮する由

○同月六日會計之御廷議に付御建白如左

先般於　小御所　御廷議被爲在候會計之儀ニ付臣所考之趣奉拜陳候處猶又書取呈達可仕旨之御命ニ付大略之主意左ニ記申候

一國計窮迫之時ニ當リ課金ヲ士民ニ命スルニ有司必其術ヲ用ユ其術如何ヲ考フルニ有司先ツ上言スルニ若干ノ金ヲ課ス人心疑惑ヲ抱キテ葛藤ヲ生スヘシ實ニ至重ノ事件ナルヲ以テ人君親ラ儉素ヲ勤メ其盛意ヲ衆人ニ貫徹スルニ非レハ此擧不可被行トノ題號ヲ出ス滿堂ノ有

司農眉疾首其議ヲ採納シ之ヲ人主ニ告ク人主モ亦奈何トモスルコトナシ今日ノ切迫ヲ救フニ急ナルヲ以テ無據許可シ一時ニ細密ノ手都合ノ取調ヲ待タスシテ其古格ヲ廢却シ儉素ヲ行ヒ減食撤樂或ハ冗員ヲ汰シ或ハ宮女ノ數ヲ減殺シ妃嬪ノ奢ヲ禁絶スル等ノ如キ頗盛事ナカラ實ハ有司コノ人主ノ盛意ヲ假テ課金ヲ國中ニ命シ士民ヲシテ辭スルコトアタハス調進ヲ十分ナサシムル駕馭ノ策ニ用ユル所以ナリ國中日夜悲涕不平ヲ懷クト雖モ有司ノ憤怒政府ノ譴責ヲ畏レ君命ヲ重ンシテ課金ヲ調進ス有司上言スル所ヲキクニ今度ノ課金前年ノ御趣意ト違ヒ人君ノ士民ヲ愛恤セラレ候盛意ヲ體認シ奉リ候ヨリ國中聊無不平調達スルヲ競ヒ喜フナトヽ其辭ヲ飾ル然ルニ其國中眞實ノ情ヲ察スレハ怨嗟歎ノミニシテ其調進スルヲ歡フ者一人モナシ今日得ル所ノ利及ヒ畜積スル物ハ悉ク官ニ收ム甚シキニ至リテハ其產ヲ失ヒ妻子ノ衣服ヲ以テ償補ス遂ニ衣食不給流離顚沛ニ至ル富商之カ

爲ニ融通ノ利ヲ失ヒ或ハ兼併僥倖ノ姦ヲ射ル貧民其命ニ應セサレハ官ノ譴怒ヲ免レス進退維谷リ遂ニ一揆蓑虫ノ亂ヲ釀成スルニ至ルヘシ其上情ヲ察スレハ人君ニハ節儉ヲ勤ムルコト平易ニシテ格別艱難トモ不存候得共君側及其附屬ノ小吏ニ至リテハ怨嗟スル者多シ公然難申候得共小給ノ身ニ至リテハ日々蒙君恩モノアリ嚴格ノ儉素一毫モ其益ナク水淸ニイタル卽魚ナシトイヘル諺ノ如ク庖厨無聊上情下情共ニ怨恨ヲ懷キテ是ヨリ讒邪其隙ニ乘スル者出來スヘクト實ニ慨歎ノ至リニ非スヤコレ和漢古今ノ通例ナリト臣故ニ從今西洋規則ニ傚ヒ課金士民ニ命スルモ人君儉素ヲ勤ムルニ及ハス玉食ヲ奉リテ從前ノ法度ヲ被爲用且從今皇國ニ關係スヘキ事件ハ　朝廷ノ御入費ニ不被加シテ太政官ノ入用トナシ今年ノ失費內帑ノ多寡ヲ論セスシテ內帑ヨリ拂フヲ禁メコレヲ　皇國ニ課ス今年ノ失費ヲ公然天下ニ布告スヘシ天下コレヲ眞知ス必課金ヲ調進スルニ疑惑ヲ生セサルヘシ

弘通流水ノ如シ新聞紙ヲ讀ムニ佛國去年納税不足ニ付市人ヘ用金トシテ金高九九千萬金ヲ課ストコレ國中調進スルコト必疑惑ヲ生セスシテ官ニ收ムヘシ其帝ノ儉素ヲ勤ムルヲキカス信義上下ニアル所以ナリ因テ從今　皇國中可納ノ金ハ國債トナシテ反辨ノ仕法ハ有司ノ議ニ任スモシ又内帑有餘トキハコレヲ政府ノ入用ニ加入スヘシコレ臣ノ所考永世規則ヲ論スルモノニシテ切迫ヲ救フニ急ナル術ニ至リテハ　臣ノ見込更ニ無之候且又今般課金ヲ士民ニ命スルニ當リ皇上儉素ヲ勤ムルノ

聖慮萬々所希候乍去課金ノ爲ニ被爲對商民候テノ御改革ハ決テ無之方御至當ト奉存候此段不顧恐惶奉對答候也

五月六日　慶永

金百萬兩　關東軍備

同四十萬兩　鑛鐵船

金四十萬兩　横濱製鐵所

同八萬兩　貨幣器械

月々同三萬兩　横濱外國方

同三萬兩　兵庫居留地

右當辰年御入用如此日本國中諸侯府縣是ヲ太政官へ納ムヘシ高割金數ニ至リテハ會計官ヨリ達スヘシ

行政官

金三十萬兩　御所常御入用

同十二萬兩　四月閏月々給

同三萬兩　太政官御普請見込

同五萬兩　土州軍艦代

右　朝廷御入用當年御物成ヲ以テ被補償候得共夫迄ノ處富商へ御借金ノ事

○同月八日今日　公御不參之處肥前老公ゟ被進御內書如左
前略然る處明日は極至急之御用に付是非御出仕奉願候右御用と申は關東ゟ昨夜報告有之儀に付又々出勢之御吟味に候外に六ヶ敷事に而も無御坐候且又今日三條ゟ別紙之通言上有之候間寫取指上申候右申上度如此御坐候恐々閣筆
蒲月八日　直正
越前宰相樣
一閑叟君ゟ御廻し三條公ゟ言上御書面
今日田安龜之助召出候處依病氣名代一橋大納言登城仕候間　大總督府參謀幷軍監列座　御沙汰之趣別紙之通申渡候處難有御請申上候間此段早々　奏聞仕候間宜御披露可給候也
後四月　實美
副惣裁

輔弼

御中

別紙

慶喜伏罪之上は徳川家名之儀祖宗以來之功勞を被　思食格別之　叡慮を以田安龜之助へ被　仰出候事

但城地祿高之儀は追而可被　仰出候事

後四月

私云右は閏四月廿九日龜之助君御呼出に相成候處御病氣之趣を以爲御名代一橋大納言殿御登城之處大監察使三條右大將殿附屬萬里小路辨殿參謀西四辻殿幷下參與軍監列座之上右大將殿より右　勅諚御渡に相成候由

五月二日

松平確堂當分之內徳川龜之助後見之儀願之通被　仰出候事

五月三日德川龜之助重臣御呼出御達之寫

旗下歸順之輩自今　朝臣被　仰付候間此段相達候事

一德川氏諸有司別紙之通更に黜罰有之段田安家より御申上に相成候如左

（役儀指免逼塞申付置候處出奔仕候早々尋出候樣申付候）　塚原但馬

（同斷申付置候處永預之揚座敷入）　小野內膳

同斷申付置候處永蟄居　瀧川播磨　平山圖書

役儀指免城內出入指留置候處永蟄居　設樂備中　榎本對馬

同斷申付置候處閉門　室賀甲斐　大久保主膳　戶田肥後

（役儀指免逼塞申付置候處閉門）　永井玄蕃

此度　勅諚之趣御坐に付右之通申付候此段言上仕候以上

四月　　田安中納言

慶賴花押

去る十二月已來京坂に詰合居候者之内罪狀有之者は先日御屆申上候者に限り別紙名前之者全く妄擧を止候者に御坐候間別紙名申付不申候

但於　朝廷官位被召放候御沙汰も有之趣に付先達而役儀指免城内出入指留置候儀に御坐候此段御屆申上候已上

四月十二日　　田安中納言

戸川伊豆

松平大隅

大久保能登

星野豐後

牧野土佐
新見相摸
大久保筑後
高力主計
小栗下總
小笠原河內
岡部肥前

○同月九日德川氏之儀は岩倉殿最初ゟ不一形御配慮有之昨日肥前老侯ゟ爲御知も卿之御內意之趣に付今朝岩倉殿へ雪江被指出御跡目被仰出之御禮被仰上之其節卿雪江へ當時にては在　廷には無之候得共傍觀之論說不何寄無遠慮申上候樣乍憚御申聞有之
一今日公御參　內之處追々東報官軍苦戰多き趣達
天聽殊之外被惱　宸衷夜中　御寢も被遊兼候程之御儀に而今日於　御簾

前御衆議之節　御簾內ゟ　宸筆之　勅書御下けに而又々　御親征も可被爲在哉之
叡慮に候得共　御親征之儀も度々と被爲成候而は自ら　天威も御輕く相成候へは夫ゟは　朝廷を御正し　御聖德を被爲脩候御儀御當然之御長策なるへき由肥前御同論に而被仰上此處に御決議之由右官軍之敗兆は　ゟ御乳之人へ相咄　桂宮幷　大宮等ゟ入　天聽候事之由

一今日課金之御布令如左

皇運新に復し國是漸々定り萬機
御親裁に出て百事まさに備はらんとす是時に當りて獨り備はらさるものは金穀なり右は全く德川慶喜政權奉還之節國家之用度併せて返上勿論たるへきの處其儀いまた相運はさる內春來之始末に立至り　朝廷無所入にして出る所之御費用不一方に依れり況や頃日征討之兵士家を棄身を殺し一途報國之折柄萬一軍費給せす兵食足らさる時は奮進勤絕之

鋭氣を挫き　皇威これか爲に弛み平治之功業速に立さる時は億兆之黎庶久しく塗炭の苦を受けんに恐多くも日夜
御宸憂被爲遊候就而は內外百官之輩は不及申普天率土之臣民
聖旨を奉承し　朝恩を感戴し畢生之報効此時にありと覺悟し兵力あるものは其力を以てし貨財ある者は其財を以てし上下一般の力を合せ四海平定之功を御扶植可致事に付銘々一人之私を捨て天下の大事を考へ不備不足を補ふの天理に基き各其分に應し金穀御用相勤御奉公筋を遂けてこそ即兵士の身を殺して　朝廷に盡すと同しく下たる者定分候間此旨篤と可相心得者也

但御返辨方之儀は其筋々々可申談候事

五月　太　政　官

一此頃江戶之景況風聞書

一帥宮威權十分墜地西丸城中計に而其餘は敵國同樣官軍芝邊東海道通

り通行はドウカコウカ出來日本橋通り出來其外は敵國迚も巡行出來
不申候
一督府參謀又は惣督へ鐵砲を打懸け或は大砲二三發致候者有之候得共
極秘に致置候事
一西鄕吉之助大督府へは折々罷出督府へも折々出勤
一林玖十郞大村益次郞計參謀之人々手薄之事
一官軍は土瓶一ッも現金故買入指支釣り出來不申候
一錦之小旗を付候者通行候へは忽亂暴に逢候故往來錦之小旗を取り通
行
一官軍幕臣召捕拷問之處恐入之樣子更に無之何分御殺し被成可然左候
はゝ大勢集り御慰も可有之御返し被成候へは御爲にも可相成と申樣
成事に而致方無之放還し候由
一不條理なれは八百萬石にても受合出來兼候勢之由條理なれは七十萬

石に而も受候との事
一山岡鐵太郎勝煽動彰義隊を遣ひ候由軍艦脱走も勝之指圖分明に付詰問之處左樣之事は誰に承候哉致承知度早速可及糺明抔と申事に而逆公事申出候由
一大久保勝山岡補佐被　仰付評議決す
一甲州邊鎭撫騷擾進退共惣而山岡胸中に有之由
又一說
一總督宮怯懦無斷不可爲形勢之由用金壹萬兩ならては無之實に難支勢ひ彰義隊之勢焰盛にして官軍は東海道筋日本橋近邊ならては往來致兼候由市中取締り等惣而舊幕吏御賴と申趣に而舊法によつて及政治候由宮は入城と申迄に而孤立之體少も威權無之由西鄕も不參勝に而不勤之由
一田安殿御願に而確堂公御後見被命大久保儀補佐　朝命に相成候樣且

諸局之判事も東下諸侯之内兩三侯御東下なくては不相適由

一御條理立候へは百萬石に而も御請可致御不條理なれは八百萬石に而も御受難仕と心之外强勢之由諸品は現金拂ならては難相整金錢拂底困窮極地之由戰爭も敗走多く惣而言語同斷何分民心を收め候より外無之との東議之由

一彰義隊山岡鐵太郎等を勝窃に使令之樣子現　なから更に施策無之由

○同月十一日關東之形勢不容易に付明日阿州侯長岡公子等東下其他同行判事等も可被命御相談之御廻達有之

○同月十二日今朝諸侯東行に相成候而は愈以亂階に可相成段雪江意見公へ言上之處此比岩倉殿御求言之譯も有之候得は及上書可然との御沙汰に付愚存之趣書取御手元迄指上之如左

乍恐謹而奉言上候

關東之御所置魁首たる○○謹愼謝罪　御聞届に相成　御寛典を以德川

氏之相續方被仰出候上は速に止戰之御發令に而城地祿高等之儀被仰出
臣民安堵仕候儀㝡第一之御急務と奉存候東北邊處々之取合は徳川氏一
條より起り候事に候へは根本之徳川氏さへ安着仕候へは枝葉烏合之兵
自ら解散可仕儀と奉存候然る處當今根本之御所置を半途に被成置枝葉
之御取合に兵力を被盡候儀乍恐御失策かと奉存候其上諸侯諸有司等多
人數御指下に相成候へは御處置之次第御無人に而は被成兼候御姿現然
に而多勢を御待御施行に相成候分は是非御壓付之御所置たるへくと誰
しも考按仕候事に候へは關東之氣受も決而抵抗之情を動し可申は必然
之勢と奉存候畢竟事理至當之御處置候へは何之御斟酌にも不及儀片時
も早く安堵之御施行專要之御儀と奉存候其上に而不服候はゝ夫こそ
朝廷之御威力を御示し大兵を以御押付けに相成候樣之御儀御至當と奉
存候人少無勢の爲に御所置御延引相成候樣に而は　御恩威も御條理も
無之具員兵力ならすしては御無理を被成兼候故之樣にも相當り可申哉

と被相伺候且又諸侯を御指下之儀は心之外成御不策大亂之基にて決して不可然御儀と奉存候其子細は諸侯東下に相成候へは其臣子たる者は現在の主人を擁し敵地に臨候事候得は彈丸も已に主人之身に及ひ候事と相成候故戰鬪之必死は勿論に而萬一不利之報知等國元へ相聞へ候はヽ留守之臣子いかてか安穩に可罷在國を擧而驅付候運ひにも可立到候たとへは一國空虛と相成政事も農耕も荒廢可致は必定に御坐候　朝敵之根本已に治平之御條理に相運ひ候へ共唯枝葉之動搖と相成居候事に而素々浮浪烏合之衆には候得共土民の心を得罷在候哉にも相聞候へは利を見ては兵となり害を避て農と變し出沒不測所謂土寇之類に而勦絕甚難儀に御坐候一城を屠り一將を斬候へは一亂平治之合戰と違ひ勞して益なく勝て勳なき戰と申如何程大兵に而も土寇之衆には難勝剩主客之勢を異にし錢鑓之用度不便にて經久を支候には自國之兵力財用竭乏に及ひ可申事に而諸侯兵を遠地に棄財食を自國に竭し加之東邊も自國

も當年之農事を廢候而は藩屏之衰弱生民之塗炭眼前と每々　勅諭被爲在候生靈御仁恤之　御趣意にも相適ひ不申　皇國之大費耗損是ゟ甚敷事は無之候且又如此　朝廷之御力を東方に被盡候而は京畿以之外御手薄之事と相成外寇切近之恐れ而已ならす萬々一にも東國之浮浪輩攝海へ押廻候儀なと有之候ハヽ御大切千萬之御儀と可相成歟と奉存候當時足利尊氏如き姦雄有之候はヽ虛に乘し　朝廷を擁し如何成術計を施し候はんも難計御時態に成行可申歟と實以不堪恐懼悲歎之至奉存候是も德川氏反逆增長追々攻登り候聲焰に御坐候はヽ無御據御運ひとも可申候得共首惡謝罪之筋も被　聞召血食拜承之寬典被　仰出此上城地祿高等臣民安堵仕候樣に御所置さへ御坐候へは枝葉之儀は治めすして治まり候御目途は識者を待たさる儀に御坐候處其根元之御所置は御遷延枝葉之御取鎭めに御力を被用候は乍恐順逆之御條理顚倒緩急本末違却仕候歟と傍觀仕候此御一擧を御仕損し諸侯自身之取合ひと相成候而は別

に宿怨を釀し來たし最早治り口相見へ不申候自國之疲弊は不及申列國黎庶之膏血も是か爲に耗竭仕遂に全國之動亂に可相成歟と何共痛歎仕候只片時も早く肝要之御所置被爲在度義と奉存候　總督宮三條公之御手內に而御處置被遊兼諸侯有司を御憑被成樣に而は帷幄も御手薄に御坐候哉と洞察仕候而愈以彼方之氣焰熾盛に相成是ゟ兵力を御張被成候へは彼も抵抗力を增進可仕儀と奉存候御條理上之御仕向に相成候へは寸鉄も不用候而御不條理と相成候へは　御威力に而も人心は治まり申間敷と奉存候へは唯仰き冀くは早く止戰之令を被發德川氏之臣民安堵仕候樣之御所置を被仰出候はゝ枝葉末派之動搖は隨て鎮定可仕儀と奉存候會津庄內之如きも已に謝罪狀指出候哉にも承知仕居候へは其筋より御取糺し德川氏に准し　御寬典被處候はゝ是以治平之順序も相立行き可申其餘猶不順之族も御坐候はゝ夫こそ眞之亂民に御坐候へは德川會津庄內等へ被命御取鎮に相成候へは　朝廷之御苦勞にも相成申間敷

歟と奉存候根元之御所置御手下しに相成候上は御兵事は舊幕再討之覆轍も同一致と傍觀仕候治術を外にせられ天下を兵革に勞せられ候はヽ乍恐　至尊之御爲にも如何と奉存候得は草莽之微臣輩も度外に附置候儀は忍ひ兼○○迄は一應申達候得共猶又過日御求言之海涵に奉甘心以書面鄙忱言上仕候死罪頓首

五月十二日　　　　　　　　　　　中根雪江

右宰相樣ゟ御傳へにて輔相卿御手元へ御指出被下置由

一此日阿州侯柳川侯長岡公子東下之儀降　命其外參與之判事等も東行被命由

一此度諸侯東下之件肥前老侯へも御談之上　朝命に相成已前　公ゟ阿州侯へ御心算之程御講究相成處阿侯にも御熟考之上ならては容易に御請難被成御存慮之由長岡公子は今朝肥前老侯へ御書に而諸侯東下不策之御議論も有之立派なる御建白も御出來之由也柳川侯は拜命卽座に御辭

退之處一應は御取下り御請可然との事に而今日之處は被及御請由
一諸藩より諸手へ之出兵被　仰出候へ共相止督府へ參謀被遣事に相成由
○同月十三日諸侯東下之降　命阿州侯今日御請は有之候へ共御熟考之上
ならては御發程難被成御國情も有之候へは十五六日之御猶豫御願其上に
而御東下可被成との御儀之由○長岡公子は御國情旁御猶豫御願之由○柳
川侯は御斷に相成由
○同月十四日中根雪江より大久保一藏へ遣す書翰如左
上略關東之形勢近頃に而は恭順を表とし暗に抵抗凌侮之模樣に御坐候
由慨歎悲憤之至に奉存候依而猶熟考に及候處此度之御處置は天地間之
條理公平至當に歸せられ候儀勿論に而彼の是のと申小節目に御關係は
有之間敷事と奉存候得共萬一にも此時宜に相成寛大之御處置は　朝威
之御失墜にも可相成と申九情俗論も蜂起可申歟と被存候已に昨夏舊幕
之長州寛大之御處置早々御發表之儀　君公樣方御始御同然にも嚴敷申

立候へ共會桑之入説も有之嫌疑も深く申立之儘に相成候而は幕威も無之様可相成抔と申意味に而陰に兵氣を含畜し捗取不申遂に人心離散之場へ相運ひ申候此度之儀も傍觀仕候へは眞に昨夏同様之景況に御坐候へは唯々早々御處置無之而は督府ゟ毎々被仰出候末々迄不及飢餲様御處置可有御坐との御仁惠も御食言と相成人心安着不仕御大切至極被成方も無之様之場合に可立到は必然と奉存候　朝威の關東のと彼我之立説議論も紛然と奉恐察候得共目前之小利害は御指置斷然として一刻も早く天下治安に趣き可申大段落御發表に相成候儀即　朝威之相立候根本に而　宸襟も可被爲安御儀と奉存候今日之形勢餘りに昨夏之模様と同一轍此緩急之機會即安危之界と申經歴之意味御悉知御了解は貴兄と小松君との外には不可説之事塲に當りては大智大賢といへとも愚者之一得に如かさる譬にも御坐候故傍觀之愚論　朝家之御爲正に御覺有之貴兄故不憚忌諱不顧失禮陳啓仕候爲　皇國奉仰御熟慮御盡力候尤不煩

貴報草々頓首

五月十四日　中根雪江

大久保一藏様

〇同月廿一日今朝岩倉殿ゟ御廻達如左

別紙三條書狀一通江戸誌一册昨夜到來進覽候關東既開兵端候儀御互に苦心此事候得共日誌之趣に而は屹度勝算有之我ゟ發候者かと察申候隨而は猶又出兵之處至急に候夫々可相成丈け致手配候尚又御布告向に付而も同斷取計ひ候此段御心得旁一筆申入候尚巨細は明日參　內之上可申達候間早々御廻覽可返給候也

五月廿一日　具視

中山　正親町　德大寺　中御門　阿波　越前　肥前

別紙

飛檄相達候先以　聖上御機嫌能被爲涉奉恭悅候抑當府東叡山屯集之賊

徒暴逆無所不至依之斷然討伐之擧に至り今卯刻官軍進擊候間此段言上

上候日誌四ノ卷委細書記候御熟覽奉願候猶追々報知可仕候早々頓首

五月十五日朝　　　　　三條左大將

岩　倉殿

二伸大飛書御推讀可給候官軍士氣大に振居候此段は安心仕候成否天運
萬々後便可申上候

江城日誌之內抄書

五月十四日德川公へ御達　　　　　　　　德川龜之助

上野山內に有之祖先之靈位重器等今日中取片付候樣　大總督宮　御沙
汰候事　五月十四日

同日輪王寺宮へ御送相成御書

今度德川慶喜恭順之實効相立家名相續之儀被　仰付に付旗本之輩彌以

謹愼可罷在處心得違之徒恣に脱走所々に屯集し主人之意に相戻り候而已ならす屢官兵を暗殺し民財を掠奪し　王化を妨候所業實に不相濟次第に付速に討伐に可及は勿論之儀に候得共今日迄遷延に相成候は畢竟宮御方には　御懿親之儀故於　朝廷厚　思召も被爲在於總督宮深御配慮被遊御使を以御登城之儀被仰入其後參謀をも被遣候處御面會も無之猶又再應覺王龍王兩院をも被爲召候へ共更に出頭不致此上は御救被成進候道も絶果一方ならす御焦慮被遊候乍去何分國家之亂賊共儘に被指置候而は萬民塗炭之苦に陷り　朝憲も更不相立次第に付誠不被得止討伐被　仰出候間宮御方急速御退立相成候様可申上旨　大總督宮御沙汰候間此段申上候宜執達可有之候也

五月十四日

徳川龜之助

一此日辨事傳達所ゟ御達如左

過日來旗下末々心得違之者　朝廷寛仁之御趣意を不奉戴主人慶喜恭順之意に背き謹愼中之身を以脱走に及ひ上野山内其外所々屯集官兵を暗殺し民財を掠奪し益兇暴を逞し以て官軍に抗衡す實に不可赦之國賊也故に不被得止明十五日誅戮被　仰出候此段爲心得可相達旨　大總督宮御沙汰候事

五月

別紙昨廿日大總督宮ゟ　奏聞有之實以不容易形勢深被爲惱　宸襟候に付彌以勉勵協力　皇威を宣布し天下平定之功を　奏候樣可致旨被　仰出候事

五月

一今夕松平貫之助水野小刑部肥後藩參與横井平四郎へ往訪候處同藩傳聞之談話如左

一十六日横濱發之飛報有之十五日は江戸之方に火之手見へたれは愈上

野御討伐ありしなるへし十六日は火光も消滅したれは多分官軍御勝利なりしならんとの事の由

一同藩之士於江戸表德川家御處置御遷延相成候はゝ如此擧あらん事を慮り其邊之事情爲言上去る十一日東發之處道中手間取昨夜到着之由彼地督府無斷にて御處置御手後れに相成候に付東軍は暗に聲焔を張り且無據及暴行勢故此時に當つて兵を用られんよりは唯速に御處置有之度と建議之爲に罷登る處事己に爰に及ひたりと痛歎罷在候○惣體旗下は頗恭順深編笠を被り如何にも浪士體に而往來の由○官軍中には尾藤堂彦根抔時として暴客之侮慢を受候由○大久保勝兩氏之伎倆盡力には參謀一同感服之由彼兩氏之周旋は　皇國之興廢に關係すとも言へき程の事なる由勝氏の軍艦一件之懸合も唯壹人艀船に乘り漕付候有樣抔は言語同斷人間業には無之と擧而驚嘆之由○參謀之建議於督府更に行はれす宮之御手元は道路之說を近侍より御聞込御

疑惑御恐怖有之諸事御手延ひにのみ相成行に付何も大不平に而西郷抔も引籠居候由〇上野彰義隊は慶喜公を水府へ御見送り申上歸りたる面々に而五百人計り有之是を頭として二千人計之部下有之由義勇可稱之人々多く官軍を以彼を伐つは無悲之至りなり歸順勤　王を口實にして主家を後ろにして迯上りたる旗下輩に比しては尤可感賞面々に而御處置さへ有之候はゝ鎮定勿論なり其上之暴逆は肥後一ト手に而も受取所置可致と申程に督府へも申立參謀も同論に有之由〇平四郎之説は御所置濟之上駿遠參之內德川氏之望に任せ城地被下江府は　朝廷之御所有と可相成事に而彼地に德川氏をおきては　王化之東國に及ふ期は無之　皇居も往々は江府へ被遷度との見込之由參謀に而は江府は德川氏ならては難治土地故如元德川氏へ下賜り大久保を後見として關東之事を任せ官軍は御引揚相成可然との說に有之由

右之趣夜に入達　御聽候處直に岩倉殿へ被遣御書如左

至急之用事に付昨夜中呈書　岩倉公閣下候云々抑關東報知之御書面江城日誌等拜見仕候右は中御門卿ゟ相廻り申候直に阿州黄門へ遣し候此邊之義は明日參　朝之上萬々御議事之節可申上と奉存候扨又兼而横井平四郎へ手寄候家來之者今夕横井へ往訪之處肥後藩人十七日頃横濱出立之者今日着之由十五日曉ゟ十六日迄も江戸之方角に當り大火之趣全く兵端相開候事と存候由十六日夜ゟ十七日曉に而はすへて鎮火之様子全く官軍御勝利にも可有哉之由且又安場逸平なる者肥後藩ニ而江戸へ朝廷御用ニ而參居候六日立に而是又薩船に乘組今夕着京江戸之事情官軍に屬し居樞密心得居候者と存候大略之處家來承り歸り申候大略故能分り不申候何分にも明日長岡左京亮へ被命逸平官代へ呼出關東之形勢言上致候とか又は尊公御宅へ御呼寄御聞に而も宜右兩樣之內被成候は丶御宜と存候今後之御處置出兵被仰付候御模樣にも東國詳悉之形勢御承知之上に無御坐而は犬牙之事も可出來哉と奉存候此段不顧

恐懼任心附例之麁忽奉言上候也恐惶謹言

五月廿一日夜第十字　　慶　永

右兵衞　督殿

一今朝岩倉殿へ被遣御書如左

一筆令啓達候云々扨は今度薩摩少將東行に付而は拜領物之儀尚又熟考仕候處眞之御太刀寮之御馬等に而は阿州長岡等も同様之東行故相障り可申哉と奉存候乍去薩摩之儀は當春已來之出兵容易ならす儀に而他藩之侯伯所及には無之己に昨日之　御沙汰書にも有之通に御坐候へは今度さつま御暇參　朝之節御對面　天盃晒布川ホリ等は阿州抔同様之賜物有之尤阿州御刀賜候得共御刀丈ケハさつまへは不被下方と奉存候候而更に再　御學問所へ被爲召候而　特恩を以て當春已來戰功御賞每々出兵之御慰勞に而　御親手御平生被爲帶候　御劍賜候はゝ當人も格別有難かり可申と心付申候嶋津淡路守も四位以上之人故矢張御暇之節は　御對面に而川ホリ晒布給

候御方に可有之例之麁忽愚衷任御懇意申上候也恐惶謹言

五月廿一日　　慶永

右兵衛督殿

右御報如左

御念書拜承云々然は薩州賜物云々丸て御配慮御心添深畏存候尙取計可申と存候下略

五月廿一日　　對岳

春岳公閣下

○同月廿二日今日太政官へ御重臣御呼出に付御供に候し候伊藤友四郎名代相勤候處德大寺大納言殿御達如左

松平越前守

會津征討越後口へ出張被　仰付候尤至急之軍務に付從國許直に發途速に可

奏成功候樣　御沙汰候事

五月廿二日

右に付御國許へ歸り　御徒目付を以御達之趣且此度は御名義分明之被仰出故潔く御出軍に相成候樣との　思召之旨御家老中ゟ御用狀被差越

一今日於官代此度之降　命是迄諸藩共夫々出兵有之處越前へは御沙汰無之故被命可然と軍務官ゟ申達に付乍御氣之毒無御相談御取計之由岩倉殿ゟ御挨拶有之に付諸藩共追々之出兵を坐視罷在甚心苦敷存居候處此度之被仰出は武門之本意に候へは　公丈けは御潔く被及御請候段御答被爲在候由

一昨夜町便之東報有之十五日官兵一二百つゝ橋々へ配り置攻擊に相成候大砲揃ひ兼十五日迄御見合之由東兵は上野宮を擁し日光之方へ引退江戸表は鎮定之由

一今朝靑山小三郎肥後藩士東土ゟ歸京之人に聞くに東土之委曲は葛藤蔓

延容易に難詳悉由畢竟唯速に徳川家之御所置さへ有之候へは其上之儀は如何樣にも取計方可有之處總督宮左右紫髯輩之私云官家之徒紫打紐ニ而髪を結ふ風習也道路之疑惑說而已行はれ參謀之建議は更に御採用無之一同不平に而西鄕等は眞に無言之由○兎角官賊之分不明故　御威言も難被行督府にも不都合不少候故賊之不行も難糺勢之由十二分之　朝威は有之候へ共難相立最初は錦旗を拜する體に有之處西城御入以來は次第に御不都合之事共に相成由是も左右小人之所爲に出候事之由○大勝兩先生も田府之方に讒奸之人有之一段は甚危く有之候へ共參謀共に而申立取直に相成由殊之外危險之地に被立居候事故御處置御延引に而は實に立所も無之勢なる由等を說話せし也

私云此比世に流傳する所之勝氏之建言書あり如左

御所置も御因循相承候へは兵力を以被遊御鎭壓候哉之御決定に而三條家御東下之由右に而天下治り候へは重々に御坐候へ共とても治る樣子

は相成申間敷且長州肥後も歸國九州邊に而説も有之哉之由割據之勢と相成可申東陸に而は魯西亞之官吏東國諸侯へ武器相送候趣に而候實に可驚形勢と相成申候私共は　朝敵と申者に候得共當時顯要之諸名士終に國家をして外國之有と相成候勢と相變申候眞之　天怒何れに歸可申哉愚考に不能幸に軍艦も相整居候間御處置次第上國に航し天下之御議論伺度と決心致候御高案も御坐候はゝ相伺度と奉存候　天下郡縣に被成一混同可應御趣意にも候はゝ如此事に而は參申間敷草莽三尺之劍を提候者出顯いたし可然歟混同瓦解を促す者は大力量有之區書參謀遠大に無之而は能はす纔に小兵を辨候位に而は豪傑之食物を造

五月七日　安房

參謀軍門

人心離散之基

第一今植苗之時に當つて下民力役に困む東國三十餘國悉く其生産を失

はしむ來歲之生活何物を以て其生を保たんや民は國之本也下民豈數千年之恩澤を辨すへき其父母妻子之凍餒を怨む目前を知りて其他を顧るに暇あらむや

第二既に過日以來　大總督府へ建言す

第三王政御一新之際我德川氏之領國を以其用途に充られんとするか如し此一事乍恐御規模御狹少に而候面々不殘被召上候とも纔に四百萬石に不過其揚り高は三百幾十萬俵今悉く被召上候とも大政從事之諸官俸金にも不可足況や海陸之御武備何を以て是に充られん歟且其名不正犯罪之如きは其條理を以御罸可有之御事か若其領國之半に被減は無罪之家臣其父母子弟之如き何を以て是を養はむ人怨遂に何方に可歸哉今寬典之御所置に而寡君御宥免之事有之領國其儘被下置候共幾許萬石を以進獻すへきは當然ならむ是然らんには其誠心より出るものにして其他御國內之侯伯之を見空敷默止して止んや必す幾許其

領地に應して可進獻然る時は是大政之御用途海內之諸事に充られんには充分に成へきか如斯ならは人々其心に快くして悅服すへき必せり

第四一家不和を生せは一家滅亡す一國不和を生すれは其國亡すへし海內之人心をして離散せしめは如何

第五外國人之人員其御所置如何を以拭目て見耳を聳て聞へし若一朝御不正に涉らは其可否瞬間を以海外に及ふ深慮すへき事ならむ歟

此地人心之向背に關係する者旣幾許今其實際之大なるものを以忠告すこれ寡君恭順して憂慮する處必す爰に出さるを推察す故に其罪を恐れて默止する能はす不憚忌諱冒瀆高明す死罪々々

閏四月廿八日　勝　安　房

○同月廿三日此度北越御出張被　仰出候に付詰合御家老酒井與三左衛門方御國許へ被遣候に付同人今日軍務官へ出勤御出張之次第取調之

〇同月廿四日酒井與三左衛門方今日御國表へ出立に付今般出軍被　命候
に付而は御趣意御書取御出來　御表樣へ被進候を御渡有之右御書面於此
表御內々御役人幷隊長之面々へ拜見被仰付一同之方向御定有之
今度從　朝廷越後口出陣被　仰付候儀は於　朝廷大中藩多分出勢之上
に而無御據被　仰出候儀は顯然加之關東追討に出兵無之は兼々宗家へ
敵するは雖　朝命大倫之上に於て不可爲との建言貫徹する處なりと難
有儀に候其事は一昨日輔相卿之御內話も有之事に候右故歟德川家脫走
之東叡山屯集或は八州屯在之討伐及鎭撫等も阿波中納言始夫々東下被
仰出候へ共當方出兵之　御沙汰無之候も全く右邊之御趣意と存上候如
斯宗家及脫走迄も征討不被仰出段は實に　朝恩莫大深重畏入感激之至
に候會津之儀は當今と相成候而は第一　慶喜公之御恭順を妨け　朝廷
に衝抗する其罪難遁右會津之處置如此ならされは今比は　慶喜公御恭
順之道相立其社稷も萬安にして天下安堵に至り可申と被存候然るに宗

家恭順之道相立候而も德川家脫走之人之あるも畢竟會藩之暗に誘引聲援を賴て之ヿなり是を以觀れは會津は第一奉對　朝廷恐入候は勿論慶喜公之御恭順を妨け共御素志に違背し奉り旁以不可免之賊と存候何分にも爲　皇國　朝廷は不及申爲　德川家早々誅戮し成功を奏し天下後代迄之笑を貽さす偏に今般之　詔勅を奉し上安　宸襟下蒼生之苦を救ひ　宗家愈恭順之道相立　慶喜公御素志之處を思ひ日夜之御憂慮を奉安我　東照宮之在天昭々之尊靈を奉慰候を方面とし平定之功速なるほと　宗家之御都合社稷萬安之基本とも可相成候是余之方向とする處にして足下同意之事候はヽ家中此道を體認し盡忠報國我　淨光公會藩鎮壓之尊意を今日に欽仰し報本之奉公此秋と存候此度は足下へ被命事ゆへ此書面は家中拜見布告を禁し足下同意候はヽ改而所存十分認夫々布告有之度事心緒萬々は與三左衞門へ托し候也

五月廿三日　　慶　永

越前少將閣下

尙々昨冬上京　慶喜公御沙汰には會藩之頑固甚以こまり申候此上は討つより外なくと被仰候事も有之候也

此書狀輿之輔家老中老之外被爲見申間敷候也

一輿三左衞門方所望に付雪江鹿之介申談討會之趣意書取　御前へも伺濟之上輿三左衞門方へ指出候如左

我　老公ノ御素懷タル　宗家ヲ推テ　朝廷ヲ翼戴シ諸侯ト共ニ　皇國ヲ維持シ外侮ヲ禦キ我　神州ヲシテ　神州タラシムルヲ勤　王最第一ノ御目的ト被　思召癸丑以來猶更　朝幕ノ間隙調和ノ筋ニ御力ヲ盡サセ玉ヒシ事ナルニ五七年前ヨリ國內海外ノ形勢ヲ觀察シ玉ヒ　宗家ニ於テ將軍職ヲ辭シ幕府ノ政權ヲ　朝廷ニ皈シ玉ヒ郡牧ニ下ッテ戮力同心シ　皇威ヲ御更張アルヘキ旨ヲ前々將軍家へ再三御建言被爲在當時ノ　一橋公へモ屢御議論アリシ處ナリシカ　慶喜將軍昨秋ニ至リテ時

機ノ到來ヲ察シ權ヲ皈シ職ヲ辭シ諸侯ヲ　闕下ニ會同シ　王政ノ一新ヲ議セントス　朝廷モ亦舊制ヲ廢シ一新ノ　王政ヲ行ヒ玉ハンノ大擧アリ此時ニ當リテ　朝廷舊幕ノ間ニ大ニ間格ヲ生センﾄスルノ勢ヲ來タセルモ會桑二藩ヲ首トシテ舊幕臣幷雷同ノ諸藩再ヒ政權ヲ　宗家ニ復センﾄスルノ議アルニヨレリ其志孤忠ニ出ルニ似タリﾄ雖圧時勢ヲ察セス時務ヲ妨害スルヲ以テ　朝廷尾老公　我老公ﾄニ命スルニ舊内府公ﾄ議ツテ國步ノ艱難ヲ靖定協和スルヲ以シ玉フ　我老公尾老公ﾄ共ニ千辛萬苦心力ヲ盡サセラル　舊内府公素ヨリ恭順ヲ心ﾄシ舊幕政中命スル所ノ會桑ノ職ヲ免シ皈國ヲ令シ切ニ旗下ノ妄動ヲ鎭撫シ玉フﾄ雖圧奮勵過激殆ﾄ其極ニ及ヒ言語說諭ノ及フヘカラサルニ至テ不得止暫ク勢焰ヲ消センカ爲ニ會桑共他ヲ率ヒテ大坂城ニ避ケ玉フ仍之二老公京攝來往シテ寬容ノ　朝旨ヲ　舊内府公ニ諭告シ玉ヒ　内府公亦熟ク上京ノ朝旨ヲ奉シ玉ヒシカハ天下靖定シ　宸襟方可被安ノ定算

己ニ立チ　二公ノ報告ヲ待ッテ速ニ御上洛アルヘキノ約束ヲ堅クシ其段　朝廷へ御復命アリシハ實ニ去年十二月晦日ノ夜ナリキ然ルニ翌元日ニ逮ンテ會桑其他ノ舊幕臣東來ノ舊幕臣ノ煽動ニヨッテ兵器ヲ携へ戎裝シテ上京ノ事ニ及ヒ夫ヨリシテ遂ニ正月三日ノ兵端ヲ開キ　舊内府公ノ盛意大徳ヲ湮滅シ變シテ大逆無道　朝敵タルノ地ニ落入ラシム朝廷赫怒ノ御發令ニモ會桑ノ上京ヲ以テ　朝敵現然タル大罪ノ首條ニ載セラレタリ　我老公肝腦塗地ノ御盡力御精忠モ此ニ至リテ都テ水泡ニ歸シ　朝廷へノ被　仰譯ハ元ヨリニシテ天下へ被對御面目ヲハ失ヒ玉フコトハ假令御一身ノ御遺憾ニ附シテ止ムトモ夫ヨリ已來天下ノ動亂無止時恐レ多クモ　宸襟ノ御惱慮公卿諸侯ノ勤勞戰鬪ノ慘毒生民ノ塗炭今日ニ立至レルモ會桑ノ所爲ニアラサルハナク況ヤ方今ニ於テモ　舊内府公ノ恭順ハ去冬早春ニ異ナラサルニ賊猶悟ラスシテ妄動亦春初ノ如シ竊ニ聞ク會侯モ亦罪ニ伏シテ寺院ニ謹愼セル由ナルニ宗藩

我藩兩主人ノ忠貞ニ歸反スルノ大義ヲ體セス猥リニ私儀私論ヲ以テ官軍ニ抗シ動亂ヲ長スルハ何事ソヤ賊等各主ノ意ヲ體シテ各自謹愼ニ就カハ天下ノ亂瞬間ニシテ熄ムヘシ

宸襟安ンスヘシ諸侯休スヘシ生民蘇スヘシ如斯公明正大ノ條理ヲ見得スシテ小節義ヲ唱ヘ自ラ暗昧ノ見ヲ主張シ强暴弱ヲ凌キ遂ニ　皇國ノ衰滅ヲ思ハサルハ亂賊ニ非スシテ何ソヤ吾藩ニ於テハ春初ニ　我老公ノ大勳勞ヲ空シクセルノミナラス天下ノ禍亂ヲ引起シ今ニ於テ猶悔悟スルコトナキ事　ノ頑民ニ齊シ速ニ奮戰討滅シテ上ハ

宸襟ヲ安ンシ皇國ヲ靖メ且當春ノ遺憾ヲ償ンヿ今般ノ一擧ニアリ誰レカ忠勇ヲ勵マサラン誰カ愉快ヲ思ハサランヤ

一毛受鹿之介より尚又與三左衛門方へ指出書取如左

今度君上會津御追討越後口へ御出張之　朝命を被爲蒙候ニ付而は不日に御出馬被遊候御儀と奉恐察候舊臘徳川御家より政權御返上之上乍恐

詔命之次第卒然たる御儀も被爲在候に付人心惑亂之折柄宰相樣種々御周旋粉骨碎身之御艱苦被遊　朝廷へ御歎願　御內旨を被奉尾老公と共に御下坂被遊舊幕府へ被　仰入候處素々　先將軍家には御恭順之思召に付追々麾下之面々へも御說諭漸廿八日迄に全く御請に相成廿九日御乘船晦日御歸京之處　朝廷にも格別御待被遊候御事故卽夜御復命相成正月二日には彌　先將軍家御上洛も被　仰出御內諚之處豈計らんや浪華城へ瀧川播磨守等罷下り晦日に至り候而幕議忽變し遂に三日伏水一件と相成
朝敵之名を被爲負候に立至り候儀千載之遺憾　照祖始へ被爲對候而被仰譯も不相立儀と血淚慨歎之至に御座候斯迄　御家に於ては爲　朝家爲　皇國爲　宗家被爲盡候處全く　先將軍家始幕府にゐて御背叛萬事水泡に歸し候儀無是非事に御坐候尙其後も
朝廷之御內旨御窺御重役士東下被　仰付御忠告被爲竭候處　先將軍家

におゐて速に御悔悟御謹愼御實効相立候に付　總督宮ゟ追々御寛典之儀　朝廷へ御伺に相成候事に而　朝廷に於而も右御家之御忠勤被爲思召候故哉是迄御宗家へ被爲對候而御出兵之儀は一旦諸侯並被　仰出有之候得共直に　御沙汰止に相成有之彌　先將軍家御謹愼被　聞召德川御家之御相續被　仰出御處置一段に相成脱走之者及ひ官軍に抗し候會兵等御追討一條に至御出馬被　仰出候は誠に御忠誠御洞察之上之朝命と奉存候へは武門之御冥加天下萬世に亘り候而一毫無所差御事と乍恐肝銘感涙之至に不堪奉存候畢竟今日に至り候而は　先將軍家御恭順御謹愼　朝命御奉戴之上は最早抗命之者は何之名義も無之賊軍に相違無之儀に而是か爲に　朝裁も被　仰出兼德川御家之御安堵にも至兼候事に候へは速に御追討被遊いつれにも伏罪御寛宥を奉願候に立至候樣被遊ゟ外有之間敷方今外國御多事之折柄内地形之如く擾亂相成候而は實に　皇國之御安危相迫候事故一刻も早く萬民塗炭之苦を被爲救候

聖慮御奉戴御奏功被爲在樣萬々奉冀望候右は素ゟ御國議御方向御一定之事候へ共今度閣下御歸北に付而は此地之事情詳細被　仰上尙　君上之思召を御輔翼被成此大義を以三軍を御奮勵被成是を以諸侯を糾し是を以敵をも御鳴伐被成候御儀と奉存候に付愚念婆情之至に御坐候得共微臣も始終　老公之御左右に侍し奉り傍視蠡測仕候一端共儘書取に而君上へ被　仰上候御順序千一之御補にもと敢而不憚僭越寸衷吐露仕候宜御取捨可被成下候誠恐謹言

五月廿四日　　毛受寬洪

執政酒井君閣下

一此日軍務官より通達如左

尾州　十小隊

松代　六小隊

飯山　一小隊

薩州　一大隊
大炮隊一座
長州　一大隊
大炮隊一座
加州
高田
前橋
右三藩之出兵未悉皆不相分候得共大概之見配三藩に而五千人位猶取
調可申上候
總合壹萬人計
三等陸軍將
西園寺中納言
右北越鎭撫使

參謀
山縣狂介
黑田了介
軍監出張無之
五月廿四日
越前宰相殿　　　　軍務官

一此夜北陸道鎭撫使高倉四條兩卿御本陣越後高田表ゟ指添罷越候南部彥助來着所說如左
一北陸道軍資金竭乏六日を支ふる度支之外無之に付金錢等早々運送之儀會計官へ爲可申達罷上り候事之由
一玉薬二十萬發御家ゟ御指出に相成候樣との事に而御國表へ立寄處十萬發御請に相成由
一兩卿は高田に而御待受之事申上に相成居兩參謀共薩長に屬し小千谷

之方へ出張八日兩卿高田表へ御到着之處十七日迄不罷出軍配之次第も不相達督府之威令更に不被行由

一參謀云薩長兵は一途に攻擊越後一圓敵に見積り鏖戰之廟算之由是か爲に過半歸降之向も敵方へ追込候勢之由柏崎桑兵水兵等も同斷之由

一參謀津田山三郎林三平此度佐渡判事被命候處是迄兩卿へ附添參り鎭撫之意をも兼たる見込に而落合宜に付彥助ゟ兩卿へ嚴達再參謀被命由

一薩長兵甚暴逆諸家之兵隊驅使之勢之由加州勢も是か爲に手負等出來候次第も有之由

一妙見之嶮栃尾に續き殊之外切所之由川を隔たる事故甚不便之由長岡等も專ら防戰之由

一奧羽十七藩九條殿同議に而會津謝罪之歎願書指出候由其節異論之參謀刎首之由

私云此日於江戸表徳川公御領國御城地之儀被仰出末に記す

○同月廿五日昨夜南部彦助申達たる北越之形勢薩長屢戰之暴兵により賊軍歸降之志を飜し窮寇と可相成景況に付御出馬も有之候へは右等之次第に付此表限り之見込も申談試候樣との御沙汰に付夜中迄も種々邸議有之處薩長見込之如く攻撃一途を以北越より奥羽迄も討平ける軍略は無謀不仁之至と申又事業に於而も不容易愈動亂を長し候事に可相成候へは此儀は御同意難被成筋に可有之又是に反し專ら鎭撫受降之策を被施候事に相成候はゝ賊魁迄も降伏致間敷物にも無之候得は治平之捷徑は鎭撫に可有事故攻撃鎭撫之兩端則治亂之相分れ候利害を詳にし　朝廷へ御伺之上鎭撫策御採用に相成候はゝ夫を以速に御出馬可然事歟と申談之

一今日丸岡藩新名與太夫來邸仙臺ゟ歸藩之者申出候由奥羽諸藩會津へ使者を遣し　朝敵之罪名　恩免之愁訴可指出歟と示談有之處會侯直對有之自然愁訴御聞屆無之御討入に相成候節は此儘に城地相渡所存無之趣被申

聞由諸藩に而も抗命も不致候へ共征會之出兵は致間敷申合候由會ゟも先
鋒に出兵は斷之由刀一腰つゝ被贈國境迄送り出せし由
○同月廿六日昨夜衆議之趣達　御聽候處一々御嘉納に而此表御評議之趣
御國許へ可被　仰進と右御使水野小刑部へ御直に被命御直書も御渡被遊
何分全權擔當之者罷出御出陣之御見込相立候處迄伺詰可然本多興之輔へ
指副壹人上京候様との　思召也又薩長之驕兵を使令すへき長薩之參謀御
指添に相成候様御申立可然歟に御含等有之
　水野小刑部へ御渡御書付
今度出兵被　仰付候に付而も用有之我等始見込通り早々立歸國許へ罷
越可申候事
　五月廿六日　　　　　　　　　　　　　　　　　　　　　　　永
　　　　　　　　　　　　　　　　　　　　　　　　　　　　　　小　刑　部
覺

一奉對　朝廷は勿論違背徳川家恭順之罪不可許事
一奥羽始一藩之方向無二念此に決着之事
一出張之上は假令薩長之强なるにも共他之弱なるにも不拘我信實之心
兵を以應對し他藩之煽惑に不管進返共に我決着を以可應事
一軍令三ヶ條或は五ヶ條之事
一君相之　は不及申他藩或は敵に應する時所位と地理及可討伐進退
明白なる算を定めたる上に而庶務に可應事
五月廿六日　〇御印
一此夕日沒前御國表ゟ市村勘右衞門早驅に而着廿二日此表發之御徒目付
廿四日午後着申半刻勘右衞門へ御使被命戌半刻出立之由奉命之次第は此
度之被　仰出に付於御出馬先御威令之行はるへき御運ひ候はゝ速に御請
可被仰上又督府ゟ何等之被仰合も無之樣之御儀に而は御軍配之御目途も
立兼候へは御斷被仰上候外無之候へは督府參謀に御加りに相成候樣被成

度との御含御相談被仰上候との御趣意なり又兼而御持病之御脚氣御勝れ不被成候に付爲御潮湯治廿五日ゟ御出殿之筈に而御供等己に廿三日に被仰付候處廿四日飛脚着此度之御運ひに相成候へ共何分御持病御快然無之而は御出馬も難被成に付暫御延引之御屆被指出御湯治被成度との御相談も被仰進之〇御人數は成丈け被召連度思召之由直に　御前へ被召出右等之趣共御聽被遊

〇同月廿七日昨夜到着之市村勘右衛門へ御人數高之儀多勢御召連には及間敷御趣意書御渡有之且御出馬御延引御屆之儀は於此表御引受に相成又此表御評議之次第は水野小刑部へ被仰含被指越候事に候へ共猶又御家老中ゟ勘右衛門へ被申聞輿之輔方上京之運ひに相成候様相含罷歸候様被仰付當人御人數調も有之に付今日出立歸北す

〇同月廿八日朝岩倉殿へ雪江被指出御申立之趣は今度越後口出張之儀及御請候上は早速出馬可致處近來持病別而不相勝左足之腫氣腹部に及ひ悶

内歩行も致難儀候運ひに付潮湯治可然段醫師共申聞候由廿五日ゟ罷越候積に而廿三日供之者等も夫々申付候處廿四日此表ゟ之飛脚到着致し湯治所にも無御坐候へ共何分此儘之體に而は出陣も致兼候に付矢張湯治は仕一日も早く得快氣出馬仕度外事と違ひ出城海岸迄も罷越候儀故他日之輿論も難計に付此段無急度御聞置之儀相願候段申上候處病氣養生之儀に候へは別段事御屆等にも及間敷折角御加養一日も早く御出張相成候方御尤之旨御挨拶有之

一今日　公御歸殿之上御沙汰有之候は岩倉殿御申には關東筋平定に至り兼困難之時節尾州老侯吾公は去年來至于今日盡力不容易勤　王之實効無疑水府は中納言死去之上は不及論唯紀州而已是と申儀無之何とか一際奮發一切相立候樣宗家に付而は不外儀候へは御勸誘有之樣には相成間敷歟との御相談之由右に付御注文品如何と申儀明朝雪江岩倉殿へ參上相伺候樣被命之

一同月廿九日今朝雪江岩倉殿へ參上之儀少々存付之儀有之其段申上之上紀州久能丹波守寓往訪之處御本陣本法寺へ出勤之由に付同所へ罷越對接之上岩倉卿內意申談候處先達而監察使ゟ軍資金指出候樣沙汰有之に付精々心配殘穀賣拂代壹萬金上納之儀中御門殿へ御內談申上岩倉殿へも御談之處償金體に相成候も如何夫よりは出兵候方可然抔之御談未決に而甚迷惑中之由且金も寡數之樣に心得居候處中御門殿は七萬金と御申聞之由兩樣之內いつれ御都合可相成哉猶　公へも御賢考被成下候樣飛驒丹波ゟ願談有之蒸汽船も一艘指出に相成由今一艘は異人へ艦料之方へ質物に入置且破損も有之不指出由等之談判なり此段　御所へ出勤申上候處岩倉殿御宅に而御聞取可被成旨御申聞有之、

一今日御歸殿之上御內々御沙汰如左但表向御布達ハ晦日ニ有之

五月廿四日

德川龜之助

駿河國府中之城主被　仰付領地高七十萬石下賜候旨被　仰出候事
但駿河國一圓其餘遠江陸奥兩國におゐて下賜候事

一橋大納言
田安中納言

自今藩屛之列に被加候旨　被仰出候事

高　家へ

高家之輩自今朝臣被　仰出候事

德川龜之助

今般家名相續被　仰出候に付爲御禮上京可致事

一橋大納言
田安中納言

今般藩屛之列に被加候に付爲御禮上京可致事
高家之輩今般朝臣被　仰付候に付爲御禮上京可致事

徳川家來之輩官位之儀自今被止候事
五月
私云從是以下は晦日御布達也類に因て爰に記す
元旗下上京歸順之面々先般徳川　御處置被　仰付候上は出格之
思召を以元旗下都而本領安堵被　仰付候就而は高家以下席々舊號
を廢し九而中大夫下大夫上士三等之列に被　仰付候旨爲心得申達
候事
五月
元高家へ
其方共從前徳川氏ニ附屬之職務は
朝廷向々扱致來候處今般更に御奉公被　仰付候上は從前之職務無
用に付以後武家一同之心得を以御奉公可仕　御一新大御變革之御
時勢體認致し文武精勵一廉之御用に相立候樣心懸可申は家格之儀

は従前之順序に循ひ交代寄合之上に被定候へ共倶に同一席に而中
大夫と可稱事
五月

元　寄　合
元兩番席已下
席々千石已上

右一席下大夫と可稱事
一叙爵之儀は追而相當可被　仰付候唯今叙位致居候向は當人限り
可爲其儘事
一天氣窺之節御假建櫻之間にて御使番を以可申入事
一參朝之節有位は宜秋門無位は其脇門より出入　御假建下段ゟ昇
降侍附添事不相成刀供侍に爲持候事
一願伺屆等辨事傳達所宛に而觸頭を以差出可申事

一先達而御布告之通萬石以下之領地幷寺社共九而地方御政務之儀は知行所最寄府縣に而支配可致旨可相心得依而は知行所地方民政に係り候儀は右最寄府縣へ可申出事

一同席順序之儀は是迄之列に不拘知行高を以一席に次第御定被
仰付候事

　但當時爵位有之向は參　朝之節爵位を以順序に被相定候事

右一席觸頭左之兩人へ被　仰付候事

觸頭　畠山飛驒守

　　　松平與二郎

右之通今般　御一新御規則被　仰付候上は舊幕府振合を以席列等申募り彼是御厄介奉懸候樣之儀有之間敷一席和順勤王一途御奉公可仕旨被　仰出候事

五月

元寄合席
元兩番席以下
席々千石已下

右一席下大夫と可稱事
一敍爵之儀……
一天氣窺……
一參　朝之節……
一願伺屆等……
一先達而御布告……
一同席順序……
右一席觸頭左之兩人へ被　仰付候事

板倉小二郎

當分助
内藤甚市

右之通今般御一新………

五月

元兩番席以下

席々千石巳下百石迄

右一席上士と可稱事

一叙爵之儀は………

一天氣窺之節非藏人口ゟ面謁所へ罷出御使番を以可申入事

一參朝　之節宜秋門脇門ゟ出入候事

一先達而御布告之通………

右一席觸頭左之者へ被　仰付候事

雀部練之進

右之通り今般　御一新………

五月

一大久保一翁老ゟ雪江へ之來書類に因而左に記之
明候益御勇健御在京被爲在候事爲　國奉恐賀候隨而愈御壯健欣喜無量奉存候東方に而も　前君新君益御勇健被爲在恭悅奉存候扨御禮申上候過日は何ゟ心得に相成候御　物御惠投不相替御懇情御配慮不堪感謝候早々御禮可差出處甚多忙且其內段落相分候事と延引御仁宥希候然は
一昨日別紙之通私云如前記略之に候此末折合方心痛至極御心中には何處迄も御恭順御趣意爲　皇國相遂度奉存候へ共百已下共上轉居折合見据更に無之勝井翁御趣意守過ヶ樣ニ相成候と殊更ニ被日掛候御察可被下候加之奥羽越駿東凡坂東所々激發追々注進有之候終　皇國大御疵と相成へく落淚之外無之候右樣相成候も無理と計は難申先月當月始比新東下より惡敷相成候より之御處置は實に難堪事共屢出候夫も德川氏迷惑而已には無之　皇國之御不爲終には夷之掌中に可入と只々落淚之事に候過去候事なから爲御心得申上候十五日東臺一條其實は覺王院始　御新政之廢佛令之怒より表に德川氏之事相唱へ類

窮之旗下幷藩士江戸方國方と私浪士等二千餘も相集私恩施小田井藏太之類に而山師に爲候事も不少候か大心得違より官兵御差向と迄に至候
右取鎭相成兼候は私共にも深恐入候得共陸軍役々にも可運樣子海軍も少々可應體故右之兩廉には多少苦心仕候而不加相濟候
官軍山中に御差向は御無理には無之覺王院彰義隊等實に不宜事に候
但事濟翌日ゟ寶庫打開き亂妨至極也因勢　紅葉山ゟ御移に相成居候　宸翰類御代々御位記本庄正宗始御寶劍類何れへ行候哉不相見由　神祖御像計は不思議に精英隊六七人に而持出林中に一夜明し早朝酒井安房宅へ御立退に仕候其他蘆屋の釜とか申品始名器類山下邊往來に弃有之趣申出萬事御遠察可被下候
右之外可申上儀も不少候得共遠路如何と休筆仕候萬々御察可然被仰上可被下候頓首
五月廿六日　　虛堂寛

雪江　老兄几邊

二白此上懇願は諸士折合之爲武州內に而三十萬石計も出候はゝ可也鎮靜にも可相成哉武地不殘去候事は甚難事之至に候何とか御工夫爲　皇國希候再拜

○同月晦日昨朝御參　朝之節岩倉殿〻東北之賊焰消兼生民之塗炭も甚敷に付爲　御綏撫　御密談有之に付猶又尊慮之御旨趣爲御忠告被遣御密翰如左

謹而捧一翰候云々扨は昨日從左府公より之御報志實甥德川龜之助事家祿も賜り於臣重疊謹畏之至奉存候右御禮閣下迄申上候抑昨朝御至密之大事件高話被爲在於臣決而他言不仕同僚中山卿始へも此儀は一言も不申聞次第に御座候就夫退　朝後も篤と思慮仕尙終霄再三之熟考に及申候實に此度之　御出輦　叡慮は先般德川討伐之　御親征に被爲替何分爲萬民御撫恤被爲在候御儀に而　皇國父母たる　宸念臣等實に感激之

至に御坐候然る處方今宇内之形勢未た平定は不及論差向き東海道邊古今未曾有之大水に而勢田橋も已に危く大津より草津迄も水湛に相成夫より如何之洪水か難計民間にあつては苗ことことく押流し新に貰苗を植付候程之爲體に御坐候農事例年〻は別而繁くことに薩摩之一諸侯に而も道路之通塞を待ち東行致度との御猶豫願にも相成居候程之事此節御出輦東海道被爲成候而は却而夫か爲に道中筋之農事ことことく廢却し難有　叡慮も却而怨嗟之基と可相成哉是一也且又德川龜之助御處置幷家祿等被下置一段江戶鎭定之趣に候得共未た江戶府幷德川家旗本等之氣受も不相分今兩三度左府公より之御報知により　御出輦被爲定候而は如何我々共之一諸侯すら先道中人足を始道調致候上に而發足致候程之事に而候へは況や被爲於　至尊候而は猶以之御儀御簡易御輕便之御趣意は難有儀に候へ共御輕忽に被爲成候而は却而　朝憲も如何可有之哉不堪案勞候是二也殊に炎暑之時分誰に而も旅行仕候而も相厭候儀

に而中暑下痢等之患有之私共先年盛夏旅行之節實に困苦仕り下痢等有之晝休夜行之事に候然る處　至尊には日光にも是迄御あたり無之風氣も御通ひ不被爲在暑中御園御歩行も無之　玉體を以盛夏數日之　御旅行御苦勞は扨置萬々一にも二つなき　玉體御障り被爲在候而は第一民之父母たる疾苦被爲救候難有　叡慮も凡而水泡に屬し可申臣等思ふ所玉體さへ　御壯强被爲　在候へは如今之進緩はどふでもよろしく呉々萬々一盛夏之　御旅行御障り被爲入候へは跡へも先へも行かれ不申儀と奉存候是三也臣乍不及是迄小國治民之職分に御坐候何に而も一旦所置仕候而共動靜を測知し萬民聊所向之見へ候所に而布告候へは必行はれ申候功を急き衆人相患ひ所向未定之所に而處置仕候へは金玉之政令も民情不受所より跡戻り仕候夫よりは遲くとも十分美事行はれ候儀肝要に奉存候不德之臣故如此儀には可有御座決而被爲於　至尊候而は右樣無之　御出輦被爲在候へは萬民平定難有可奉存は必定には可有御坐

哉乍去萬一左樣無之節は誠以當惑之外は無之其節後悔仕候而も駟も不可追致方無之候間何分にも今少江戸御處置濟賊徒退散後之形勢都下人心之安着如何此邊至急左府公御尋問之上尙又御篤評被爲在候末御決定被爲在候へは却而　御出輦御着東之上　至仁至聖之　叡慮貫徹可致哉と奉存候是四也昨日備前侍從ゟ承候へは函嶺關門脫走東賊之手に落ち小田原も己に東賊之指揮を受候哉にも申聞候ゆへ旁以右等熟考仕候是五也只々婆情難止故涕泣之餘り荒々生心付之次第例之輕忽言上閣下仕候尙　御出輦之儀被　仰出候共決而所存無御坐候臣微衷迄に御坐候伏而奉仰　御取捨候誠恐誠惶頓首謹言

五月晦日　慶永

輔相岩倉公閣下

尙々正忌恐入候得共至急不得已呈書仕候多罪奉仰御海涵候也

# 戊辰日記第五

○六月朔日昨日之御沙汰に付雪江今日岩倉卿へ參殿拜謁之上紀藩之內情金兵何れ之方御用便に可相成哉猶御內慮伺度趣申上候處卿御申聞有之候は夫は扨置紀藩は從來佐幕に而時變を視て內應等之聞へ有之疑念之向不少難致安心候間其黨類之者十餘人夫々致處置改心之向は改心に而宜衆人之疑心相散候處迄洗と糺明掃除之上軍務官へ成共指出可申候必誅之譯にも無之何分是にて佐幕之根種無くと誰しも致安心候樣之取計ひに及ひ其上に而兩樣之內相願候は格別指當り候處は此嫌疑を絕候儀專要之趣御申聞に付其段猶又紀藩へ可申達段及御請退出右之次第申上候上夕刻久能丹州宿往訪之處不在に付明日參邸之義申置之

○同月二日今朝久能丹州參邸に付昨日岩倉卿御內示之趣申聞候處逐一領

承之上其御疑念之人名伺度との義に付夫は紀より御直に伺候方可然趣申聞明日參上可相伺と申談有之
一午後前橋藩佐野榮作參邸近日上京之由に而關東之形勢報告如左
一上州は幸にして官軍東兵共に經過擾亂之患に罹り不申候も於督府上州一圓鎭撫之命を蒙らせられ去月十日御歸邑相成候右邊御進退爲御届上京之由
一脫走之向も一體に鎭りたる方に而唯御處置如何と相待罷在候景況之由畢竟彼黨も名義聢と相立兼候事候へは恭順罷在候方宗家之御爲にも可相成との說之由大勝兩氏之手元も中々鎭撫行屆と申譯にも無之只待て吳〳〵にて養置候迄之儀故御處置之次第によりては難及手關事にも可相成由
一旗本之面々德川家御家政に關係之向は日々田府へ出勤其他は多く謹愼他行も不致由御家人類勢氣大に振ひ道路も中央を濶步し錦之符印付

たる官兵は却而傍側へ寄り致往來候勢之由概して眞有志は鎭潛中等は脫走之姿故旗下も格別減少之體には不相見候
一御知士之義百萬石百五十萬石二百三百四百或は八百萬迄種々說々有之候得共二百萬中正と申輿論に相成有之處今般之御處置に而は迚も落付申間敷いつれに餘程之變動に可相成と恐懼之由必定破れ口は飢餲歎願之筋より發動可致と被考候由　朝議は精々減少之方と申觸候仍之宮九條殿は寬大之思召と申事に而評判宜參謀は夫を壅塞致候迚憤り西鄕は正論之由に而品評宜由
一遊擊隊貳百計脫走小田原藩へ及議論是も荷擔に相成遂に沼津も及說破駿府を足溜りとして西上して尾張へ可迫勢之由尾張彥根大垣を殊更に怨怒せる由函嶺も榮作通行之後又東兵之手に落たる風聞有之由
一馬入川滿水に付藤澤逗留中に十五日東臺一條を報知する某之藩使と同宿して承りしに彰義隊十八人討死以下夥敷死傷有之東兵砲戰不致故

長州之發炮に而官軍大に勝利を得たる由官兵之死傷を戸板に載て搬ひ來候夥敷事之由是は十四日之御布告後れ立退き兼たる故に多分之死傷に相成由

一會藩表向には謹愼之形迹を示すといへとも志操頑固除姦之義不撓遂には　台宮を擁して討て出督府へ迫り夫よりして京畿にも及はんとする根さしとも相見ゆる由

一江府之政治惣而舊幕吏に而裁判せしか初旬以來諸警衞幷庶政共惣而官軍持に相成由

一棚倉城官軍に被圍一兩日に而落城に及ふへきを遁れて來る同藩之藩士之物語に奥州十七藩同盟に而會之謝罪を九條殿迄陳謝し夫より督府へも御達之處　宮幷九條殿も大に御同意に有之處共議壅滯して行はれさるは參謀邊之私議にして　宮惣督之意ならされは官軍に非す私戰に寄といへるより大に不平を生し前日會と戰陣之節參謀より發炮之令を

下せとも應せさる事再三なる故參謀自ら往て令すれとも猶遲緩せる故參謀怒て如此に而は　朝敵なりと惡言せしかは尖大に怫戻し參謀に朝敵と見られたれは是退りなりしかじ眞の　朝敵たるへしとて忽ち參謀三人を斬て會に荷擔せし由棚倉も同盟なる故圍まれたる由棚倉藩士は多分脫走して會に入る由唯棚倉へ仙臺幷隣藩〻援兵を出さゝるは不審之由也

一魯夷北越へ荷擔候事風說而已にて實迹を得たる事は無之由

一江戶之景況平時に異ならす酒樓妓院劇場等隨分繁盛にて民情も亂に慣れ容易之事に擾亂に至らす遊客は官軍多分之由

一德川公御禮御上京可有之模樣之由等物語之

○同月三日　德川公御城地被　仰出之儀表向御達書相廻る依之於　御前御內談之趣は右御相續之爲御禮御上京之御內調も有之哉に相聞候處畢竟二百萬石位之御風體に而御武備も御相應に被爲張候而之御上京に候へは

責てもの御儀に候へ共ヶ様之御次第加薩ゟも御少祿に而蕭然たる御上洛にも可有之其節に當り今　朝廷に被爲立昨年來之御盡力一つとして其御甲斐無之事候へは何を以て　龜公に御對面可被遊哉如何して德川家之臣子に可被仰譯哉御重職を被爲辱候信義も不被爲立御困窮至極之御儀と被爲成候へは其已前に御引退之外は被爲在間敷と　思召候得共猶又要路に而熟議之趣申上候樣との御沙汰に付夜中も一同集議反復之所當今と相成候而は御國情云々に被遊候方御長策に可有御座候へ共尙御國論之所歸をも御聽定之上御發露に相成候方に可有之と相決し其段申上之

一今夕申刻比先日御國表ゑ被遣之水野小刑部去る朔日夕御國許出立に而到着す直に御前被召出御國許之趣被爲聽處小刑部儀去る廿八日着蒙　命之趣申上翌廿九日諸手頭々へ今般會津御征討御請に相成候間其段相心得可罷在旨被　仰出有之此夕本多與之輔致出稿御評議有之翌朔日御備頭遊擊隊頭々へ御趣意通り御直諭有之由何分御出陣に被爲決に付而は御征討

御心得方爲御伺與之輔始七人計上京に相成右御伺相濟迄は一手も御繰出無之御評決之趣申上之

○同月五日此日薩侯關東へ御出陣に付爲御暇乞辰刻參內　天顏拜之上恩賜之品有之夫ゟ出陣之押伍於南門　天覽有之加勢之高鍋兵隊佐土原兵隊ゟ薩之前軍も繰出に相成候處へ　大總督之參謀西鄉吉之助大早駈に而江戶表ゟ到着直樣參　內夫ゟ　朝議一轉に相成歟良久しく薩侯之進發は止たり

私云此節之風聞に西鄉之報知江戶表は殊に靜謐なれとも白川城東兵之爲に陷沒し賊軍之を守る故官軍圍んて城を復せんとするに仙臺兵後詰として來援せる故是は速に追却に及ふといへとも右等の形勢に而東奧へ之出兵至急なる由仍之侯之出馬は先つ暫く被指留繰出せし前軍は志州鳥羽港より出帆奧東へ指向候樣更に被命たる由佐土原高鍋之加勢は被止由

一今晩豫老侯御入來に而此度仙臺侯も米澤侯と共に　朝敵之部類に被入官位被召放候處仙臺は豫侯と本末之御間柄と申仙之御父子に於而決而御異心無之事故豫侯御下向あつて　御諭告御反正有之樣被成度に付暫時御暇御願被成度との御相談之由　公にも至當之御儀と御同意被遊由侯御下着之上之御心算は於浪華參與之面々と御談之處諸藩之兵四五大隊御引率國境迄御出於此所御諭告之儀有之萬一不服之次第有之候はゝ不得止事兵力を被用候樣之御備へ有之可然との事に有之由小松は御輕裝に而兵力無之方可然と申候由穩便之上計には候得共自然不服之節に臨み御無策故此儀には御隨ひ被成兼候との御儀之由

一同月六日久能丹波守紀國之御用人某姓名を失す可惜同道に而參邸雪江逢對之處丹州申聞候は同人國論持參に而致上京に付於此表種々及議論候處時に取り可被行哉否難決に付同人同道爲相談罷出由持參之國議建白如左

德川〇〇儀伏罪東退之後悔悟謹愼之微衷　御照察被爲在格別之御寬典

を以德川鑑之助へ相續被仰出候段臣茂承難有仕合奉存候然る處關東嘯集之激徒共今以跋扈官軍へ抗敵仕候段德川支族之茂承罪果連及恐懼之至奉存候因而竊に即今之形勢を熟思仕候處右激徒共窮鼠之死族には候得共人多勝天之暴勢未た倒戈之歸順も無之官軍は山河千里毒暑を侵して勞逸反對殊に客戰に有之加之此度諸國之水害夥多之中瀕河之横溢未曾有に相聞候區々弊國に而も秋來之豐凶下民之悲歎豫め如何共難見留段申出候趣を以想察仕候へは　相廷莫大之御事故に有之此上米價等彌增貴騰候而は御軍資何如にも關係仕可申乍恐　皇化何を以御更張被遊生民之塗炭何を以御救濟可被遊哉と杞憂之至奉存候得は所謂止戈爲武之實理に基き茂承關東へ下向仕一身を以て兩軍之間に擲ち　天光之餘映を輝し順逆解諭投戈鎭服仕候樣盡力仕度奉存候右は罪果不肖之分際を以不顧忌意建言仕候段　天譴之程恐懼仕候へ共累月素　寸分之微衷相立兼候段　御沙汰之趣一藩之者共歎恨哀忱之餘りに出候國論歸一之

全力を以貫徹仕度情願　御憐察被爲下御採用相成候はゝ罔極之　鴻恩難有仕合奉存候因此段泣血奉哀訴候との趣

右書面指出何分誠意を以成敗に不拘盡力不致しては即今勤　王之道難立趣懇々切々涙を含み戰栗して演述之爲體忠憤慷慨面目に溢れ不可當之勢に有之故先以臣子之情實如何にも尤至極同意千萬には候得共方今是を事業に施す意之道路之關連甚困難なる世態候得は在　廷之内同志も候はゝ深く相隨ひ内調熟談之上ならては正面之正論を持出候計に而は落手は可有之候得共決而御採用には至る間敷是も時勢今少相迫候期に臨候はゝ速に相達候場合も可有之哉と眼前之形勢を以論辨に及ひ漸くにして粗了解して引取たり

私云此人頗激烈慷慨にして近來紀藩　朝廷に於而嫌疑之爲に蔑視せらるゝを憤歎し同志と共に正論を以八方說倒して國議を一定し上京せしに而彼是同道之有志も有之由於此表は難被行儀は眼前なから丹州抔之

説得は因循論と窮破し更に承伏不致されはとて當今之時勢如何にも燈蛾に等しき迂拙之次第故御家へ願出候はヽ品能辨解も有之且彼も信用可致歟との含にて同道有之由丹州内話なりき

一同月七日此日暮時前松平備後田內源介村田已三郎御國表より到着直に御前へ被召出御國論被爲聽要領如左

越後口御出張之儀は元〻異儀無之御出陣御人數配り等は十分御整備之由然る處御出馬之上如當今官軍攻撃計に而は勝敗は扨置始終天下の治るへき御定見無之此處於　朝廷は如何之御見据に被爲在候哉御伺詰前途之御廟算も被爲立候上ならては御出勢も難被成御次第に付此段　御表樣御上京御伺被成度思召候へとも御不快中ゆへ輿之輔始御指出御伺に相成候由右御伺濟迄は御先手も御繰出無之御控置被成候との主意に付　公仰には國論は如形かとも又此表之事情も有之候得は修理始厚申談決評之上猶又申上候樣御意有之

○同月八日今朝於御書院昨夕到着之面々と會議候處御國論は　朝廷之御處置至當を得たる處を伺ひ糺したる上之御出馬に相成候樣に致度との事候へ共京地之事勢に而は共儀は大に風波を激し不可然と更互論究之上唯和戰之權も粗爲御任に相成候樣之儀を伺取候はゝ御國之方向も可相定と迄は相決候得共猶本多興之輔到着之上可及決議と申談し共趣御歸邸之上申上之

一今夕天方對馬千本彌三郎堤五市郎御國表ゟ到着直に　御前へ被爲召

一此日下之參與大久保一藏江戸表へ出立せり

○同月九日今夕本田興之輔方御國表より到着晩景に相成に付拜謁無之上京之面々旅宿へ會合示談有之在京は關らす

一今日薩阿兩侯京都御出立御歸國之由

一御國表稻葉俊之助家來當時會計官出仕岡田準助建白奈良元作迄指出如左

乍恐書取を以奉申上候

今般御宗室徳川家御謝罪之道相立寛典之御處置被仰出候上は御秩祿百萬石以上と奉存候處豈料んや七十萬石と被　仰出乍恐　宰相様格別御心勞被爲在候御甲斐も無御座候其上今般　御當君様會津御追討被爲蒙仰御家中一統不服之儀も略傳聞仕實に危急存亡之秋と深奉恐察候元來御家御領知之儀は徳川家御分賜之事に御座候へは尺土一民も御宗家之御賜に非るは無御座候間今度非常之御場合御領知不殘御宗家へ御歸し御込高御結込百三萬石餘之御領知に被成下諸侯之上へ被爲置候様只管朝廷へ御縋り飽迄御歎訴被遊乍恐　御兩君様にも御隱遁被爲奉安　天命御家中之儀は徳川家御處分に御任せ被遊候はヽ　神祖幷淨光廟之御神靈へ被爲奉對聊御申譯も可有御座と奉存候間早々御歎訴　朝裁御待被遊候はヽ御追討之儀も不言して相止可申所謂正大公明仁之至義之盡る所天下後世誰か不奉仰之哉依之螻蟻之私儀萬死を忘れ忌諱を憚ら

す芹曝之愚衷を吐露仕候間心中御諒察被成下宜御執成可被下候誠惶誠懼頓首百拜

六月　　岡田準助

奈良元作様

○同月十日一昨九日　勅問之御答御奏上如左

去ル九日　御下問之勅書臣盥嗽百拜奉謹讀候處
陛下至仁之聖慮臣不堪感激之至候臣常ニ聊熟考仕置候芹曝之微忱ヲ記シテ以テ奉對答　勅問候臣伏テ惟レハ抑今春徳川慶喜ノ暴擧ヨリシテ兵革頻ニ動キ億兆日夜苦塗炭不啻畿内及東方諸州　皇國ノ困弊次第ニ極ラントス是　陛下ノ宵旰　叡慮ヲ被爲惱候所ニシテ臣モ亦日夜痛歎スル所ニ御座候臣オモヘラク方今國是未定紀綱未振故ニ
陛下撫愛萬民ノ　聖念アッテ其政未タ擧ラスイカントナレハ　輦下ノ民猶未安其居或ハ暴客ノ暗殺アリ或ハ竊盗アリ或ハ倫常ヲ紊ルアリ京

師カクノ如シ況ンヤ遐域ニ於テヲヤ是レ民政ノ舉ラサルヲ證スル所以ナリ臣又窃ニ方今ノ形勢ヲ觀察スルニ天下自ラ殺伐ノ風ヲ成シ威力ヲ以テ壓服セシメントスル勢ニテ却テ孝慈友愛ノ俗ヲイヤシムルニ至ントス仰願クハ孝慈友愛ヲ本トシ民俗淳厚ニ赴候樣被遊度儀民政ノ御急務ト奉存候是太平ヲ開クノ　皇基ニシテ民政興レハ何ソ富強ノ足ラサルヲ患ンヤコレ

陛下撫愛萬民スル政治ノ根本ニシテ錢穀ヲ以テ賑血救助スル如キハ一時ノ惠ニシテ常久ノ事ニアラスト云ヘシ臣慶永不堪懇悃之至誠恐誠惶頓首百拜謹上

六月十日　　　　臣慶永

在京諸侯中

一今日辨事官ゟ御布達如左

衣服之制寒喧稱身體裁適宜上下之分ヲ明ニシ內外ノ別ヲ殊ニスル所以

ナリ然ルニ近世其制一ナラス人各其服ヲ異ニシ上下混淆國體何ヲ以テ立ツコヲ得ン故ニ古今ノ沿革ヲ考ヘ時宜ヲ權リ公議ヲ採リ一定ノ御制度被爲立度

思召ニ付各見込ノ儀書取ヲ以テ來ル廿五日限リ上言可有之樣　御沙汰候事

六月

一今朝御國表より上京之面々會議御伺之御書取内調有之在京之面々は關らす爾後上京在京之面々會議有之御國論は素々御宗家之御處置未た御國表へは不相聞折柄故德川氏之御處置御遷延故臣民不安心之餘り賊黨愈横恣に相成譯に付疾く公正至當之御處置被仰出候而其上之亂民を可被討根本之御處置を御指置兵力を以末亂御壓伏之御政體に而は一新仁恤之御趣意に舛錯せるの大義を推し　朝廷を匡し鎭撫を本とし無道を討つ之御出兵被成度御趣意之處何れも上京之途中に而御處置己に被仰出に相成段相

聞へ目的齟齬に相成故猶又於此表衆議之上鎮撫之筋を本とせられ度との御書面一通諸道君侯之出馬は鎮撫使と有之處御家計會津爲征伐と有之に付御一様に相成様との御願御書面一通都合兩通之御書取に相決し御歸殿之上輿之輔方被　召出候節猶又御國情申上有之且此表御評議之次第言上に而衆議出來之書面共呈覽有之

此度征伐被　命候に付而は　朝敵之儀は黨類迄も數を盡し誅戮仕候心得は勿論に御座候得共兼々生民之塗炭被爲救天下一日も早く治安に歸候様との御趣意も感戴仕居候に付自然一時之勢不得止及荷擔候類賊等官軍之御武威に畏服し降伏之場合にも及候はゝ其筋より攻撃を止め陳謝之次第承屆受降鎮撫之道取計ひ生民之安堵拵取候様之儀も相心得可申哉尤右　惣督之御方も御出向之儀に候へはいつれに督府へ相伺ひ御指揮を仰き候儀に御座候へ共攻撃一途之奉　命に而兵隊而已指出候諸藩之向とも違ひ越前守自身出馬も仕候儀故萬一於出先督府へ對し矛楯

之儀出來候而は不容易次第に付猶又如前文筋により鎮撫方之儀も相心得候樣伺取罷出候へは勤　王之方向も無二念進軍も仕候儀に付此段越前守上京可相伺筈に御座候へ共病氣罷在候に付以重臣之者奉伺候以上

六月

右思召不被爲在候間明朝雪江を以岩倉殿御内調に可相成と被決之

○同月十一日今朝雪江岩倉殿へ參殿拜謁之上此度輿之輔始上京に及ひ候國情且御處置一件に付見込之儀も有之處途中に而御所置濟之儀致承知に付猶又於此表上京之者共國情斟酌評議之上國論建議書指上候と本紙差出右に付出張心得方伺書別紙之通表向差出度奉存候御内慮相伺候段申述兩通共呈達之處再應熟覽之上御申聞有之候は出馬降命ゟ彼是日數も相立候而已ならす唯今と相成重臣を以心得方伺書指出候抔不都合之至　朝議次第とは乍申兼々親藩之嫌疑も有之事故御爲可宜とは不被存殊に鎮撫之儀事新らしく被伺候へ共已に恭順謹愼之故を以慶喜如きも寛典に處せられ

たるを見ても鎭撫之御趣意通りは拜察合點も可致儀に而何迄にも不及事なるをと以之外不與之體なる故左候はゝ如何いたし可然哉と及御相談候得共先つ御指出之上之事と更に取合ひ不被申に付不及是非宜御含相願候段申達退座に及ひたり

一歸邸之上前書之次第申上且出京之面々へも申斷候處何も大に當惑に而更に衆議に相成處如何にも今日迄遲延之儀に於ては責讓無所遁又鎭撫之儀も岩倉殿被申聞趣眼前之道理候へは此上押而御指出相成候はゝ出兵は被止候而償金沙汰に可相成歟又は何等之科代も難計進退如何と殊之外難評に時刻を移し九ッ時頃に相成處御國表ゟ九日發三里繼飛脚到來去る八日三國湊へ柳川千列丸蒸汽船渡來越後口之官軍追々苦戰に付援兵少し成共此船へ爲乘組指越候樣　惣督御直書幷參謀之書狀共持參長岡啓三郎と申者使節として來着に付早々出兵に相成候間御國論之儀は最早不及伺段被仰出由申來る仍之上京一件は惣而無益に屬し候へは今朝之儀は御取消

に相成可然との決評に相成雪江ゟ為御屆指上候書面如左

今朝御内々奉言上候一條に付晝時頃國元ゟ去る八日夕立之飛脚到來越後表ゟ以蒸汽船官軍追々苦戰に付早々出兵之儀督府よりも被仰遣參謀ゟも申來に付越前守出張心得方伺として重臣上京為致候次第に御座候へ共此節と相成候而者極々切迫之形勢と相成り候事に而伺居候場合にも無之候間いまた伺以前に而候はゝ不及伺早々引取候樣に指出候家來共迄申越候尤先手より追々出兵取計候趣に御座候右之次第に御座候間今朝入　御内聽候儀は何卒御聞流し相成樣仕度奉存候此段不取敢奉言上候猶慶永ゟも申上候に而可有御座と奉存候恐々謹言

六月十一日　中根雪江

尙々入御内覽候書面共明朝頂戴參上仕候間御封物に而御取次衆迄御下け置奉願上候以上

右書面岩倉殿亭へ被指出候處此夕卿之御催に而公を始土豫共外諸侯御誘

引に而下加茂香川別莊に而納凉之御宴席有之に付同所へ罷越封物に而取次を以指上處卿直に御對面有之御申聞有之候は誠に上々之御都合に相成甚以安心大慶今朝之處に而は實に當惑出兵御指留之外は無之と致決心候處先刻御主人樣〻も此趣御噺に而致承知安心至極せりと殊之外成御歡ひに而直に陪宴被命種々頂戴物等有之更闌て退出せり
○同月十三日今晝立に而本多輿之輔松平備後歸北晩立に而田內源介千本彌三郎歸北せり
一毛受鹿之介へ歸北被命御出馬之節參謀たるへきの御含なり
一今日於辨事官御達如左
松平越前守
先般越後表へ出張被　仰付置候處病氣に付加療養不日發途之趣候得共頃日越後表賊焰再熾依之兵隊引率至急出馬可致旨更に被仰出候事
六月十三日

一閑院宮ゟ過日徳川氏御相續被　仰出候爲御歡徳川家へ御使被遣度段
朝廷へ御伺に相成處關東平定まて御見合せに相成候樣御指圖有之由
○同月十四日於辨事官左之通御達有之

征北越大惣督　仁和寺宮
同參謀　西園寺殿
　　　　壬生殿
同應援出馬　吾　侯
同當を以て出張　吉井幸助
同下參謀　肥前　楠田十右衛門
同　兩　人
同軍監　越前　松平源太郎
　　　　備前　戸倉修理介
　　　　因州　荒尾駿河

同出兵

長州　内　五百人五月廿九日出帆
　　　　　五百人六月廿日出帆之積り

薩州　三百人

鍋嶋上總　五百人六月九日兵庫出帆

越前　千人本國より中旬出立

同　百人侍百人ヨ仁宮隨從

親兵之内　二百人ヨリ三百人迄同斷

吉川　三百人國許より出帆

土州　三百人

金十三萬兩　南部彥助隨身二日頃發

彈藥百萬發　越前へ被命但金一萬兩御下ケ

彈藥　雷管　鹽噌　漬物　梅干等

吉井幸助揚け軍艦に載積
六月十七日頃出帆

○同月十五日於辨事官御達如左

越前へ

越後表官軍彈藥拂底に付至急取調精々彼地へ運輸可有之旨被　仰出候事

但爲手當金五千兩被遣候猶渡方之儀は追而可申達事

六月十五日

○同月十七日御國表十四日立飛脚着天方對馬堤五市郎去る十三日着直に新保浦御湯治場へ參上京狀申上十五日御上湯之御運ひ之由○加藤錬之助へ御道調被命出立本多與之輔方歸着次第出張出來御先手追々御繰出之御調之由申來る

○同月十八日岩倉殿へ被遣御直書如左

一翰奉拝啓候云々暑中此一兩日朝夕は別而爽涼雖日中淩能方に御座候如此時候には風邪下痢等往々有之別而此兩三日參　朝不仕候故頻に玉體御案　申上候何分御障り不被爲在候樣致度御内々閣下迄御樣子相伺申候乍恐御格子後此涼氣中は御夜衾等御重ね被遊御風邪御下痢等御感し不被遊樣乍婆情　君側之者御手當申上候樣仕度候是等甚以愚昧之申上方に候得共婆心御案事申上候餘任御懇厚閣下迄奉言上候兩三日不得拝晤候に付愚衷陳啓且御見舞申上度如此御座候書外期不日之拝晤候恐惶謹言

晩夏十八日夕第一字　　慶永

輔相岩倉公閣下

尙々云々扨は先般被　仰出候越後口出兵之儀當月十一日香川水荘の日夕刻指出候家來二人十三日夜著然る處過日雪江より奉言上候通り越前守海浴

罷越居候城下より五里三國港邊に付其趣申遣十五日福井へ着可仕由申越候家來始其後出立十五六日比着可仕歟何分追々先鋒出張之手筈に相成趣申遣候其後之便は以日積考候へは一兩日中には國便可有之と存候越前守も手足餘程痲痺起居六ヶ敷由乍去此度之　朝命之事故是非々々出馬之覺悟に而當時専ら療養中に御座候由何分にも段々都合宜趣に御座候間御安慮奉希候御承知之通り小拙セツカチ故日々飛脚差遣候事に御座候彈藥之儀も乍殘念軍務官ゟ達遲く去る十五六日比御達故早々申遣候へ共日積考候へは兩三日には御請可申來と奉存候色々右等之苦心仕候得共段々小生存慮貫徹可相成樣に奉存候尙追々申越候はゝ又々可申上候也

右御報如左

拜承先以　至尊益御機嫌能被爲渡恐悅奉同賀候即今時候冷熱去來之砌玉體之御興居御懸念被申上候段縷々之御至情臣子之精忠紙上に溢れ不堪感佩候乍恐　御靑年被爲渡諸事御勉强中々老婆之非所及窃に奉感泣

候事に候乍併御案事被申上候邊はこの御直書直に入　天覽候半定而
御滿足且　御意被爲用候事と奉存候過日土老洋醫之事御申上之處其至
情殊之外　御滿足臣等も眞に感喜之事に候扨賢臺此間來御不參近況如
何哉と案居候處果して然り最漸々御復常に至り候御樣子承慰鄙想候尙
亦北越口進擊苦戰に付令息君御出馬相成候はゝ實に天下之大幸不過之
と祈念罷在候處御末毫之趣に而は頃日は已に先鋒隊戰地へ着一戰にも
可及不日勝報可至と覔望仕候畢竟賢臺御精神之所徹鬼神も避之道理御
一藩之革面驚感候實は昨今頻に懸念之風聞も有之處懇々華牘別放念仕
り不淺拜讀仕候右は御請迄如此に候也
六十八　　　　　　　　　　　　　　　　　　　　　　　　　對　　岳
春岳老臺
とけぬれは解にけるかな夏來ても照るよそ峯の越のしらゆき
一公去る十六日朝御下痢有之已來御不例故爲御保養今日も御不參御閑隙

被爲在に付於　御前御論談有之候は此度北越之御出馬は以之外成御難儀也勝敗は天運次第戰鬪一途に候へは夫迄之事に而被成かたく候へ共御當家之御節義は會は元より諸藩之景慕する處なれは御陣先之御擧動により皇威之隆墜にも可關係御一大事と申し指向きたる處に而も如輿論會侯も戟を投て同盟諸藩と共に我軍門に歸降し宥免之儀歎訴等に被及候はゝ如何可相成哉受降之談に相成候はゝ彼よりは是非除姦之事迄も可申出は必定なれは其時に當り如何之御處置に可相成哉御取持も御斷りも御困難之事共なれは此邊之御取捨如何んと反復御討論有之候へ共可然良圖もなくして相濟たり

私云近日に相成賊焰再熾之報知所々方相聞に付攻擊を被用候よりは鎭撫之方長策たるへくと御國論に等しき輿論も端々流布候へ共於御家は傍觀坐論と違ひ之を實際に可被施儀に付本文之御談にも及はれたり

○同月十九日今日も御不參に付猶又昨日之御餘論に及はれ種々と御論之

處　御表樣御出陣先に而大義之當る所を以て受降之御運に相成夫を　朝廷へ　御奏上に相成候節　公　朝廷に被爲立如何御取計可被爲在哉御陣先よりも今一ト際御窘迫に而迚も御承當之御覺も不被成御座候へは夫よりは御一所に御出馬に相成成敗共に御一處に而御決定相成候へは主從共何れ之道にも御遺憾は被爲在間敷事故先つ何とか御願御歸國被遊夫々又御一處に御出陣之御運ひも可然か御歸國に付而は御願之御名義如何可有之抔との議論も有之候へ共又第一に御一處に御出陣に而歸降御受に相成平定之御見込を以　朝廷へ之御執　奏之處　朝廷に而一切御採用無之事と相成候節は如何と申處諸局最後之極大難論に而候へ共自然其際會にも被及候はヽ御國家を　朝廷へ被指上世外に御振退き被遊候より外は有之間敷歟何分鎭撫に御取懸りに相成候からは御國家を御擲ち被成候を御最期之御決着にて先つ御歸國より御願に可相成と御願意之御評議數々なりき

○同月廿日今日に而は　公御快然に付御參之　思召之處御國表ゟ出兵之報告無之に付於　朝廷被仰上方も不被爲成御座候に付又々御不參に而猶又昨日來之御評議に相成處夕刻に相成青山小三郎出勤して申出候は昨日木戸準一郎來訪之處小三郎留守に付取次へ申置候は小三郎不在故無據罷歸候委曲は廣澤兵助ゟ聞取吳候樣との事に付今朝準一郎可爲往訪之處今朝已に江戶表へ出立之由夫ゟ官代へ出仕之處兵助別席に誘ひ申聞候は準一郎も申置候由長州藩に於而は　老公之御事先年國難之節　皇國至當之條理を以御回復被下候儀を銘肝難有存居候事之由に而改而御禮申上扨申候は薩長之惡說は御家樣之御聞に入る事早かるへく御家樣之惡說は薩長之耳に入る事早く候へは今後承込丈け之儀は御互に相通し諸端及御談度至願に候則昨日も岩倉卿之前に而御家樣出兵無之事他藩ゟ之申立强き故嫌疑も餘程有之種々評議相立候得共實は準一郎兵助兩人に而於御家樣左樣之儀決而無之と辨解いたし御嫌疑は釋け申候扨又北地之形勢不容易に

付薩長共甚苦戰十日前後ゟ晝夜となく致發炮候故銃尾之當る所肩頭腫痛に堪兼候程之事之由右等之運ひに付兩藩ゟ千人つヽ之出兵今日被仰出直樣申越國元ゟ指出候筈に候御家樣に而は君侯樣は御不快候へは不及是非御快氣次第御出馬可被遊御出兵さへ有之候へは宜事と被存候是迄攻擊而已之事故諸藩之兵隊薩長之暴兵に被驅使候と申論も生し甚以心配之次第も有之兩藩共に國力盡き實に困窮に及ひ又天下之勢におゐても何分鎭撫無之而は不相適と被存候乍併薩長に而は更に致方無之彼も亦決して屈し申間敷此體に而は無益之戰鬪を長し候迄之事に而候御家樣は御親藩之事にも候へは此鎭撫は御家ゟ不被成下候而は難相成候間何分御擔當被下候樣相願候會津に而も御親藩同士之事に候へは取り付き易き場合も可有之と被存候兎角一日も早く平定に歸し不申而は　皇威も難立候へは此處御推察に而御盡力御坐候樣相願度と懇々申談候由木戸も今朝は江戸表へ出立　仁宮始廿三日には御出軍吉井も北越へ罷越候出兵薩長に於而も更に

好み不申候得共岩倉殿御指揮之由を物語候由を及言上たり右に付御再評

愈御實着之事と相成長州等も右等之運ひ鎖撫は元より之御持論故旁御退

引も難被成御義理合に付明日にも岩倉殿へ御内談も可被成と御願書之草

稿等御取調へに及はれたり

一此夕辨事官ゟ御家來御呼出に而千種少將殿御渡御書付左之通

松平越前守

其方事兼而　御沙汰之通り至急出馬は勿論候處賊勢益强暴之急報有

之に付差掛兵隊五百人迅速越後口へ進發可致旨被　仰出候事

右即刻急飛を以御國表へ相達之

一此日左之通被　仰出由

一德川内府宇内之形勢云々一札

一德川慶喜天下之形勢不得止云々一札

今般德川家相續被　仰付秩祿被下置候に付右制札二枚早々取除候樣被

仰出候事

○同月廿一日岩倉殿へ御問合之上七時前即刻之御供揃に而被爲入夜に入御歸邸御持參之御書面如左

先般爲會津征伐越前守へ出張被　仰付其後も數度御催促御座候に付其節々直に以急飛申越し此比に而は追々出兵之運にも相成越前守儀も無程出馬仕候儀とは相聞候得共北越賊勢驕暴之報知も有之實に切迫之模樣とは甚以遷延之姿於慶永何共深く奉恐入候次第に御坐候右は越前守病氣精々加養も仕候へ共未た快方に相運ひ兼候趣故其邊より彼是手後れも仕候哉と起居寢食片時も更に難安甚案勞に不堪所に御坐候仍而慶永儀早々國許へ罷越國元事情親敷見分之上猶又越前守幷重臣共へも至急之御趣意通り厚及說諭今後之心得方も篤と申談度奉存候間何卒速に暫時之御暇賜候樣伏而奉至願候也誠恐誠惶頓首謹言

六月廿一日　慶永

右御指出之上出兵之様子も如何と日々翹望罷在候へ共今日に至り飛脚も不指越國情も如何相運ひ候哉と御不安心之趣等被仰述候處卿御挨拶には御尤至極之事に候へ共昨日肥前之飛脚着共者御國表通行之處殊之外盛んなる事に而専ら出兵之模様之由に承及候へは此節は遂に出懸候に而可有之國便無之は何か子細可有之事越前殿御不快も下々迄一同御案申上候様子御實病なれは不及是非御快氣次第に而宜事聊御心配之譯も御不安心之事も無之候間此節議定職御人少之折柄御歸國には及間敷乍併御書面之儀は明日御指出に相成方可然との御談に而至極之御都合には被爲在候へ共肝要御含畜之御目的は御違却と相成候　朝廷に而も攻撃一途に而は御日間取にも相成に付鎮撫之筋も被相立置候儀も專要之事故豫老侯も東國御下向に而旁議定御人少に相成趣御物語有之由

一今朝豫老侯へ御直書被進候處御即報に曰

拜讀云々一昨日昨日　宮中之様子申上候大様事件は無御坐も此度龜之

助相續相濟に付京都府三條共他制札場掲示之内○徳川内府大政返上云々○慶喜反逆顯然征討云々二札取除被　仰出候事○仁和宮越後路大惣督に付明廿二日參　朝夫より直に出陣兵隊酒肴拜賜隊長已上遙拜龍顏候御都合に御坐候先つ右位之事に御坐候中略○僕東行之儀被　聞召屆に付幾日頃發程仕候哉申上候樣右は東行　御聞屆は候得共しかと　御沙汰には無之其上兵隊少々呼越候末に付来た幾日とも難申述一日も早くとはあせり居候遲延する程不都合故明朝妙心寺僧兩人仙臺へ爲内使差遣し申候極内々御心得可被下候尤岩輔相は承知也

即時　宗城

越相公閣下

○同月廿二日昨日岩倉殿へ御内談之御書面今日表向御指出に相成處御附紙出來御渡に相成左之通

御附紙

越前守出張遷延に付一先歸國催促致度願之趣尤には候得共至急に重臣指遣し國元之情實越前守出張之比合委細見屆言上可有之候其上何分之

御沙汰可有之事

一去る廿日夕御國元出立に而秋田玄蕃今夕七時前到着申上候趣意如左

一此度　殿樣御出馬に付而は　宰相樣御歸國に相成樣との國情

二殿樣御病氣御爾々無之急に御出陣無御心元趣

三廿四日ゟ廿六日迄に御人數追々繰出に相成候趣

右之次第逐一御聞取には相成候得共御國情之儀は昨今岩倉殿へ御咄被遊候御譯も被爲在故卒爾には難被仰出候へ共跡二條之儀は今日之御附紙に重臣被遣候樣との御指圖有之處玄蕃之上京は恰好之儀に付御國許より重臣被指出候譯を以明朝二三之ヶ條之趣御屆に相成可然と御決評相成

○同月廿三日昨日秋田玄蕃上京申上候次第に付今日玄蕃を以御達に相成
御書面如左

越前守出張遷延に付慶永儀一先歸國催促仕度昨廿二日奉願上候處至急
に重臣差立國元之情實越前守出張之比合委細見屆早々言上可仕其上何
分之　御沙汰可被爲在旨被仰出奉謹承候早速重臣可差立之處昨夕重臣
秋田玄蕃と申者上着越前守儀は先日來段々申上候通り病氣不宜に付領
分浦方へ海水浴仕候處不容易賊勢に付追々　御沙汰之趣も御坐候故去
る十五日福井表へ罷歸候處兎角手足痲痺甚敷神氣幽蔽始終平臥勝罷在
居間內步行も出來兼候爲體故至急之御軍務之處甚以奉恐入候得共急々
出馬は無覺束奉存候尤少々に而も快候得は速に出馬可仕候兵隊之儀は
追々繰出し先日御達之兵數は來る廿六日迄に出拂候筈に御坐候此段奉
申上候已上

六月廿三日　　　　越前宰相

一公猶又御歸國之儀を御熟考之處　朝廷之御模様今一度御品能御押返し御願にも相成候はヽ御整ひにも可相成哉との御見込も被爲在候得共一應廣澤之意中も小三郎ゟ探り試み同意之趣にも候はヽ其上に而輔相卿へ御示談にも可被及との　思召に而其趣修理へ被　仰含小三郎へ申談候様被命之

○同月廿四日今日小三郎於　御所廣澤へ及内談候は過日御談有之候鎮撫一條元より弊藩之持論に付擧國致從事度と存候へ共方向一途に相成兼候譯有之是を一ッにするは宰相歸國父子心を合せすしては不相副候故暫時之御暇相願度と此間之運ひ候處御承知之譯に相成候得共今一應品を替へ相願度との内存に候が如何可有之哉と及相談處尊藩之御鎮撫は吾輩も所庶幾候得は御歸國之儀御尤至極御同意千萬との答之由今宵岩倉殿へ參上之由に付猶又前條相含申入置候様及頼談候由小三郎罷歸申上之

○同月廿五日今朝岩倉殿へ被遣御内書如左

不顧恐懼奉密白候扨は昨日退　朝歸宅に而家來ゟ承候得は大津縣ゟ參候者咄之由　仁和寺宮大津御本陣御宿札征討將軍宮と認有之由承り申候右は此度は總督宮と認有之候へは御相當と奉存候被任將軍候事慶永一向存不申候若越後へ被爲成候而も大津同樣之御宿札に而は遠境は勿論衆人被任將軍候樣存候而は第一關東大總督宮初御疑念生し可申哉と心配仕候勿論實否更に難分候間尙又早々大津縣へ御取糺有之彌征討將軍之御宿札候はゝ北越總督宮とか御書改有之候樣兵部卿宮へ早々被仰遣度奉存候例之卒爾任御懇意不顧恐愚衷及拜陳候尙實否御取糺至急所願候也

六月廿五日　　慶永

輔相公閣下

一此日小三郎ゟ內談之處廣澤も御歸國同意之趣に付輔相卿へも小三郎被遣御內意御伺御國情申上に付而は玄蕃も同道罷出候とか又は不及其儀と

か是亦輔相卿之語次第臨機之取計可然と各内評之上入　御聽候處別段思召不被爲在御願書も小三郎へ草稿被命仍之御國表之御願書一通於此表御添願一通小三郎執筆何も申談潤色之上出來如左

御表樣ゟ之御願書

越後表へ出馬之儀最至急之御用御坐候所兼々奉申上候病氣甚以難儀仕候に付不得止延引仕奉恐入候次第は過日以重臣奉申上候通に御坐候然る處　朝廷ゟ毎度之御催促にも有之且北越之景況次第に切迫之趣に付此場に至り遷延仕候而は如何にも心底不安義に付兵隊之分追々爲繰出候得共尙無心許奉存候に付是非共來月初旬には勉强輿病出陣之心得に御坐候就而は指向　朝廷近來之御模樣等も承知仕度次に國許取締筋等も十分及相談其上に而無顧念出馬仕度奉存候右に付而は方今御多務之折柄實以奉恐入候得共養父宰相儀暫時歸國御暇被下置候樣於私奉願上候以上

六月　　越前少將

宰相樣御添願

越前守相願候旨趣は先日國許ゟ重役共へ爲相含指出候事に御坐候へ共過日於此表も國許之儀案勞之餘り御暇之儀相願候事に御坐候而御附紙を以御指圖も御坐候折柄故引續奉願候も恐入躊躇罷在候へ共又々別段申越候次第も有之實に不得止事情に付何卒　御亮察被成下暫時御暇之儀被爲　聞食屆候樣奉願上候以上

六月

右入御覽思召も不被爲在に付明日小三郎を以岩倉殿へ御內談濟之上表向へ可被指出との御決議なり

○同月廿六日此日長州侯御來邸に而御對面之處　朝廷御不體裁之儀深く御歎息に而種々御論談被爲在由

一近來一種之正論を立遂に黨派も盛大なる趣に聞へたる押小路殿過日來

邸に而御對面之儀を御申入有之しかと御違例中故被及御斷處他日御推參可被成と御申置に付御逢に相成候はゝ又御煩累之儀も出來可申哉との御懸念に而御直談之御趣意一應被爲聽度との御口上相含今日大宮藤馬を被指出處對面有之被申聞候趣は御逢相願之事別儀にも無之方今天下之形勢東北之有樣等此體に而は治るへき見込更に無之何分鎮撫にあらすしては難叶譯故岩倉へも申入且此儀は諸侯方へも申談周旋も致度候間兼而聞置被呉候樣是亦申置たる也越公は御役柄と申十分御盡力相願候段申上度存しての事に候へは此趣意さへ御同意候へは別段參邸に不及段被申聞たる由

私云此卿病身に而多年引籠居候處身體具か不近來に至り俄然勃起方今之御政體之不條理を排斥し別に得て行ふへからさる正大公明之持論を主張し其黨朝野に遍く殆三千人各粗暴慓悍にして氣力を以て迫つて事を遂けんとするの徒なり於是在　廷之公卿之を恐るゝ事虎狼の如くなりといへ

とも議論公正些の陰險なき故又之を如何ともする事能はさるの勢なり
雪江一瞥して其論說を聽んと欲せしに期なくして止ぬ
○同月廿七日今早朝小三郎岩倉殿へ參上拜謁之上昨日御評決に相成候御暇御願一條御國情之次第等段々申述御內慮相伺處卿御申聞には已に兵隊も御繰出に相成上は越前殿御病氣は無御據筋候へは如何程御延引相成候而も不苦旨懇々御說得に而伺之筋は御聽容れ無之に付小三郎は猶種々と辯論を盡し相願ひ漸く御落意に相成左候はゝ日數を限り御願被成可然と御申聞有之候へ共其程は於小三郎何共難量に付申聞候上ならては及御請兼と申述候へは其段申上御返答は御眞書に而御申越に相成候樣との御挨拶に有之段小三郎罷歸申上に付御評議之上左之通
一翰云々抑唯今以小三郎相伺候一條夫々事情御汲察御容恕被成下被仰聞被下候趣共謹承不相替御厚志之段深奉感荷候就而は在國日限之儀道中往來之外精々差急候而も日間取り勝候可相成は必定に御坐候間三十

日計も相願度奉存候乍併此節柄多數に被思召候はゝ不及是非廿日と限り可相願奉存候猶無御腹藏御垂示之程奉仰希候仍而此段申上候也恐惶謹言

六月廿七日　慶永

右兵衞督殿

尙々願書は以重臣尊卿御宅迄差出可申哉と奉存候辨事へ指出候方可然候はゝ可指出候得共同しくは同僚又は尊公へ指出候樣仕度此段も相伺候也

右之御返書に小三郞を以御內談且御書中之趣を以御伺に相成候處閑叟は病氣宇和嶋は東下容堂は病身春岳ならてはならぬとの叡慮にて其上之御取計方無之候間篤と御良考御歸國なくて相濟候樣くれ〳〵御賴被成候との御答止ん事なき御次第と相成最早此御筋を以御願之御手段は盡果候に付御歸國之御願は思召被止猶又御國是之立定を種々御評論有之

一今日於　宮中豫老侯　公へ御逢に而先達而御願之上御猶豫に相成有之候御官位之儀更に　御沙汰に相成候筈此度御辭退に而は外之御故障にも相成候間是非共御請に相成候樣被成度表向中山殿ゟ御達に相成事候へ共先つ御懇意之御中故中山殿ゟ御賴に而豫侯ゟ御內意御申入之趣御物語有之由後刻御留守居御呼出に付堀庸之介出頭之處中山殿御逢對に而御演達之趣如左

先達而御官位　御猶豫御願被成候處段々御跡之御運ひも有之事故强而御請被成候樣早々御請可被指出旨

右御官位之儀先達而は肥前老侯御相談之上御辭退に付此度も可被及御相談　思召之處彼御方ゟ御使に而此度は御請にも相成候哉との御談に付御同意之段御返答に相成御直書之御請被指上左之通

先般權中納言從二位

宣下　御猶豫奉願候處今日再應

勅命之趣謹畏承り候也謹言

六月廿七日　　　　　　　　　　　慶永

一同時中山殿へ御書如左

一翰令拜啓候先以彌御安全珍重奉存候抑權中納言從二位先般

宣下　御猶豫奉願候處今日更に御請奉申上候樣　御沙汰之趣拜承仕候

再應之　勅命謹畏奉承候旨　御請卽刻右大辨宰相迄差出候此段申上候

也恐惶謹言

六月廿七日　　　　　　　　越前中納言

慶永

中山一位殿

一此日岩倉殿へ之御直書如左

一翰令拜啓候云々扨は昨日俄に長門宰相入來に付慶永面會仕候處宰相

儀段々　朝廷之儀深く御察申上別而兩度參　朝之節官代之樣子拜觀彼

是種々案勞に而所存被申述候處頗感服一々同意仕候卽今　御一新之折

柄草葬之鄙賤に而も言路御開き被遊候節況や諸侯に而は猶更之儀候へは宰相へ直に參　內候樣申聞候得共只好事之樣相成候而は恐入候旨申聞候故左候はヽ從慶永輔相公へ其段申上早々參　內候樣可取計旨約し置候今日と申而は路途遠方差支候由に付明日參　內之儀從輔相公被仰達候樣奉願候尤宰相參　內候へは宰相所存は輔相公議定而已に而承候樣仕度此儀も宰相へ申談置候慶永今日參　朝之心得候處一昨日於候所左股刀疵を受尤追々快候得共今日一日は是非參　朝之儀御斷申候樣手醫師岩佐玄珪申聞候ゆへ令不參候明日宰相も罷出可申候得は押而參　內之心得に御座候此段不參に付奉言上候也

六月廿七日　　慶永

輔相公閣下

○同月廿八日御衣冠に而御參　內御任敍之御禮被　仰上之

一於宮中岩倉殿御對面に而御申被成候は昨日小三郎を以御談之御次第御

國情無御據譯も篤と相分り御歸國被成度と申も御尤之儀に付則相伺候處鳥渡申上候通り閑叟は病氣伊豫は東下容堂は病身春岳ならては相成間敷其方は如何おもふとの　御沙汰御至當之御儀に付御尤之御儀と及御請候ひき此上は御直に被仰上にも相成候はヽ又　御分りも御宜敷暫時位はと申樣成御模樣にも候はヽ如何樣にも御取持可致候間御直々御願に相成可然との御談に付　公御答には昨日も已に段々難有恐入候　思召之旨相伺候に付先つ一應　叡慮之趣不取敢國許へ可申遣と今朝毛受鹿之介指立候尤種々難澁之譯も有之候へはいつれに六ヶ敷事を可申越哉候へは其節乍恐　御直之儀相願候樣なる事にも可相成哉尙此上に國情承り候上之儀と仕度と御答置之由

一頃日種々之御評議且　朝廷之御模樣等具に被仰含今日毛受鹿之介御國表へ出立被仰付

一幕時前御歸殿に而岩倉殿御談之御次第被仰聞今朝鹿之介へ被仰含候御

趣意に而は御暇御願之儀は最早御手切之御積りに有之所於　宮中は右之如く　叡慮御斷り切り之御手續にも無之又輔相卿ゟ一兩日中雪江被召呼度と御談之廉も有之旁此表之形勢は如何轉變に可相成哉も難計御運ひに相成に付其段鹿之介へも爲心得大津驛迄以急脚申越之且御國論之儀は猶以精々持出之可申夫によつて又於此表御願方も可有之趣も申達之
一此日　天前へ長州侯被　召出所存　御垂問之御儀有之由
一此日岩倉殿へ被遣御直書如左
秋暑之砌云々扨は此日宇和嶋ゟ承候へは議定諸侯之重臣及隊繰出候在京重臣等被　召呼　御對面之上賜り物等之儀當否はともかくも盛意實に謹畏之至に奉存候就夫慶永愚考仕候處諸藩重臣被　召呼賜り物等は先つ第二等にて指當り昨日江戶表ゟ參候穗波三位西四辻少將等實於彼地日夜之盡力就中十五日戰爭等之苦心如何計かと奉存候然るに今日御對面も不被爲在候御樣子兩人之心中如何歟恐入候事と奉存候何分に

も早々被　召呼在勤中苦勞を被爲慰候　勅語等被爲在候御儀御至當歟と奉存候其上に而候伯重臣被　召呼賜り物等有之有無に不拘一日橋本少將穗波三位西四辻少將次て伯耆但馬等も彼等丈け之骨折は感心之事候間橋本始三人但馬伯耆へは酒肴給り候はゝ何れも深く畏入候事と奉存候在京官武及參與邊まても　還幸に付而も　御土産等被下候得共江戶ゟ歸り候者は其功勞心付無之　御手許之者計心付候樣相成候而は少し知らぬ目から見れは私之樣にも相見へ申候此邊例之卒忽今日參　朝可申上と存候得共御繁忙中申上候而も恐入候故以愚筆申上候且又平松甲斐權介先日御用召に而歸京今日迄何も被仰付無之如何哉少し御不都合歟と心付候當然之轉職被仰付候はゝ可然歟と奉存候犯嚴威僣越を不顧云々

六月不盡　慶永

輔相公閣下

同中山殿へ

秋暑云々扨は穂波三位西四辻少將等江戸ゟ歸候に付今日にも被　召呼御對面幷追而橋本少將穂波西四辻等酒肴給り物等之儀に付愚存輔相卿迄申達置候就夫岩倉八千丸歸京候樣承り候間以眞之　叡慮八千丸被召呼　御對面長々苦勞被爲慰候　勅語有之追而橋本始酒肴賜り物等有之節八千丸へも同樣願度候當勤無之候故慶永より申候樣相成候而は却而不宜候故何分にも　叡慮を以被　仰出候樣奉願度奉存候御內々閣下迄申上候間宜御取計被下度候左候はゝ八千丸義に付而は跡々之御都合にも相成別而畏入奉存候此邊之譯合は閣下も御承知候事候間別段不申上候也

六月廿九日　慶永

中山一位殿

○七月朔日今日三岡八郎爲伺御機嫌參上申上候趣は　皇上東方御巡幸に

付而は御道すから之黎民へ御仁政を被施夫より江戸表へ三十日許　御行在に而東之果て迄　御仁政御播布被爲在候而　還幸被遊候へは　御往來六十日と共に九十日に而可及平定歟と見込候故夫丈け之御用途會計も整ひ候故最早御決定に而當月廿日比には　御出輦之御積り之由〇先日下坂之上一番之長者組と唱へ候鴻池鹿島屋始十五軒之主人共呼出方今御一新に付而は　主上御自身に御政事を被遊候御事故宮公卿之御方にも此節は處々へ御出陣諸侯も夫々出軍何れも命懸之御奉公之折柄なるに於町人共は身代は番頭手代任に而自身遊手徒食致候儀相濟不申候間今日ゟ夫々自身之御奉公可致旨荒ら肝を拔候說得に而大辟易之機に投し追々曉諭に及ひ遂に金穴を發き餘財無之所以迄を及白狀候由兩換屋六百軒之内金銀計之兩替百廿軒之者共も暫時は說得行屆强訴願下けに相成總而愉快之處分に及たる由〇後藤象二郎唯壹人布政廳に坐し庶政獨斷如流水罪犯之者は速に斬戮日々數十人を切り盜賊殆と盡たる勢なる由等を御物語申上たり

一此比中御内評議之一條猶又種々論究相成候處御歸國之上御一所に御出陣御鎭撫等之儀唯今之處に而は御發表相成候而も容易なる間敷候へは何分御辭職を先にせられ候方可然との衆議に而其段今朝玄蕃を以申上に相成候處至極御嘉納に而猶後刻委細申上候樣との御沙汰に而午後に至り於

御前一同之討論御聽聞被遊

○同月二日今早朝御國許去る廿九日立早飛脚着本多興之輔朔日之發途延引三日出馬に相成候趣申來る

一今日於軍務官　御征討之錦旗幷大隊旗二本錦之肩驗七百枚御渡有之水谷織部出頭拜受之

一今夕猶又於　御前御討論有之何事も御辭職御願濟之上之事に相成候方御當然たるへくとの議に而愈御辭表に御決し被遊御願意之御次第粗御内定也

○同月三日樞機勤職之面々朝夕出勤御辭表御草稿申談夜に入經御覽尚再

應御講究之上御決定に相成

一此日三里繼飛脚を以御歸國之上北征鎭撫筋之儀於此表は御手出し無之に被決候間此段は御出張先之御專任御國表に而御評決相成候樣御家老中ゟ御國表へ被申越之

○同月四日御辭表御草稿當時諸藩周旋等相心得罷在候面々へ御家老中ゟ開示意見御尋有之夫々申達候儀共有之

一右御辭職御内願之御趣意は岩倉殿へ篤と御直談之上御書面は豫老侯へ御頼に而　御奏達可被遊との　思召に而今日御參　朝之上岩倉殿へ明朝御宅へ御推參被遊度御談之處明朝は御用有之故御斷り明後日御出勤前は御取込に付於　宮中御別席に而御談可被成との御挨拶有之由

一右御辭職御決定之趣今日三里繼飛脚を以御國表へ被仰遣之

○同月五日今日太政官御休日に相成候に付御辭表猶又御研究之上御本紙は御直筆に而御認御別紙は鈴木琢二へ被命相認之

一今夕豫老侯御方へ被爲入度段被仰入處侯今日御兼約に而木御殿へ御出に付御順路にも候へは此御方へ御出可被成との御儀に而岡邸へ御入來に相成御對面之上御一條御談に相成處御時節柄御人少と申御不同意之趣候へ共無御據御次第自他之責讓にも御迷惑之御譯柄等御打割り御談に相成り候も御意中御推察御承知に相成御書面御受取明後日可被及　御奏達との御事に相成

○同月六日今朝岩倉殿へ被遣御書如左

一翰令拜啓候云々抑一昨日於　宮中拜晤之節國情に付申上度儀有之趣申上候處今日於　宮中御別席御聞可被下旨被仰下謹承仕候へ共何分於宮中は難申上奉存候に付今夕慶永退朝より一寸　尊館へ拜趨意衷申上度奉存候此般偏に御承諾奉願候何れ參館之上讓面盡候也恐惶謹言

七月六日　　慶　永

輔相公閣下

右御承知に付今夕御散　朝ゟ岩倉殿へ被爲入御歎達之御次第は御辭職之御一條一と通り御書面之御趣意に而被　仰述候上猶御內々之御實情は今度御宗家格別之御減祿に被爲成候處　公も　朝廷に被爲立公卿方と御同意に而德川氏を御滅却被遊候樣に御國表に而申唱へ何分御在職に而は不相濟と申勢候へは關東臣民も同情に可有之事に而是非怨怒可仕事故其邊御顧念有之候へは如何にも御在職には御堪兼被成候間御免御願被成候段被仰述候處無御據御情實は御深察被成候得共此節御承知被成候通之　朝廷閑叟歸國宇和嶋東下容堂不參勝に而誠に御人少當惑之次第如何致し可然哉と御相談之御模樣に付其儀は實以奉恐察居候へ共天下は元より國許に而すら不服之慶永要職に尸位仕候儀徹底赧愧而已ならす左樣之者勤居候迚決而御爲にも相成不申候已に此節中山殿之如く子息不屆に而入牢にも可相成御調之所父は　御外戚故其儘と申儀　上之御憐愍は然るへき事にも候へ中山殿におゐては在職被致間敷道理にて夫に等しく國元家來之

落合不申主人何之御用に相立可申哉御役さへ被免候へは國情は專ら綏靜に歸候へは判然たる純粹勤　王爲仕度と御申之處出兵之儀は如何との御尋に付夫等之處素ゟ何之差支も無之元來德川氏之如此等に相成候も　朝議之上之事に而不及是非候へは唯慶永さへ在職不致候へは相濟候譯に而勿論　朝廷を奉恨候の何のと申儀は有へき樣も無之只管慶永之在職を憂懼致候至情に而甚賴母敷次第國元之人心は德川氏二百餘年之德澤を致景慕候儀深重故右等之譯にも相成事候へは此心力を直ちに勤　王に盡し候へは恐らく堅牢に而此節之時勢に趨走し口計勤　王々々と申立候歸順之類には無之抔御談合も御打解け御應接も御出來之由唯々御役さへ被免候へは勤　王は度外と申儀には決而無之御用之節は何時に而も馳せ參り可申職に在るをやかましく申立候情態にて畢竟尤至極之儀故最早御勤難被成御運ひ之由御申斷之由御官位御辭退之儀も被仰立候處位を辭すると申事は無之官は辭候へは前官と御申に付　朝廷之御作法野人は更に辨へ不

申一向に不堪を歎訴仕候迄之儀と御申之處前日之如く出兵出來ぬと申樣之事候へは怒ると申張合も有之候得共今日之事は御尤なる事共に而當惑之外は無之との御挨拶に而有之由暮時過御歸邸被遊

一此夜二更後御國元四日立三里繼飛脚着　殿樣御脚氣御爾々無之に付五日之御出馬御延引相成御陣先之儀は本多興之輔へ御委任に而今四日出陣に相成由○毛受鹿之介去る二日到着に而此表御評議之次第於御國許御同意之趣等申來る

○同月七日今朝豫老侯へ被進御直書如左

一翰令拜啓候云々然は昨六日退　朝ゟ輔相卿へ參上委細申上候間願書輔相公へ御差出可被給候仍而印判肉進上仕候御落手可被給候也

七月七日　慶　永

宇和嶋宰相殿

右御返書如左

貴翰於　朝廷拜閲云々陳は昨六日輔相卿へ御越委細彼仰述候故御願書
指出候樣即爲念先日入內覽候處披見之末懇切被申聞候次第も有之候故
今夕四字過ゟ容兄へ相談に及候末一寸參趨御密談可申上一昨夕位には
出候半と存候頓首

星夕　　　　　　　　　　　　　　　　　長　　　面

越老　明　公

右御報已前此御方ゟ被進候御書と行違ひ彼御方より被進御書如左

昨日者御退出より岩輔相御對話委曲御事情承知如何計當惑と存候何れ
後刻參　朝御書附指出可議尙亦容堂兄ゟも別紙申來返事は不遣候文之
長短を論候位故今日あの儘可指出と存候尙追々可申上候恐々頓首

七夕　　　　　　　　　　　　　　　　　長　　　面

銳　鼻　大　兄

一豫老侯を以　御奏達相成御書面如左

慶永不肖之身を以　御一新之折柄高官重職を辱候儀深く恐入罷在候處方今不容易御時勢に押移候も其起源宗家德川氏より出候儀に御坐候へは支族之慶永猶以日夜寒心恐懼仕居候事に御坐候乍併德川氏之儀は慶喜伏罪恭順之次第被　聞食寛典を以社稷保存被　仰出候に付聖恩感戴益恭謹罷在候趣には候へ共其黨類幷脱走之家來共今以　官軍に抗し鎭伏仕兼奉惱　宸襟實以不堪恐懼之至奉存候夫に付國情も亦不得已次第御坐候仍此儘在　廷罷在候而は宗支之纒累大方之嫌疑責讓も難免　朝廷之御爲にも難相成候間何卒格別之　御憐愍を以當職　御免被成下候樣奉願上候猶委細之儀は以別紙申上候間偏に奉仰恩免之　御沙汰候以上

七月　慶永

抑客冬大政　御一新之際尾張大納言幷臣慶永德川氏一件周旋之御內諭を奉蒙候得共庸才駑鈍にして盡力之所詮無之而已ならす遂に正月

三日伏見之兵事に及ひ恐多くも一旦　御親征迄に立至り其後徳川氏は降伏謝罪にも相成候得共其黨類幷脱走之賊徒蜂起爾來半年干戈未止今日之形勢往々は　皇國之御危殆とも可相成哉之次第も畢竟徳川氏ゟ發起候事に而支族之分に而は不堪恐懼之至候況や臣に至候而は全く周旋鎮撫之力不行屆故之事に而奉對　朝廷候儀は勿論海内外幷宗家祖宗に對し終天之遺憾涕泣恐懼此事に御坐候初め徳川慶喜謝罪恭順之筋におゐては慶永乍不及多少盡力仕候事に而斯く恭順を誘導仕慶喜眞に悔悟謝罪之誠意貫徹仕候はゝ徳川氏臣子末々迄も離散不仕　皇國之動亂にも不立至生靈も塗炭を免れ候樣可相成歟と仰望仕居候處其秩祿被　仰出候末は徳川氏之臣子多數流離に可及體と相成就而は其服事之臣子は不及申浮浪と相成今日之糊口に窮候輩に至候而は猶更無限之失望に而日夜悲歎可仕義と於臣も慘怛悲痛を極め將た賊焔も夫か爲に消滅仕兼候歟と恐懼仕候且大納言儀は春末歸國致

し支族中に在て臣獨從舊冬至今日迄　廟堂重職を辱居候事故德川氏一條之　朝議に於て臣悉く參與可申儀は天下之俱瞻に當り德川氏之御處置に於て宿望違算に相成向には支族たる臣か恬然知らさる如くなるを憤怒可仕儀は必然之勢と奉存候乍恐弊邑も德川氏支族之臣民に御坐候へは自ら右之氣勢を帶ひ居候故何角に付於臣深く心痛仕居事に御坐候其上慶永在職仕なから　朝廷宗家之爲に一身を果し得不申事之爰に至るを坐視し自他之責望を受候而は盡忠補過之道を失ひ不信不義之罪悔に落入可申歟と臣民一同案し兼候も　朝廷之御模樣不相辨邊鄙之國情に而恐入候得共是亦臣子忠愛之情義に出候事に而實に無餘儀筋に御坐候右は春來德川氏一條に付而は　朝廷祖宗之爲に十分肺肝を吐露し　廷爭力を極め可申節にも御坐候處其期を失し今日に至り懵然在職仕候故右等之罪責を得候事と反求候得は臣之聚怨積怒を來たし候緣故も亦實に不能免所以に而心魂に徹し日夜戰兢踏

氷之心地に御坐候かゝる薄德菲才之身を以因循在職仕居候儀は奉對
朝廷不堪恐懼之至又厚顏を拭ひ衆人に對候儀不堪愧赧且國情疑懼を
抱候も不堪憂慚右三不堪之情實ヶ樣に陳述仕候上は是迄之面目を以
再ひ廟堂に相立候儀は難出來奉存候へは何卒此上之　聖恩を以速に
當職被　免候樣奉願上候過日は歸國之上越前守へ申談右件奉願上度
と奉存候得共追々時機切迫にも相成候得は當御役御免被成下候得は
國元へは重臣指下し越前守申談し國情慰撫仕臣民末々迄無顧念勤
王一途之御奉公快然勉勵爲仕度儀と奉存候呉々前書之次第に而在職
仕居候而は第一御爲にも相成不申大方之嫌疑も不少隨而國情も落合
兼進退相谷り候心情深く御憐察被成下速に願之通　御聞届被下置候
樣偏以奉願上候且又當官位之御敍任は御役に付候儀とは乍申祖先に
超越仕過分至極之仕合に付先達而は　御猶豫相願候所此頃に至り再
命殊に別段御垂諭も御坐候故難有御請は仕居候得共殆不堪恐縮日夜

安んし兼罷在候折柄にも御坐候得は御役御免相願候に付而は此儀も更に御辭退奉申上度奉存候間是亦被爲聞食候樣奉願上候事に御坐候

七月　　慶永

一夜に入豫老侯御出に而御內談有之候は今日岩倉殿へ御書面被入御內覽候處兩三御懇覽に而御申聞候は御書面委曲に過き御趣意御分り兼被成候得共卿は御直話も御聞込故御疑念も無之候得とも何も心得ぬ者致拜見候而は何やら怪敷可有之イッソ會津に同意とか德川之御處置か不服とか明白に有之候へは宜く又國情々々と嗚呼ヶ間敷相聞候へ共本多興之輔田內源介外に兩人申立候者有之由此者不辨候はゝ呼出候而無餘儀御趣意　朝廷に而御說得相成候而も宜候閑叟之事に付而も　主上殊之外御案勞被遊候御儀此度は猶更と存候へは餘程瞭然たる事ならては難達　叡聞候間御書面は先つ岩倉殿限り被預置候段御申之由御物語有之に付公被仰候は嫌疑之儀は被成方も無之候御儀眞實之心底は申上候通り之事に而候乍併國

元ゟ家來御呼出御說得被下候と申事も事立候迄に而分明之儀も有之間敷
國情之儀は雪江に而も被召呼御糺に相成候へは目立も不致御分りに可相
成歟と御答置之由
一今晚飛脚被差立御辭職御願被指出段御國表へ被仰遣之
〇同月八日昨日御辭職御願書被指出段今朝諸向爲心得御家老中より申聞
有之御願意約文を以被爲見之左之通り
亂階德川氏に起り夫も御周旋御不行屆故に而御恐縮之御儀なから倘慶
喜公へ御恭順御勸めあつて夫は行はれ候へ共御處置之末缺望流離之向
有之賊焰も消し兼候折柄御宗族之內に而唯御壹人　朝廷に被爲立大政
御參與故德川氏御處置之次第も惣而御同意に而御救援之思召は不被爲
在事歟と德川氏始天下之責怒を御一身に御引受御困窮至極と申御國臣
民迄御在職を屑とせす忠愛之情とは乍申是か爲に御國情落合兼候は甚
以御心痛之御次第と申春來御十分に御廷爭御盡し可被遊節に有之候得

共御盡し被成兼候御儀共有之今更被對　朝廷候而も御濟不被成聚怨之來るへき所以も有之重々之御不調法と御自反被遊候上は最早　朝廷には立せられかたき御譯合と相成候へは何卒御辭職あつて自他之情懷をも御慰撫有之當今之御勤　王も御純一に御奉公被成度樣に御庶幾被遊候御事に而此上强而御在職御坐候迚御爲にも不被爲成御嫌疑も有之御國情も不穩候得は旁以御歎願之筋御憐察あつて速に被　聞食候樣との御願なり右に付而は御役に付たる御過分之御官位も御辭退被　仰上度との御趣意候事

○同月九日田安御番頭御用人大澤甚之亟上京參邸に而拜謁相願御逢有之同人ゟ江府新聞○田安御舘燒失に付德川公淸水御舘へ御移住之處　靜寬院宮樣御引移に相成に付大半御取切り　龜公は表御住居田黃門卿は八疊敷一ト間に御住居御側向御役人打込に而八疊敷二タ間ならては無之極御困窮之由御簾中樣御始は御下タ屋敷へ御移之由○江戶形勢亂體不可言翁

屋といへる料理屋之周旋に而婦人西丸へ入込淫樂甚敷總而婦人といへは美醜となく流行し鳥追ひ花見等櫻田邊終日揚け詰之由兩國川開きには惣督宮始御見物に而殊之外繁盛之由

一此日雪江本多邦之輔寓往訪之節新聞○此度於江戶表五百石已下之御旗本御暇に相成候に付一同に下谷邊へ屯集せしは先達而之上野には事變り唯途方に暮れたる餘り誰言ふとなく寄り集り歎き合ひたる迄之事之由其他も看すく流離に就くへき有樣不忍見體に有之由夫に引換歸順之旗下は本領安堵といへるは冥加至極難有事は申迄も無之候得共舊主家如此なるを見聞しては難忍次第故　日光神宮へ爲御初穂三四十萬石之獻石御譜代衆一同申合せ候はゝ可相整邦之輔抔も三千石之內千石は獻納之心得に而同志申合せ有之事之由

○同月十日今朝豫老侯ゟ御來翰之御返書如左

今朝は御書通拜見云々陳は今夕御大議に被爲在候故參　朝可仕旨敬

承仕候此頃之憂痛故歟又々發胃症其外に春來之宿痾痰に交り聊血吐き申候尤爲指事には無之候今度は下痢は無之候其上願中と申別而恐入候故無據難罷出候此上は土宇兩賢公十分之御盡力奉希候御模樣相分り候はゝ御垂示可被下候右貴報旁臥褥中亂筆御海涵奉希候也

七月十日　慶永

宇和島宰相殿

一同日戸田大和守殿へ被遣御書如左

今日は秋暑云々一岩倉卿へ今日未刻面晤之次第有之に付雪江罷出候樣家來ゟ以書通申來候何れ今夕は分り可申其模樣により今夕明朝之內雪江貴館へ差出可申候一小生辭職之儀に付何そ御聞込も候はゝ御內示奉願候且又今日新聞も候はゝ乍御面倒可被仰下候書外期面晤候也

七月十日　慶永

戸田大和守閣下

一今朝岩倉殿執事ゟ雪江迄手簡を以今夕未刻より申刻迄之内參殿候樣申來候に付未刻過參上之處卿御逢有之此度之御願に付國情之儀猶又御尋に付逐一申上候處無御據御次第御承知に而御願通り御取計可被成候間　御表樣御出馬之御程合御申上有之共上之御歸國に相成候樣左なくては割據なとゝ申唱へ候嫌疑も有之候間右御頃合之儀早速御返答に相成候樣との御儀に付罷歸申聞候上可及御請段申上引取右應答之次第如左

△輔相公御申聞被成候は過日春岳公御出に而御親話も有之宇和島ゟも承り御書取も落手春岳公之御如才なき御心中は能分り候へとも御國情之所何やら御趣意取れ兼難及了解夫故未た評議も不致握り居候此節御人少之折柄　上へ申上候へは　御心配も被遊候御儀故御國情之儀も委敷承り實に不得止情實篤と相分候上ならては　奏聞も致兼候故此比中も呼出承り度と乍存多事に而今日に相成候元來國情〱と申而ドノ樣なる物に候哉

と御尋に付〇雪江及御答は書面にも御坐候通り國情ヤカマシク申立候へは即今に起り候事之様に相聞候へとも素々一朝一夕之儀には無之抑去る戊午之比舊幕徳川氏建儲之儀に付彼是致周旋候處大シクジリを致候儀は御承知之通りに御坐候共砌之國論諸侯なれは夫々藩屏之任を固守致候へは可相濟事なるを及ひもなき天下之事に手を出し成功無之而已ならす自國迄も壞り候との議論發起仕候か濫觴に而其後は隱居之事猶更天下之世話には及はぬ事心力を盡して益なく品により是迄之名節をも誤り國家之禍害も引出し可申候へは隱居らしく國元に引込居り國政向之手傳にても致候へは士民一同安堵に而其德澤をも可蒙處其儀は餘所にいたし度々之上京は上下一同兼々重疊不服に相成居候乍併〇〇におゐて報國之志願に御坐候故上京之評議毎々イッテモイサカイヲスル様に致し致出立候は定例之事に御坐候別而昨冬之處不容易時勢と見込候故士民ともに上京はサセヌト申程之勢に御坐候得共宗家たる幕府政權を還し奉り　王政復古に

も可相成折柄　朝幕之召命難辭と申遮而上京仕候事に御坐候右樣之國情も無理ならぬ譯も御坐候は度々之上京には御坐候へ共一度として是れと申成功も見へ候廉は曾而無之イツモ仕方ガナヒヤウナル事に而歸國に及候不手際を見透し居り深く案勞仕候事に付昨冬來之上京にも早春已に大敗を取り其後迚も宗家より起り追々不容易御時態と相成候事に候へは兼々之憂勞一層相迫り且此度出兵に付而も在職に而は德川氏方より見候處は朝廷に立ち甘んして宗家を倒し候樣にも怨望可仕又德川氏ならぬ方にては何角に付宗家之爲にするかと疑はれ兩方共に覺へもなき事に困窮仕候處か則〇〇におゐて立　廷に堪兼候所以に御坐候國情も亦日誌中に甲州にて賊よりの口上に尾張彥根へ懸合度と申せし如く〇〇在　廷に而如此なるは如何んと打込れ候得は言譯之有無は扨置天下に對し國辱と申もの夫是を致遠慮候へは何分にも辭職致し國元へ引取候へは天下善惡之批判も受不申片身狹きことも無之筈と申國情に御坐候△夫は聞へたが左す

れは宗家へ對し言譯のなひか重もの事と見へるか宗家は七十萬石て承伏して居るを左樣に懸念するは又宗家のもり返した時に言譯かなひと云ヿかと被詰候に付〇左樣之事は存しも不寄事にて盛り返し申は何事か辨へ不申候且當時之恩典被　仰出最早德川氏之事は了し候末故君臣共に口を絕ち申出間敷とは奉存候得共如何んせん天下今日之形勢惣而德川氏に起り候へは口を開けは必德川氏に及ひ申さすして適ひ不申誠當惑之次第に御坐候越後口之儀は諸藩の兵隊のみ差出候向と違ひ自身出馬之儀にも候へは他に讓らす權宜之取計も可仕儀共節に臨み候而も關心之事有之候而は十分に參り兼候は人情之是非なき處に御坐候世上に而會に薩長を向けては互に舊怨有之迚も果しは無之と申居事候へは弊藩も此連中に而見樣聞樣に依り尾州彥根を使ひ宗家を伐せる根元之議定に懸り居り候職分且此度は我藩を以て征伐するは宗家之枝葉迄も斷絕の心なるやと見込候はゝ益窮寇と罷成　大惣督府之御成功迄を害し可申かと存候か出兵に付て

之勞心にて又右樣に鳴らされ候而も形迹上に於而其通り故其心デハナヒト申言譯も出來不申候又此度於關東五百石已下は惣暇に相成候由今日より看す〳〵流離に就き候面々抔はアワレ○○要職ニ在ッテ何トカ致シ方モナカリシカと思ひは致サヌカと心有者は實に斷腸之至にて如何にも御役場に立居兼候此邊則言譯のなき大略に御坐候△サラバ會津を憚り候か會の必誅はケ樣〳〵ト三日已來陳腐之罪責を數へ立ラレ是デモ尙伐ッベカラザル處アルカト被申○會之儀は御意之通り正月三日之妄動ニヨッテ尾越ノ成ルニ垂ントセシ功業を空しく致候而實に千載の遺憾怨ミコソアレ憚ル譯ハ秋毫も無之勝負ハ運次第ニ候へハ戰之上ニテ急度勝ト申受合は難仕候得共議論上之事候へハ決シテ會ニ負ケヌ覺悟ニ有之候△會ハ夫レトシテ此　御一新之折柄樞要之職に在りて忠勤被致候主人を彼是と申勤メサセヌ家來又此時節家來ノ爲ニ忠勤ガ盡サレヌ主人此處如何○兩樣共御見取り次第に而御意之通りにも相成候元來越前守儀は當勤之事故國

家を以　朝廷へ御奉公可仕覺悟に而則此度之出馬等素ゟ所不辭に御坐候
又〇〇は隱居之事國も無之故一身を以　朝廷に御奉公仕候儀今日之通り
に御坐候然る處身に取候而は難遁罪責あるを自反し國に於ては主人を危
地に立たせ候顧念有之而は右父子兩途之御奉公兩ツナカラ共ニ純一ニ相
成兼候所則即今之體態に御坐候仍之御憐愍を以御役さへ被　免候へは身
も快く相成擧國勤　王之勉勵も爲仕候手傳も出來申候國情も內顧之心を
去り潔く北征に就き可申儀故恐入候事ナガラ及歎願候事に御坐候過日歸
國相願候節　叡慮を以御指止に付其段鹿之介を以國許へ申遣し國許に而
評議中に又辭職之願指出候運ひを申遣候處返事如此申越候是に而國情御
推察可被下候と鹿之介書狀共儘呈覽之處熟讀之上
　以內狀得御意候先以　上々樣益御機嫌能奉恐悅候然は去る三日發御
　家老中內狀今五日九半時過北着　中納言樣御自責之御決心に而四日
　御辭職御願御差出に可相成云々御申越誠に乍恐難有思召一同大早之

雲霓雀躍仕候右之御果斷に而は　朝廷にも可被　聞食無程御歸國も佇立奉待上候則今日は御用部屋へ評定衆打寄昨便一寸得御意候御國議御持出し之儀種々細議中右御告便に而いつれも快然相成第一　老公様　殿様之御出馬を御案思被遊候　思召且　君上　老公之御歸國を頻に御案勞被成候儀も兩なから消し可申右御辭職御願出候計に而も北越鎭撫之一助に可相成況や　兩君御一座御熟談に相成候而追々朝廷へ御建言等相成候はゝ重疊申迄も無之御國情も一定十分兵機之强みにも可相成と存候依而は昨日得御意候御國議御持出に可相成に付一兩日之內此表ゟ御人又は書取を以御相談可相成候間夫迄之所は何分是迄之通に而此表之御左右御待被下候様致度と申上候儀萬法皆無益に相成候間都而御取消被成候様致度候何事も不遠拜晤萬々と申留候以上

七月五日　　　　鹿之助

追而愈御安健奉賀候僕無恙歸北兎仝相勤候間乍憚御降意可被下候

何角之御厚禮は不日拜鳳之上と草々頓首

雪江様

△春岳公初其許毛受青山等此表に罷在候面々之誠意は疾より洞察一點之疑無之候へ共唯國情々々と申而何ヤラ分り兼候故段々相尋候次第又此書面を見候へは如何様にも困ッタ物此上ハドウモ仕方ガナヒ御願通り御取持可致乍去實に見受候通り之御人少故宇和島之東下御指留ニテモ可相成歟何分先日之歸國止り　大御安心被遊候處又一倍増之退役と申上候而は實に　御當惑御心配も可被遊と上下之間に立痛心を極め申候此處は推察可給又一段退役相成候而も時節平定之上は是非再度上京無之而は相成不申其邊は如何可有之哉〇眼前行當り御困難之場合を免れ候へは御時節一變平定之上は再上は勿論之儀と奉存候何分方略宜敷ケ様なる多難之節之御間には合兼候而已ならす如此嫌疑衆怨を負ひ居候而は　御爲にも相成

不申候△夫は其通り申にも不及候へ共守成之時に至ては無くて叶はぬ人體故御平定之上は呉々上京に致度候扨御歸國に相成候事歟と被申候に付○唯今は相願ひ不申候へとも退役之上は是非歸國も相願申度又逐々申上候通り國情と申立候得は事六ヶ敷相聞候得は約る所○○を京にさへ置ねはヨヒと申手短成事に歸し申候則鹿之介書面之通之意味に御坐候へは歸國不爲仕候而は承知も致間敷候△其處に六ヶ敷事有之候は此方に於而は越國君臣に疑は無之候得共衆口難塞父子在國之運ひに相成候へは先日來も國情曖昧之沙汰も有之所に候へは扨コソ割據とか何とか色々之嫌疑論を起し可申左樣相成候へは一人之力に難及御國之御爲にも不相成事に立至候而は不相濟事候へはナント御病氣相違も有之間敷候得共此間賜たる錦旗を捧け御出馬に相成候儀は如何其決定さへ相見候へは百難消滅勤王無二之實効現然候へは春岳公之歸國も指支有之間敷夫は出來ぬか○勿論出馬ハ致サネハナラズ致ス心にて一段日取布告も仕候事候へ共病氣之

事故不及是非候例年よりも强く相發し折惡敷儀と一同心痛仕居候出來さへ致せは明日にも出馬可致候△病氣ナレバ仕方ハナケレドモ行先キ直に戰場に臨むと申にも無之由又途中に而逗留養生と申も出來可申兎も角も一段出馬ナクテハナラヌト被申に付○是は此御席に而は何共御請出來不申候罷歸申聞候上に而御答可仕に申上候處御承知に而△御見込立候はゝ御自筆にてなり又其元書取にてなりども早速御返事有之樣致度左候はゝ御願之處は精々取計ひ可申と御申聞に付段々御懇示之御禮申上及退去

一右之次第歸邸之上及言上處彼是及晩景候付今夜可被及御評議との御沙汰なり

一夜に入御家老中始要路之面々被召呼岩倉殿被申聞候趣種々御討論有之上御直筆よりは雪江書取之方可然との御儀に而御決評之次第左之通雪江相認明朝御指出に可相成筈也

昨日御懇諭之趣罷歸○○へ申聞候處段々不一通情願御憐察を以御聞

居被下御敎示之次第難有敬承仕候旨に御坐候〇〇〇病體少々に而も
快候得は出馬仕候儀は十分治定仕居候儀には御坐候得共素々病氣之
事に御坐候へは於此表幾日比出馬可仕と取極申上候儀は仕兼候就而
は願之通御役さへ被　免被下置候へは國情も半に過き安定可仕儀に
付其上歸國仕候而彌增諸方之嫌疑を受候而は不本意千萬之事に奉存
候間〇〇〇出馬相分候迄之處無役に而此儘在京仕居愈出馬日限取極
候上に而御暇之儀奉願上度奉存候間本願辭職之儀は一日も早く　御
沙汰相成候樣乍此上御取成之程幾重にも奉願上候旨に御坐候右昨日
之御請私を以申上候以上

七月十一日　　　　　　　　　　中根雪江

〇同月十一日今早朝雪江岩倉殿へ參殿昨夜之書取封物にいたし執事を以
呈達之處唯今客來に付御對面は無之書面之趣意能々相分候間夫々御取計
可被成條安心罷在候樣御申出有之

一右等之御運ひに付　御表樣御出馬之御程合に而　公之御進退も御決定可被遊候儀と相成に付御國表之御都合如何可有之哉此表之御次第御申越御出馬之御模樣も可有之儀に付其邊申上取調旁大宮藤馬早駈に而御國表へ被遣之申刻過出立

○同日夕戸田殿へ罷出候樣被命に付申刻過參邸之處對話有之候は此度之御內願は如何之思召候哉此儀に付而は三ヶ之大事有之儀と相考へ候其一は御辭職御歸國にも相成候はゝ必天下諸侯諸藩之人心に係と被存候是岩倉殿抔も心付無之事に候へ共人心離反變動を發し可申事に而　朝廷之御爲に相成不申是一つ又德川氏之宗族一人も御在京無之事と相成候而は宗家之御爲に相成不申候御周旋御盡力御不行屆に而御面目無之との御事に候得共大事之成敗御一人之御力に可及事にも無之は衆人之知る處に有之追々龜之助樣御上京御參　內抔と相成候節御介添申上候者無之而は相副ひ不申其節御在　廷に而御世話被成進候はゝ夫に超へたる御厚誼も有之

間敷徳川氏臣子御盡力不足と存候者ゟは却而御依頼申上候者之方多分なるへく候へは旁御在京被成候方何角に付徳川公之御爲可然と被存候是二つ又御譜代之面々歸順之旗下等　廷に立候向も專ら　公之御在職を手寄に致候事則秋月とも申合候か御退役と相成候而は自分始誠に方向無之心地と相成候水野和泉抔も大歎息其他御譜代旗下一同倚頼を失ひ候事と相成候得は御歸國とデモ相成候而は孰れも在京難致と申程に歎き居候事に而是亦大に時勢之關係に而候是三つ也已上之三件不容易事に候へは何分御辭職不被　聞食樣致周旋度と存候ヨシ又其儀不相適候はヽ御役は御離れ被成候而も　朝廷に而は厚く　御倚頼と相成有之大事件には必御參議可被成事に相成御在京有之樣致盡力度と存込居候へ共先日岩倉殿之模樣承候上と存し今日及相談與被申に付岩倉殿に而之次第逐一申述へケ樣之譯に相運ひ有之候へは辭職願御妨け被下候而は迷惑至極に候何卒免職在京位之處に而御指置被下候樣及笑談其他雜談に而罷歸る

○同月十二日岩倉殿へ被遣御書如左

一翰令拜啓候云々扨過日ゟ懇願之筋により一昨日雪江被召呼段々御尋問被成下御懇篤之御教示被成下深重謹畏仕奉感謝候右御禮申上度如此に御坐候恐惶謹言

七月十二日　　慶永

右兵衞督殿

別紙

一慶永所勞罷在平臥中別に致方も無之所藏之書册之内一覽仕候處條約十一國記至極簡易にして西洋不心得之者に而も分り易候故乍恐天覽被爲遊候はゝ能く　御分り可被遊歟と心附候故一部取寄候間　閣下迄指出候不苦候はゝ宜御取計奉願候

二定而最早御承知と奉存候阿波中納言肥州艦乘戻に付去る六日午刻國許乘船之爲知御坐候

三上杉侯越後口出馬之風聞有之尤不悦候
四佛人窃に會津を助け候風聞有之此邊委細戸田大和守へ御尋可有之事
五官武一途之御趣意に付而は以來補略書法最初公卿是迄之通相認め其末へ諸侯官位年齢實名等被書載候て可然奉存候事但府藩縣と有之候へは藩も亦天吏と相成候故也
六三四之ヶ條は小生ゟ申上候は御内々に而戸田へ御尋被爲在候とも閣下以思召風聞御聞込と申事に而御尋問奉願候事
七德川家々來官位被停候儀は別段に御坐候近來承候へは近衞家始諸大夫等は諸大夫に而　御所へ參勤仕舊主人に居候はヽ辭官位候樣之事之由承り申候然る上は尾紀水三家加州等家老諸大夫被停官位候儀至當と奉存候
八中川修理大夫出兵一條に付軍資金五萬兩從軍務官被仰出候由承り申候右之趣意は慶永篤と不心得候故可否難申上候乍去以來は何卒諸家共

出兵被　仰出軍資金取立被　仰出等之大事件は於軍務官自由之權を廢し一々從軍務官議定參與之評議に相成遂に從輔相御伺

天裁之後行政官に施行候はゝ大に可然哉と奉存候右愚衷之儘麁忽奉言上候也

七月十二日　　慶永

輔相公閣下

右御返書

華墨謹承候今來對客中實に一筆御請申入候而已高免來示之條々寔以可恐可惡之事に候右者兎も角に所詮速に手留に不致候而は萬々不相濟大に心得に相成深畏存候乍此上御聞込之事は大小となく御示諭可給候樣伏而冀上置候仍早々如此候也

即時　　對岳

御受

○同月十三日今夕七時比ゟ雪江參邸候樣土州老侯御内下村銈太郎毛利恭助ゟ御留守居迄申來に付同刻參上之處良久爲御待夜に入御逢有之被仰聞候は此度御願之一條昨日輔相より談有之に付御願之通に而可然と可及挨拶かと存候へ共猶又熟考と存し卽答不致夫ゟ段々及思慮候處唯今任に不堪事を申候へは我等は不及申輔相始同斷之儀御國情と申處如何樣之次第に候哉唯今亂になると申程之事にも有之間敷共巨魁之奸臣とか暴論とか申者を御所置有之候はゝ落合はぬと申事も有之間敷誰そ上京デモ致候哉と御尋に付及御答候は誰巨魁と申事も無之春嶽樣御在京を好み申さぬか國民末々迄之同情に有之候先日本多興之輔始松平備後其外五六人議論家致上京候得共是は此度之儀とは別事に有之候と申上候處國情不安に付御辭職と申も御申立とは乍申當今之形勢に而春岳殿御引籠に相成候而は天下之人心に致關係不容易事柄も出來可申又　御誓約と申事も有之處其御趣意にも御背き被成候姿旁被對　朝廷御爲には相成間敷身を潔くすると

か名を汚さぬとか一已之御私に可相成候此方抔も御役に立す職分も濟ます見詰もなけれとも引て御爲に相成るよりは人心に障る丈けか御不爲故如形尸素罷在候次第春岳殿にも只今彌御引込と相成候へは第一　御誓約に御背き隨而上國之亂階を越前より御引起し被成候と申す唱へに相成候はゝ　朝廷にても決而御首尾宜敷儀は有之間敷國論不穩候はゝ巨魁を捕へ夫々處置可致其儀於手元取計兼候はゝ從　朝廷御處置可被成抔と申事に相成候はゝ御國辱にも可立到共邊篤と御尋思有之思召止りに相成候樣致度次第柄により甚御不都合にも可相成と存候へは親友之誼不能不言故存し通り申上るなり御聞届に可相成歟如何思ふと御申に付其處は何共難申上候得共國之破れに及候事は此儘に致居候而も破れ可申勢故御願にも相成候事に而元より徒は濟ぬと申は御覺悟之前候と申上候處併夫は投け置候ても急に破れる氣遣は有之間敷是は端的に奸臣處置抔と出て來候へは直地に破れと相成候此處を能々御思慮被爲在度と懇に御忠告に付何分

罷歸御意之趣逐一可申上と及御請候處孰れ明夕は御返辭伺旁罷出候段申上候樣被仰聞相濟歸邸之上右之趣申上候處別段之御忠告に候へは一と通り之御答に而は御承知も被成間敷又一と通りに可被成置御譯柄にも無之候へは猶又御熟考可被遊候間一同も申合之上申上候樣との仰せなり

○同月十四日於辨事局西四辻殿御渡御書付左之通

大坂地是迄外國人開市相成候處今度改而開港被仰出候間此段爲心得申達候事

七月

一今朝豫老侯ゟ御來書如左

拜啓秋暑云々將亦御退職御歎願之儀に付輔相卿ゟ容兄へ內話之儀有之同兄昨日御面晤に而御奉職被成候事不及御懸念候樣相整候はゝ實に上は被爲安

叡慮　朝廷は輔相相始再得大依賴幸甚々々可賀之至と存上候御模樣

御密示被成下度容兄にも武臣に而は獨立甚當惑之儀も談合候恐々謹言

七月十四日　宗城

越老明公閣下

右御報如左

今朝之華翰拜讀云々扨は小生退職一條歎願之儀從容兄輔相卿へ御内話被成候事に付段々御懇篤之御垂諭奉謝候容堂兄昨日光車之筈之處小生昨日發胃症下痢斷り雪江指出し罷歸相達今夕容兄入來之筈に候黑白分り候はゝ早速可申上候貴報如此に候也

中元前一日　慶永

宇和島宰相閣下

一昨日土侯御忠告之一件猶又御内評相成處何分御申出し次第是迄公にも無御心付事に而如何にも姦臣御處置抔と被　仰出候而は事實に不拘御外

聞も不宜且御辭職に而人心之動靜に致關係候儀は實に左様に可有之と兼而被　思召候事に而眼前之御不爲と申せは　御不爲に相違も無之候へは猶又容堂君御傍觀之御談論篤と御講究之上共に眞之　御爲を被盡候御立志候はゝ御同様に御進み可被遊御儀に候へは先つ容堂君之御淵底を御叩き盡し被遊候上之御決定可然と御內決に而愈今夕御來駕之儀以御書簡被仰進之

一今夕申刻ゟ土老侯御出有之於御三階御對話猶又御辭職に付御見込之趣御討論に相成候處昨夜雪江へは半はならては不被仰聞事に而其上之御深意は是迄御因循之御勤向は御同意御不本意之御儀故今後吾公も御同意候はゝ眞に　朝廷之御爲に相成候様御奉仕被成度且此末は大亂割據とも可相成勢ひ其節に當り　朝廷を擁し居らすしては勤　王之御手は伸ひ不申此邊之前途を思召廻らされ當時之處は御忍ひ被遊候様との御存込に被爲在旨眞成之御懇款に而如何にも遠大之御見込御尤之儀と思召又當然之處

も是迄は御苟且勝之御勤方に被爲在候へ共已來は　朝廷之御爲眞條理を以御論談可被成との被仰合に付　公にもさらは御引き被成候時は必御一所に御引き可被成との御論定に相成御沙汰次第御出勤も可被遊と御決に相成由

一右御談濟之上なりしか容堂君御三階より御下り被成雪江を被召被仰聞候は云々及御懇談候處御辭職思召止りにて御沙汰次第御出勤可被成との御事なり今後之時勢を想察するに兎角　輦下を離れては勤　王も難相適候へは萬一之時に臨み岳公と御一所ならては事は成しかたき故御留め申上たり御家老始是に而納得出來候哉如何唯今返事承りたし明日迄は御待難被成と御切迫之御意に付何も申談之上可及御請と申上此日は老侯之御對話は御進退之御所決御大事之儀故何も相詰居候事に付於其席容堂君御意之趣申談する處別段之御見込故其上兎角難申上於御家來共異議無之と相決に付其段御對話之御席へ罷出申上之退座す夫より猶御閑談之上戌刻

後御退散なりき此節之御餘談に此比於土州も御國許より六十人計徒黨上京しヶ樣之御時節に御尸位に而は御職掌も不被爲立御儀候得者御割腹を御勸め申上候と申勢之由右に付思召有之御勤職之處不當之申立不屆至極との御譴責に而首惡之者罪咎被命其餘も閉蟄に而漸く平定之由

○同月十五日昨日土老侯と御談合之次第猶又今日修理方へ御示談に相成處同人申上候は萬一之節と御坐候而徒に御待被成候樣に而は際限もなくして矢張是迄之御振合に而御出勤被遊候而は御辭職被仰立候御所詮も不被爲在候へは何卒此樣を以第一老侯より御押詰被遊御同意に而天下之結局を　朝廷へ御伺取被遊候事に相成候はゝ夫よりして諸端自ら開通之運も可有之候へは幸ひ明夕は侯にも御入來之御儀にも御坐候間再應御熟談被遊度且上と上計に而は事に依り御手支之筋も有之候得は御家來同志も赤心を披き申談置度と建言之處大に可然儀と御嘉納に而侯之御腹心深尾鼎下村銈太郎之内御指出に相成候樣被成度段以御直書被仰進之

一今度江戸を東京と可被稱　詔書幷御副書共近々御布告可相成に付岩倉卿より議定之御方々へ御廻示有之御意見御尋問に付御附紙を以被仰上趣左之通

謹承別存無御座候得共

御詔文乍恐漢文ニチカク衆人ノ了解如何可有之哉今一層俗文ノ方却而可然歟　行宮ヲ置キ天下平定ノ後

親臨ノ御文被入可然歟慶長年中幕府ヲ江戸ニ開ク云々臣按スルニ將軍　宣下ノ後ニアラサレハ幕府トイヒカタシ家康ノ江戸ニ封セラルヽヤ天正十八年四月小田原ノ役豐臣秀吉ト相談ニテ江戸ニ城ヲ築クヲ謀ル文祿元年江戸城ヲ脩拓ス慶長八年二月

天皇以家康爲將軍職コレヨリ幕府ノ名アリ外史ニ詳ナリコレヲ以テミレハ被　仰出ノ最初御不都合ノ樣ニ被存候尚諸賢卿ノ高案アルヘキ所ナリ東京

御親臨ハ平定ノ後可被爲在御當然ナリ急速ノ儀ハ決シテ可然トハ不奉存候也

七月十五日夜第八字　　　　　慶　　永

但辭表中恐入候得共愚衷認候多罪御海恕奉希候也

○同月十六日朝青山小三郎參邸昨夜捕物有之大に騷敷事之由右は舊幕旗下前田播磨守弟か伜か光太郎といへる者富山賣藥師に扮し三條邊に旅宿し尹宮に通し來る十八日大坂より汽船に乘り東下之手筈之由九月迄相待候へは好機會有之候へ共夫を待たすして事を發し可申との事之由其所爲に至ては何等之手段たるを知るへからさる次第之由○近比押小路殿之黨類凡三千人計有之　尹宮も同家へ御潜行有之由前件は　尹宮之御內人より內訴有之早々捕方及手配たる事之由申上之

一今夕御兼約に而火大字爲御見物土老侯御出之處御遲刻に而外御來客方は御揃御餘閑無之御十分之御談には被及兼候へ共先つ侯之御見込は近來

開板御播布に相成候御政體書之初に　御誓文も記載有之是等之書面之要旨を以御出勤之節岩倉卿御取詰置猶其上之儀は御兼約も有之旁卿を土邸へ御請招有之公と御一所に從容治道之御講究に及はれ度歟之御相談に被爲在由

○同月十七日此比土老侯迄被仰進今午後深尾鼎下村銈太郎參邸に付拜謁被命此度御辭職御願之處老侯御忠告に付思召被止御同心御進仕可被成段被仰合に付而は以來兩人も心付候儀は無隔意申上御家來共にも申談候樣被成度旨被仰聞畢竟御微力に而是迄思召通も御暢達難被成に付無御據御自反御辭職之御運ひ候得共此度更に被仰合爾來御同力御忠告可有御坐に付而は一事も苟もせられす御誠心を被盡思召之段御意有之由○於控所修理雪江等對接今後無腹藏申合度段及示談何分眞實之御爲に相成候樣御奉仕被爲在度御見込之趣申聞候處兩人申出候は唯今之御意も即其通りに而就中一事も苟もせられましきとの御儀御尤至極に而感服は仕候へ共一小

事を苟もすましきとて一大事を妨け候様之儀も不少候へは此儀は御忠實
上におかせられ候而も深く御斟酌被爲在候樣奉願上度由即今指向き申談
候存寄も無之候へは猶篤と熟考追々可申談との事に而退出す此節銈太郎
之餘談に御辭職思召被止候儀爲申上岩倉殿へ御使相勤候處卿も殊之外御
滿足に而　主上も宸襟不被爲安候處再勤之運ひに相成候は實に　皇國之
大幸と御申聞有之由物語也
一此夕豫老侯ゟ御來書如左
奉賀候昨夜は感謝之至に候扨明朝參　內懸御用談有之輔相より被賴
候故罷出候御辭表一條に付明日直に御參之御配に被成置度と存候頓
首
七月十七日　　　　　　　　　　長　　　面
鋭　　鼻　　公
右に付御承知之御返書有之

一同時土老侯へ被進御直書如左

夜深如水云々扨は唯今長面ゟ書狀來り右は御用談有之輔相卿ゟ辭表一條に付而之事明日長面參　朝前弊庵へ入來之旨に御坐候必被　聞召參　內被命候事なるへく長面は御用談之末參　內之運ひに可相成候何卒昨日も奉願上候通り閣下明日御參　朝奉希候右之趣申上度如此御坐候也

七月十七日夜第七字　　慶　永

土佐中納言閣下

右御報如左

拜誦云々扨は長面兄より書柬到來云々御察之通り無相違粗先刻輔相公ゟ承知仕候迂拙も明日參　朝之心得御坐候尤迂拙參　朝は刻限規定之外に願置候故午刻前後出勤仕候貴答旁頓首

十七日夜　　璋　拜　具

黄門越公拜復

○同月十八日今日巳刻過豫老侯御來邸に而御對面之上過日御呈達に相成候御願書へ左之通御附紙を以被仰出候趣御達有之

願之趣内外顧慮之情實不得已次第候得共當今　朝廷御多務且御無人中殊に其方儀深思召被爲在更に　御許容難被　仰付候條早々出伺無他念可遂忠節候事

右に付此比御出願之節御内意申達有之向々へ御附紙を以被　仰出候趣執政ゟ再達有之即刻御供揃に而午半刻御參　内申刻過御歸邸被遊

一今日於官代岩倉殿三字後御出勤に付容堂君と御一所に御別席に而御逢對有之先つ　特命を以御辭職被指留候御禮被仰上相濟夫ゟ御申談之御趣意は是迄迚も懈怠可仕心底も無之候得共元々微力之儀に有之存分を盡兼御爲筋と存込候儀も閑過仕候事不少然る處御時態も如形國情も不容易困難極り辭職相願候へ共容堂之忠告啓發により今一層憤排菲才を忘れ精力

限り相勤見申度と存直し候仍之今後は面目を革め諸事に付不殘心底申上度と奉存候就而は今度徳川氏之幕府を被廢一新之　御仁政を被施候　御趣意に御坐候處更に　御仁政行はれ不申　御仁恤之　聖旨每度之御布告而已に而一向に御實効は相立不申却而萬民之膏血を御絞り被遊候樣之御次第に相成東北邊陬干戈未休諸侯之か爲に勞役疲弊を極め生靈之か爲に慘毒塗炭に落ち候有樣是に而御平定之御見詰何處に有之候哉奥羽北越之諸藩も御鎭撫之筋不相立候故勤　王之心あるも壅壓せられて暢る事能はす歸順を思ふ者も其道絶へ只管攻擊討滅之御趣意而已と被伺候へは何時御平定之御成功に可相成哉難見留又關東府內之模樣三條家よりは平定之趣に被仰越即拜承仕居候故此比田安家之家來上京仕候に付俗人には候得共江戶表之光景承候處甚遊惰之御樣子に而兩國川開之節抔は　宮樣も御見物之由姿は平生かも不存候へ共干戈未戢之今日　大總督宮すら如此實に御政體可相立樣無之慶永更に奉職に付而も御趣意に隨ひ乍不及可奉輔

賛之誠赤に候得共前文之如く其目途難相立候天下治平に歸すへき大經大本之御廟算相伺度と御陳述之處卿御答には御尤至極之御申條と承り候拙者共毎朝六時より客來門前市を爲し應接之細事に累はされ筆を執る暇も無之漸く唯今比に至り出勤に及候仕合多端を極め實に其邊之大事へは思慮も亘り兼候次第に而憂慚に不堪と御申に付容堂君御申出有之候は輔相之御職掌に而左樣成鎖細なる筋に御追はれ被成候樣之事に而は輔相其人にあらす天下之萬機如何して御統轄御出來被成候哉泰然として詩を賦し歌を詠候程之御餘裕無之而は大事之御擔當は乍憚無覺束奉存候と御議論に及はる處卿一々御承當候而何分此體に而は相濟不申候間共に天下之平定　皇化之浹洽を及御談度候間書付なり書取なり持寄にいたし不憚忌諱致評議度と御申に付兎角今後は議定たるの御職分を正大に御奉行被成度御心得之段容堂君共に御詳達に而卿も御隨喜御同心との御談話に相成由」

一先達而來御辭表之御手續近日に至り一轉換己に御參　朝も被爲在御運

ひに付此等之事情可被仰進奈良元作御國表へ被遣今日出立す
一今午後加藤藤左衛門横濱ゟ汽船に而神戸着今日上京申達候次第江戸之景況舊幕之餘威拂地過激人も見へす舊旗下之士人屋敷長屋之裏口を開き器財食品等之商ひ店となし玄冠も同様主人胴服袴之儘出居妻娘等茶之給仕を爲す風體柳橋兩岸之茶店悉く閉戸兩國橋之往來福井大橋に彷彿たり神田祭禮賑はしき様被仰出頻りなれとも更に振り起たす御手當被下候一町は漸く出れとも他は依然として動かす兩國之烟火揚け初め百金之御手當有之當日は人足稠し翌日ゟ蕭索舊之如し藝妓等孰れも横濱に移り商賈も多分移り横濱は追日之繁盛見せ物芝居納凉等之群集壓死人有之程之勢之由乍併士人は禁足にて洋人之警衛最嚴重なる由○此汽船に乗組たる石川屋出入之支那人あり云追々西洋之軍艦多く日本へ來るへし御面倒のこと出來可申由軍艦は亞米利加多分に而英之に次くの由なり
○同月十九日昨日岩倉殿御應接御談合之御次第各御書取可被指出との御

結局に付何分第一等大公至正之御建言に如くへからすと思召に付猶又評議之上御草稿之旨趣申談候樣被命之但是より日夜御講究有之

一此日　詔書を以て江戸を東京と被稱鎮府を置る

○同月廿一日大宮藤馬去る十七日御國表出立今午前到着　御表樣御容體御快方には被爲在候得共急に御出馬之御運には不被爲在段御容體書指上之左之通り

殿樣御事今月五日御出馬被　仰出置候處其比別而御腹部御壅塞甚布御肝部御硬結御神氣御欝閉御食御進不被爲在右に準し御脚弱御痲痺一層御甚布御諸症些も御分利不奉伺に付私共ゟ御延引奉願尚其砌ゟ御攝生方法一際御嚴重御禁戒御藥劑種々加減調上御外用吐酒石膏日々御塗擦差上居候處近來追々御發疹御感しに相成候故哉前記御諸症少々御快方に被爲在近日之御景況にては追々御復治御運ひ可被遊哉に奉存候乍去元來頑痼綏慢之御症に御坐候故此後何も御障碍御變動

不被爲在御順快御運ひ被成候共來月中旬後に至り不申候半而は御出馬御出來被成間敷哉に奉存候右者御尋に付愚見奉申上候已上

七月十四日

御匙醫師共

右に付御評議之上此段先明朝岩倉殿迄御内調可有之と被相決

○同月廿二日今朝雪江岩倉殿へ參殿拜謁の上御表樣御容體書呈覽且藤馬口上之趣も申上來月中旬位ならては御出馬相副はす段陳啓之處卿には無御據御次第に御聞取被成候得共尙何方へか御達置可然段御心添之趣御申聞有之に付其段罷歸執政衆迄相達之

一右歸途三本木深尾寓往訪之處出勤後に付河原町土邸に至り逢對御職掌上に而被仰立之一條申談候處爾後於彼方も種々申談已に昨夕深尾寓へ修理雪江相招き示談之積り候處故障出來延引之由に付於此方も御趣意書取見候間一見之上意見承度申入書取二通指出處孰れ明夕七時過ゟ深尾寓へ修理同道罷越候樣致度毛利恭助も爲引合度との事に付此方ゟも香西敬左

衞門も同道可罷越哉に相約し罷歸今日持參せし草稿は頃日御講究之上出來せる所也如左

朱批ヲ點スルモノハ御誓文ニ據ル所ナリ

王政一新ノ始ニ當リテ大ニ斯國是ヲ被爲定萬民保全ノ道ヲ可被爲立ト天地　神明ニ被爲　誓タル誓文ノ　叡旨ハ未曾有大變革ノ大經大本タル事勿論ナリト雖トモ爾來　皇基未振人心不和諸侯未服萬姓未安度支未給天下騷然トシテ

宸襟于今穩カナラス倩々其原由ヲ推スニ在　廷ノ諸官其根源ヲ曠フシ黽勉支流ニ從事シテ公議實ニ興ラス干戈未タ息サルノ二ツニアリ」是カ爲ニ闔國ノ兵力財用日ヲ逐フテ耗竭ス外國手ヲ收メテ之ヲ覬覦シ一擧シテ鷸蚌ノ利ヲ兩得セン事ヲ庶幾ス」於是方今ノ急務ハ只管ニ聖明ノ眞旨ヲ奉戴シ先ツ當前ノ干戈ヲ止メテ萬民保全ノ道ヲ啓キ廣ク公議ヲ興シテ內亂ヲ平定シ全國合同シテ以テ外國ニ應スルニアリ」

而〆其干戈ヲ止ル如キ當時ノ合戰ハ騎虎ノ勢ヒ休止スヘカラスト云ヘル如キ因循ノ時論ヲ廢止シ眼ヲ　皇國ノ存亡ニ注キ斷然トシテ双方止戰ノ大號令ヲ發シ　勅使ヲ會津ニ下シ玉ヒ其亂ヲ作ス情實ヲ忖度シ其事狀ヲ推究シ其暴逆ヲ恣ニスルヲ糺彈シテ其罪責ニ伏サシムヘシ」奥羽北越ノ諸藩モ是ニ準スヘシ」雖然此ニ言者アッテ「會決シテ兵ヲ息ムヘカラス」「會必　勅使ヲ拒ン」「會　朝敵ニアラスト陳セン」「會爭テカ罪ニ服セン」「會必德川氏ノ爲ニ乞フ處アルヘシ」「會必除姦ノ説ヲ唱ヘン」然ルヲ愬ニ　朝裁ノ端ヲ開ヒテ却テ大ナル紛擾ヲ來タシ事遂ニ爲スヘカラサルニ至ルヘシ」平定ノ策ハ今ノ　皇威ヲ以テ征服スルノ易直迅速ナルニ如クヘカラスト論セン」是諸官ノ疑惑シ條理ノ乖舛スルノ迷津ナリ」宜シク萬機公議ニ決スヘキ宏遠ノ　叡旨ヲ奉シ大ニ會議ヲ興スニ努力セスンハアラス」一新以來議事ト稱スルノ事アレトモ虚名ニシテ實効ナク諸件悉ク廟堂ノ私議ニ決シテ廣ク天下

ニ公ケナラス人心ノ服セス輿論ノ紛紜タル所以ナリ」今天下ノ公議ヲ執ルニ外國議院ノ制ノ如キ假令善美ヲ極メタリトモ如此急劇蒼卒ノ際ニ當ツテ頓ニ則ルヘキニアラサレハ即今ノ如キハ在　廷ノ公卿諸侯徵士ハ勿論自餘ノ堂上諸侯及藩臣ニ至ルマテ會ノ狀情ヲ細示シ而其曲直邪正ヲ建議セシムヘシ」譬ヘハ諸侯ノ如キハ大中小ノ三等藩各其上座ノ二三藩ヘ公議ノ要領ヲ說明納得セシメ之ヲ同席ニ傳ヘ其建議スル處ハ觸頭ヘ一集シテ呈出スヘシ就中云フニ憚ル所アル者ハ匿名ヲ許シ口演モ亦乞フ所ニ任セ且ツ論說ヲ要セサル向ハ只曲直邪正等ノ一二字而已ヲ記シ出スモ其所好ニ從ヒ且又草莽士庶ノ建議ハ三十日間三都ノ高札場ニ會ノ情狀書ヲ揭出シ其建議ハ目安箱ニ投セシムヘシ如斯シテ其聚スル所ノ建議ハ在　廷諸官及三等諸侯ノ內一兩名ツヽ諸藩公務人幷草莽中ノ巨魁組合中ニテ一兩輩ツヽ議廳ニ列席シテ公然之ヲ披閱シ會ノ擧動ニ於テ天下議スル所ノ曲直邪正ヲ各

部ニ分チ其多分ヲ以テ　奏可ヲ經テ之ヲ所置スルコト概ネ下條ノ如クナルヘシ」會ノ情實ニ於テ建議多ク會ヲ正直トセハ其所置ハ赦シテ罪スルコトナク即日ニ合同ノ藩屛ニ列スヘク」又之ニ反シテ悉ク邪曲ナリトセハ罰殛誅滅スヘシ」又曲直邪正半ハストモ都テ公議ノ多分ニ就テ裁決處置セラレンニハ公明正大之ニ過タルコトナケレハ天下憾ムル處ナクシテ會モ亦何ヲ以テ天下ノ公議ニ悖リ服セサルコトヲ得ン」自餘ノ諸藩モ類推シテ處置セラレンニハ靖定日ヲ刻シテ俟ヘシ」従是以來天下議スヘキコトハ在　廷諸官或ハ自餘ノ公卿諸侯或ハ府縣或ハ諸國事ノ大小巨細ニ隨フテ議ノ及ホス處ニ遠近廣狭ノ差別アルモ皆共ニ書冊ヲ以テセシメ裁決多分ニ據ルコト都テ前ノ如クナルヘシ靜ニ議院ノ制度全備ノ日ヲ待ハ天下疑ヲ釋キ私ヲ忘レ人心和平安定ニ歸スヘシ」是即チ廣ク公議ヲ興シ萬事公論ニ決シ舊來ノ陋習ヲ破リ天地ノ公道ニ基ク所以ナリ」天下公平ニ歸シテ而後上下ノ心一ナル

ヘク心一ニシテ經綸始メテ行ハレ黎民餒ヘス凍ヘス生ヲ養ヒ死ニ喪シ各其心ヲ遂ケテ倦マサルニ至ラハ今日ノ　叡旨漸ク暢ヒ　皇化遍ク敷キ國是爰ニ立テ以テ外國ノ侮リヲ禦クニ足ルヘシ」嗚呼　叡旨如是聖明　誓約如是確定政體如是至善ナルアリ」諸官之ヲ舍テ治道ヲ他ニ求ムルハ何ソヤ」

又

今般　王政復古與民御一新之御政體を被爲立其御誓文に云官武一途庶民をして其志を遂けしめんと其道は天地之公道に基き舊來の陋習を破り盛に經綸を行ひ會議を興し公論に決し給はんとの御事之を和漢に糺して不惑聖賢を待て疑なき難有き　叡慮ならすや而して之を行ふ事半歲　皇基未振人心不和官武共に困み百姓極て窮す是何故そ曰制度未得宜用度無所出等之種々ありと雖も之を概するに公議未興干戈未止之二つに由る而して其由る所を推せは干戈未止故に官武嫌

疑を抱き諸侯相疑ひ士民互に疑ふ是故に會議不實公論不起なり闔國王臣なり兄弟なり相疑ひ相鬩き兵結て不解財用内に竭き兵力外につきなは外國手を收めて必卞莊子の勇を逞ふせん印度之覆轍豈鑒みさるへけんや故曰今日の急務先つ干戈を止るにあり曰干戈を止る之道如何曰他なし斷然大號令を發し諸道の軍を止め　勅使を會津に下し其罪を糺し其令典に處するにあり曰諸道之軍を止めは諸藩之議論紛起せん且今諸侯國を擧け勇士　王事に勤む時再ひ得へからす若戰を止めは恐らくは進取之勢を害し彼侵來の患あらん且彼未た罪に伏せす如何そ　勅使を下さん假令下すも命を奉せし却而　朝命を辱めん曰是則　王政偏固之議論紛起し天下之平定せさる所以なり王者國を治る何そ軍を用ひん何そ兵を頼まん況や吾　皇國は他之邦國に異なり普天率土皆我臣民なり假令侵來るも　天皇におかせられて恐れ給ふ理なし唯憂ふる所は衆議之不盡公論之不究にあり公論の究まらさ

るは衆議之紛擾を懼るゝと事を急くとにあり王者必不偏不倚彼我一視之心を以て相促迫せす其議之至當に至るまて之をいたし之を究めは必其至當を得一定不拔之法定まらん而して公けに告け明かに示し天下と共に蕩々之を行はゝ天下必平治に至らん是を捨て他は決て至當を得るの理なし今日に至て猶軍の鈍り又日時を空くする抔之雜議に動かさるを希ふのみ」諸道の軍を止るも軍を解くに非らす共圍みを以て暫く戰鬪を止め其攻擊を休るなり彼何そ侵し來る事を得ん且軍を止るは吾軍而已を止るに非す彼へも亦止軍の令を下すへし普天率土皆王臣なり誰か　朝命を奉せさらん」彼會津の如き素より偏陋頑固小忠の如きを知て公義之在る所を知らさるより罪覆ふへからさるに至り遂に天下の戮を來すといへとも其情を忖れは眞に不諱を謀るにあらす又求て　皇國之亂を謀るに非す故に其暴動なるを知り且罪を謝するに至る何そ　勅使を防かん何そ　朝命を奉せさらん然れは彼

も均しく　王臣なり苟も免すへき事あらは其免すへきを免し誠を推て彼に與へ彼の遁るへからさるの罪過を御糺問ありて衆議公論の歸する所を以て御處置あらは彼必服せん必命を受ん若其罪に服せは速に其免すへきを免し其身を容るゝ所あらしめん彼若公論衆議の在る所にも服せさるに至つて其討すへき罪實に天下に明かなり之を討せんに滅亡せん事日を數へて待つへし曰彼其罪に伏せは可なり彼若德川氏之御處置至當ならすと云又君側に姦惡あり除かすんは與せすと云はゝ如何曰德川氏の御處置は實に　王政一新之大事　皇國治亂に關係する所なれは十分の公論至當にあらされは不濟なり愈公論至當ならは至當を以て彼に說諭せんに何そ彼の了解せさるを憂へん若至當ならすんは君子の過ち日月の食の如し再ひ公論至當に依て改て御處置なくんはあるへからす決て其非を遂けらるゝの理なかるへし御誓文曰萬機公論に決すと今此御一新之濫觴　御誓文に御食言なと

有之ては聖徳之御瑕瑾　皇國安危の關る所臣士身を致して匡救し奉るへき至重之大事件ならすや」扨　君側に姦なくんは除に物なしと説諭せは彼必了解せん若姦あらは除かすんはあるへからす何そ彼の言を待んや今　聖明の時に當りて姦を爲す者あるへきの理なし姦とは何の義そ堅く私見を執り强而私意を張り衆議に從ふ事能はす公論に任する事能はす逆命敗族是なり大號令に云無偏無黨と今若無偏無黨の　王政を行ひ玉はんに衆議に依ること能はす公論に任する事能はすんは決て天下平定の理なし假令一を滅するも從て一を生せん一小國の會津を服する事能はすんは如何そ億兆の人心を服せん」亦思ふへし」日奥羽諸藩の如きは如何曰其情實に於ては親しく之を知らすといへとも暫く聞く所を以て是を推すに其素意は勤　王に外なかるへし〇〇伏見暴動の一事は必是を怒り是を惡むへしといへとも二百五十餘年實に德川氏の恩惠を受け親藩譜代ならさるも親しく江戸に參勤

交代して其情實忍ひかたきものあらんか且其時は德川氏の御處置も未定後漸く定るも德川氏二百五十餘年の功勞　御報恤の是に止つて輿論疑なきも知り難からん故必至當如何之紛議あるへし加之幾萬の臣民流離顚沛眞に飢餲に至るを見るに忍ひさるものあらん會津に於る其罪ありといへとも謝罪狀を出すの道なきを憐むの情あるへし故に與に其情狀を徹せんことを乞ならん乞といへとも不免是彼藩の疑惑を抱き方向定まらさる所以ならん此時に當りて鎭撫使令を傳へ叡慮の厚きを示さるゝと雖も驗未明ならす國君是を信するも臣服せす臣半は服するも又半は服せす遂に如此景況に至るならん是奥羽諸藩のみならす北越諸藩に於る又然らん暫く是を閣きて不問先つ會津を治むるにあり會津治らは彼必す來王せん

一今日於官代東國　行幸御取調御談之儀御沙汰有之に付御歸邸之上被仰出候は何分當節柄に　行幸は御至當とも不被思召候に付兼而御持論之

趣御建白本に認候様雪江へ被命に付書取指上る御草稿如左

御一新之折柄　御輕裝に而　御巡幸之儀は難有御趣意と奉存候得は其邊之御取調は乍不及精成從事可仕と奉存候乍併畢竟　巡幸は泰平之　御盛業に御坐候得は當時奥羽邊之兵事未定中之　行幸は如何にも御不都合に而輿論も如何可有御坐哉と奉存候得は關東全く御平定御成功之上に被遊候方御至當と奉存候事

一以前と違ひ方今は外國も間近く傍觀仕居候儀と申不穩之巷說も相聞へ候折柄に候へは旁以今暫く時勢御見据之上被　仰出候方御至當と奉存候事

一東賊之內には頗强暴之徒も有之哉に而已に輪王寺宮は錦旗を何山に被進候而奥羽へ諸侯を期せしむる抔之風聞も有之程之儀候得は遠程之　行幸御途中も何とやらん懸念奉存候事

一御眞率之御趣意に而　龍駕被爲到候處は夫々御恩澤を蒙り候御施

設等有之一時歡聲相聞候樣に而も全國兵禍に苦み諸侯之軍費悉く下民之膏血より出候事に而怨嗟滿地候景況に候得は眼前之御小惠は却而御大德之御累ひとも可相成儀と奉存候事

慶永御案事申上候條々如右に御坐候へ共　行幸被爲在候はゝ東國之干戈も鎭靜に歸し蒼生も塗炭を免れ覆載之　王化立地に行はれ萬姓悅服仕候慥成御定見も被爲在候御儀候へは是も一時之御權宜に而別段之御事柄にも奉存候へ共　王事に權道を被用候儀は　御好み不被遊樣仕度儀と奉存候何分兵亂中御差急き　行幸被爲在候　御主意慶永之愚昧も了解仕候樣判然たる御條理相伺候上ならては御尤と御同意申上候儀は難仕奉存候事

私云右御持出しに而御廷爭可被遊思召候處追々左に記する御次第柄により御差出し無之

一窃に聞く所之即今之會計如左

金札三百三十萬兩　當月中惣出來高有金共
五十萬兩　御道中諸侯高割之內拜借
二十萬兩　橫濱へ廻し
百五十萬兩　江戶へ持込市中渡し
三十萬兩　鑛山司
七十萬兩　貨幣司
十萬兩　調達引替拜借
當八月中金札分配如此爲御含書記候
○同月廿三日今夕五字頃ゟ修理雪江土藩深尾鼎寓へ被招香西敬左衛門同行之積に候處不快に付不來兩人罷越一應之挨拶相濟候上に而鼎申出候は昨日拜見之御書面休兵之儀も肝要には候得共指向き　御東行之一條萬民之愁苦と申惣體不容易御大擧此節柄御不當之御儀と奉存候得は此儀を苟もせられす候樣仕度ものには無御坐候哉との事に付兩人も其儀は御同意

千萬の事に而則春岳様にも御書取御出來先生達へも御相談之上容堂様へも御相談に被及度との御儀に而御渡被成と御書面指出處鼎再三拜誦誠以御尤至極御同意は申上候迄も無之候へは早速容堂様へも入御覽候様可仕と殊之外大悦に而猶御主張之御手續抔申合之內下村銈太郎毛利恭助來會せり銈太郎は御參　內御供に罷出候事之由に而今日於　御所も行幸之儀色々御評議有之　朝議已に御內決御入配も御出來に相成候由申之鼎誘引別席に而良暫內談之上再出席鼎云唯今銈太郎より承候へは　行幸之儀容堂様にも已に御同意に而御決評に相成居候へは先刻より申上候儀は御聞流し相願度乍併御書面之儀は明朝入御覽可申由也銈太郎云今日御決し相成候事も條理によつて又々被變候儀も有之候へは如何可相成も難計と反復して種々申談に相成處畢竟　御行止共に見越之事に而慥成結局之押へ場無之故水懸論に可相成哉左候而は無益之事御止め被申上候からは御供も難被成御留守も異な物抔と更に決評に及銈太郎云昨日御書取之內止戰

之事は先生達之御着眼と被存候土に於ても御同意千萬之事候得共如何にも止戰之道無之候夫と申も兩國相戰ふ時　勅使を以止戰被　仰出は當然之事候へ共　朝敵を御追討なされ夫か六ヶ敷なりたるとて止戰と申道理無之又敵に受降を示すも時機後れ謝罪狀も一旦押へたる上なれは催促にも難及又官軍も勢ひ尙盛大なれは止戰之令も名義なくては行はれ間敷又賊軍窘迫極り必滅眼前なるを恤みての事ならは止戰の名も擧るへきか此節名義世界征討之　命を奉し生死を的に懸けて苦戰致候官軍俄に止戰之號令ありとも肯んせさるのみならす怒りを激して止戰の令之出所を糺さは軍を我に招くにも至らんか名義は古實に據るへきに　天子之賊を討する半にして止戰の例あるへからす今となりては會之重臣罪を負ふて主人の罪を謝して出るか又謝罪狀の出る道を造るか或は官軍大に苦しむる時に臨ますんは止戰之令之出へき道なき事を論したり兎角機變に應して策を建進退宜きに副ふは其人之伎倆によるへき等之論談良久際に　行幸之

可否是非とも輿論可蜂起候へは夫已前に議院へ下され可然と御主張あつて眞公議を興され候はゝ御政體に於て稗益可有之と衆論皈決土三人より容堂樣へ可申上必定御同意たるへく被存候間越兩人も罷歸候上別に思召も不被爲在候はゝ其段爲報知明朝土邸へ罷越吳候樣との談判も相濟夫〻小酌有之二更前退散歸邸之上右公議に附せられ候一條申上處大に御嘉納に而明朝土邸へ罷越候而御同意至極之趣申達候樣雪江へ被命之

一此日土老侯へ被進御書如左

昨日は於　宮中得拜顏云〻陳は今夕は御家臣深尾鼎旅宿へ家臣本多修理中根雪江參り盡力筋之儀相談候筈に候何卒鼎銈太郎恭助よりも無覆藏十分示諭相談有之度候扨又昨日天子巡幸之儀に付尙又昨夜考置候趣意書從雪江鼎迄指出閣下へ御相談申上させ候間鼎〻指出候はゝ篤と御披見之上尊慮被仰下度候小生今朝は眞に不快に而不參　朝此段申上度候不盡

七月廿三日　　　　　　　　　　　　　　　黄　門　永

黄門嚴公閣下

右御復書如左

拜誦仕候今日は御眞病之趣例之御腹痛かと奉存候先刻も輔相公御掛念之段內々僕へ御話故今日は眞病に可有之と答置候明日は御參　內被成候哉僕も　御東行御供內々被　仰付候陸行甚閉口之至相調候哉と無覺束候貴答旁早々頓首

念三日　　　　　　　　　　　　　　　　璋　　拜

越前黄門公閣下

〇同月廿四日　公此頃中御違例によつて御不參之處今日は土老公御模様次第御勉强御參　內御幸之件御一處に御論談可被遊との御含に而今朝御腹合に付御遲參之御屆御指出置老侯御様子伺且昨夜之御返答旁雪江被差出に付參邸之處下村銈太郎逢對申出候は昨夜及御談候一條容堂様へ申上

候處御尤には思召候得共其機後れたり　行幸之儀は前月香川別莊へ御集會之節御談之儀に有之春岳様にも御承知之御儀御對話有之候へは直様御分りに相成候儀御取次に而は間違候而も不宜との御事之由且此頃中之御不參輔相公にも殊之外御懸念之御様子旁御長引は決而御爲にも不相成候間今日は暫時成共御參御坐候様被成度容堂様思召之旨申聞に付其段罷歸申上候處如何様香川別莊に而土豫兩侯と御一所に輔相卿御談合有之木戸準一郎東京へ被遣候儀被思召出何分御參　内に而御談可被成と土老侯御參　内之程合御見計ひ御參被遊老侯へ御對談之處右御一件は公には御書取も御着　に御指出に相成有之土豫兩侯も御時節御早く可有之段御一同御討論に而輔相卿も御承引さらは木戸準一郎大木民平を東京へ斥候に遣し報知之模様により御治定可然との御談話に相成儀に有之處此頃兩人歸京東土靜謐　行幸被爲在無子細段申上に相成候故御決しに相成候事に而最早　行幸之御一條は御無論之事に相成候故此上は行幸被爲在　御小惠

を被施候而已に而は御所詮も無之候へは　王化普及之大體を被及公議候樣可被仰立歟と今日も豫候御同坐に而御相談被爲在內眞に　皇化遍布之御大事は猶又御集會に而御相談可被成との御儀に有之由

○同月廿五日中川修理大夫殿ゟ御來書如左

其後は御遠々敷云々極密承候には此に異なる儀紙上に而は難申上出勤之上拜顏に御咄可奉申上候　尊卿樣之儀も少々相加はり居眞僞不分明に奉存候得共出格蒙御懇命候に付而は虛實に不拘御名前等之儀相唱候儀も御坐候はヽ御含に申上候心得に御坐候云々下略

一右に付被遣御返書如左

拜讀云々極密御聞せ之儀御紙上に而難被仰候に付御逢之節御噺可被下旨敬承仕候小生之事加はり候由爲御知被下奉萬謝候夫か早く伺度候故側向に而內用心得候者極密閣下へ指出可申哉と存候同しくは御內々御紙上主意のみ御教示希入候餘略

七月廿五日　　越前慶永

中川修理大夫殿

○同時戸田大和守殿へ被遣御直書如左

凉氣凌克候云々別紙之通唯今中川ゟ申越候如何之譯合に有之哉御內々御探索奉希候小生に於而尤覺無之事故宜候得共刑官又々間違之取調等被致候而は甚以迷惑之事に候仍而任御懇意內々相伺候間無御腹臓被仰下度候若又御紙上に而六ヶ敷義に候はゝ小生側向頭用向取扱候者有之右之者閣下へ指出候而宜否被仰下度候云々下略

七月廿五日　　慶永

戸田大和守閣下

戸田殿ゟ右御返書

謹而拜見仕候云々中川ゟ之書面拜見被仰付篤と拜見仕候私に於ても少々耳に入候儀有之今日宇和島ゟ內話之儀も御坐候間尙明日能々取

調可申上候過日も　宮中に而鳥渡御含迄に申上候通り意外之悪說なきにしもあらすと痛慮仕候何も夜中不取敢拜復尙明日萬々可申上候

七月廿五日　忠　至

捧復

一此節羽州山形水野越前守殿但老侯也爲歸順上京有之昨日於　宮中伊藤友四郞迄被相賴由御沙汰に而今日雪江越前守殿北野御旅宿へ罷出候處御逢之上御內話有之は今度田安御家來大澤甚之丞上京之處右供に而罷上候同藩平岡庄七家來分之者越侯へ懇意なるが來訪し時勢談之序に先比仙臺藩之者會津謝罪狀を持參出府之處平岡庄七擔當周旋田安侯は太政官へ御達相成候樣取持候へ共嫌疑を御恐れ更に御取揚無之故一橋へも仕懸候得共是亦御同樣御取合ひ無之甚殘念之次第之由是さへ致貫通候へは東方平定之端も相開らき可申儀と被及物語候由侯も公私に付可惜事機と奉存候故何卒開達之筋も有之間敷歟　公へも申上吳候樣御申聞有之則宇和島侯へは

御內談之處此節仙臺之者大坂迄來候故御家來被差出御取調中之由御咄に付雪江ゟ謝罪之筋は如何之趣意候哉と相伺候處仙臺迄指出候振合之由乍併此方ゟ可否之申談に及候はゝ如何樣共取直し可申模樣に候得共兎角納約之牖無之に付不及是非段々時節後れ一段休兵とても相成候而は猶更六ヶ敷事に可相成山形藩士も多分越後方賊軍之加勢に出兵いたし候は歸邑も難致勢故　輦下に在勤之外は無之　御東行にも相成候はゝ江戶表へ罷出　靜寬院宮御附に而も相願ひ夫を御奉公之表といたし　昭德院樣御菩提を奉吊度心願之由此邊如何いたし可然哉御內意伺置吳候樣との御賴談なりき共段罷歸申上之

一今日兵學校開黌之御布告有之

○同月廿六日今朝戶田殿へ被遣御再報書如左

拜見云々何卒恐入候得共宇和島ゟ之咄等今日御取調に而分り候共御紙上も六ヶ敷又家來差出し而も御漏しも如何に付今日中鳥渡御光駕

拜顏秘事伺度候左スレハ心得に相成忝奉存候尤平臥中失禮に候得共
相願度候右之段御賴申入候也
七月廿六日　　　　　　　　慶　永
戸田大和守閣下
右御報如左
尊書之趣敬承仕候今日探索行屆候上夕刻迄に參走可仕候今日休日候
へ共矢張參　朝罷在候間早々貴答申上候頓首　即時
一中川殿ゟ昨日之御再報來る如左
昨日者態々御返翰云々風聞之儀に付御內密申上度儀も御坐儀問私出
勤之上に而可申上尤眞僞甚不分明殊更事柄も些異様一入不審奉存候
へ共　尊公様之御名も承り十分十に十御配意之儀は無御坐儀とは奉
存候得共斯蒙　御懇候に付而は虛實に不拘承込候儀は不殘置方本意
と奉存候間昨日烏渡申上候處可相成は書中を以申上候様又は御腹心

之者御指向被下候而も宜敷早く御承知被爲在度候旨御尤千萬奉存候書中に而も大意相分り可申哉にも奉存候へ共途中之儀も有之且認物程恐敷事は無御坐樣に奉存候私儀も最早不日相濟可申哉左候はゝ其上拜顏に而申上度決而〳〵深御配慮之筋には毛頭無御坐其段は御安心奉存候只一言申上置候　慶喜公尹ノ宮云々此度又々何か可有之哉其儀に付而之事に御坐候內實は彌右衞門ゟ密々申遣候事に御坐候御口外堅御無用に奉願候頓首百拜

七月廿六日　中川修理大夫

御直披

內用早々御火中

一今日雲州小田要人來邸內話云元飛鳥井家書記役三宅將曹といへる者官家へ立入る周旋家に而雲州へも懇意に而內用向も承者之由近比雲州へ軍資金上納可被仰出と申居候處昨日申出候は軍資金も急々之上納には及間

敷夫と申は近く紀州高松之兩藩征伐被仰出筈共節は雲州は是非先鋒たるへく候得は不及出金譯之由を申し又越前へ關東關係は無之哉と申に付無之由を答へしに彼云越前は近來嫌疑甚敷已に御役御免歸國に相成候と申に付左樣之儀は決而無之一時御不快に而御引籠之事は有之候得共此頃御出勤に相成候と申聞候處夫は如何成譯哉覽何分御退役之筈と申たりしか今朝又來り右は三條殿御內楽ゟ承候事に而三日には出申間敷由を申し怪說不足取とは存候得共承込候故爲心得內告之由也要人論云東國スラ御もてあましの處へ又上國に於て禍亂御引起しは最上之御不策雲州一彈丸にて候得共必死を極候はゝ左樣にもろくも有之間敷濱田藩抔も重役之割腹德川氏有司免死に比候而は不當なりと甚不平作州勝山抔も不服之事あり是等も應すへし加之貴國迄に人心を動かすは實に　皇國之瓦解遠かるましと慷慨歎息を極めたりき

一今夕戸田殿御退　朝より御來邸に而御內話有之候は過日來御嫌疑之件

篤と御探索之處取留たる事には決而無之毫も不被及御懸念事之由此比前田光太郎召捕　尹宮云々抔之節若しや關係無之哉と唯一言申出候者有之候へ共夫切りになり相濟候事之由被申上に付　公にも粗御安堵思召され候事

○同月廿七日今夕雪江小田要人寓往訪猶又承込候儀も無之哉と探索之處越藩之事に於而は異聞無之由當時に而は輔相公も押小路殿に被迫同議に成られし由二心之族は征伐之説は押小路殿ゟ出たる事之由に而長之腰押之樣子土州もかはりたる歟之疑ひも有之由等を物語れり

○同月廿八日今朝豫老侯被仰進御來邸に而御用談之儀有之

私云右は近來御嫌疑有之風聞之處折惡敷御所勞御諸症御差湊ひ彼是御長引きに相成候故輔相卿始何歟　公に思召有之御假病にも有之哉と御懸念之趣も相聞に付老侯被仰進しは其内意御實病たるを爲御見可被成との御趣意なり○小田要人ゟ承込たる押小路件幷紀讃征伐等之儀雪江

ㇳ豫候へ相伺處一切御承知無之事共之由　朝廷に而は一人に而も朝敵
少なからん樣被成度御趣意之由御物語也
○八月朔日於辨事官御達之通

諸藩
公務人
貢士
之

議事之體裁御改正に付每月三次之對策被廢候事
但見込存付候次第は何事によらす不憚忌諱精々建白可致且議事之
節は臨時に被爲召御下問可有之候間兼而心得可申旨被　仰出候事

八月

一此夕三岡八郎爲伺　御機嫌參邸申出候は頃日彼御嫌疑之沙汰有之候へ
共是は取留たる事にも無之乍去御出勤は一日も御早く被爲在度段福岡藤
次別段に申出候由又御出馬は是非共被爲在度御國さへ御發足に相成候へ

は御途中ゟ山中御湯治御願被成候而も御宜可有之今度御奉　命無之候へは軍資金可被　仰付御沙汰之由を內告せり

○同月二日戶田殿ゟ呈書如左

謹而拜啓云々御所勞如何被爲入候哉御按事申上候少々も御快方に被爲在候はゝ御出勤之方可然と奉存候輔相卿にも兩三日御不參其外相變儀無之久我大納言は昨日發途

主上南殿に而　御覽有之　御東行御發無之會計之御指支と申事御坐候右は御不快御容體奉伺度捧寸楮候恐惶敬白

八月二日　戶田忠至

越中納言樣

○同月三日今朝豫老侯ゟ御直書如左

兩閣下愈御淸適雀躍之至然は今日彌東京へ

行幸被決布告可相成哉仙米官位被召上討伐可被仰出哉右大事件候故

興病御參希入度如此に候以上

八月三日　　　　　　　　宗　城

越土兩黄門殿

右御報如左

拜見仕候○東京へ　行幸之儀過日申上候通り別段所存無御坐早々被決可然と奉存候○仙米官位被　召上討伐之儀は彌抗官軍候確説相違於無之は官位討伐兩條至當之儀別存無之事下官何分未た所勞不快押而も參　朝難仕候間兩條之議事候はゝ別存無之段可被仰上御賴申候何れ不日出勤可仕と奉存候其節期萬縷候也

八月三日　　　　　　　　慶　永

宇宰相閣下

一今日三岡八郎ゟ高田孫左衞門迄內書に而御出馬無之候はゝ彌軍資金之沙汰に可相成候へは何卒御出馬御出來被成間敷歟四五日中奉命之有無取

調に可相成樣子之段内通有之に付右之次第御國表へ爲申上林矢五郎大早駈に而被遣申刻前出立す

一去月廿九日御國表指立之三里繼飛脚着去る廿二日越後差立之報告有之未た手合せは無之候得共持塲等相定段申來る

○同月四日今朝豫老侯へ明日御出勤に付而之被仰談有之御書通被爲在處豫侯御報書中に左之通

拜讀奉賀候東京　巡狩御發表は今日に相成申候尤布告文中不日を不遠と相改申候仙米官位征伐昨夕　御沙汰御坐候實に於仙は何とも恐入候儀仍而今朝進退伺置候尚隨而當官辭表進達之心得に御坐候是は仙一條而已にも無之實に不肖不可當候故仰　天恕可申候明日御參朝も候はゝ　朝意貫達之程希入候右に付云々被仰示候儀は德卿へ御尋問被下度候頓首

八月五日

尚々御傳承候哉前月廿四日夜長岡城跡を牧の藩士會と急襲廿五日夜迄戰爭終に官軍大敗岡城亦被取候由昨日薩出張人三名來着報告御坐候

一今日東京　行幸被　仰出且右に付　詔諭御布告有之

一同日左之通被　仰出

伊達陸奥

上杉彈正

被止官位候旨被　仰出候事

一今日議定之公卿方へ被遣御書左之通

一翰令拜啓候云々抑今朝宇和島へ所用有之書翰差遣候處直に返答有之今日者不參之趣且又昨夕仙臺米澤官位被　召上征伐被仰出候由依之宰相儀深恐入今朝進退伺差出候由隨而當官辭表進達之心得之旨申越驚入何とも心痛之至奉存候宰相儀仙臺と同家と申且其子息も同樣

官位被召上候儀恐入候は其心中察入候得共宰相にゐて決而相關り候儀無之候間進退伺は兎も角も辭表等は不差出樣仕度候若又指出候はゝ早々被　聞召不相變精勤可有之　御沙汰書被　仰出候樣於小生爲天下至願不過之奉存候此段輔相卿へも被仰上可被下候此段愚衷申上候也恐々謹言

八月四日　　慶永

中山一位公

正前亞相公

德　亞相公

中門亞相公

一同時土老侯へ被進御直書

拜啓云々小生所勞快方に付明日は出勤可仕心積に而候御安意希入候扨は過刻長面へ直書差遣候處昨日仙父子官位被止候一條恐入今朝進

退伺差出候由當官辭表も可差出と申遣候是も過日小生願不被　聞召
同様何卒早々不被　聞召様被仰出度奉存候偏に閣下之御盡力奉希候
此段申上候尤此長面願出候儀正德兩卿へも申遣置候頓首
中秋初旬　永
土佐黄門閣下
一諸卿ゟ御報如左
令拜見候云々然は宇和島辭表之事承唯今被指出候自是衆議申上候得
共直に被　召留候儀と奉存候左御承知可給候將又御違例後御出血も
有之に付云々御示拜承仕候尤乍齋中藻鹽に而御清めにて宜候少々之
事は必沐浴にも不及と存候殊に御時勢柄旁以前條之通に而明日は御
參所願候今日も別而多忙御答甚省略且大亂書御理申入候頓首謹白
八月四日　實則
實愛

越前中納言殿

土老侯より之御報書如左

貴君御全快明日は御參　內之趣先以奉雀躍候長面辭表僕方へも申越候總而御同意御坐候御參　內御坐候はゝ早々御盡力可被成候僕先日已來持病之リヨーマチスにて三兩日引込居候明日も出勤不定に候夫故貴邸へも乍貴約得出不申候貴答旁如此御坐候頓首

八月初旬　　春村者拜復

春岳兄

侍史

一同日戶田侯ゟ之呈書如左

謹而啓上抑今日も御不參之趣扨々忠至心痛仕候押而も御參有之候方國之御爲と奉存候只今取込早々此段申上候已上

八月四日　　戶田忠至

越黄門公

明日者是非御參有之候樣奉祈望候

一今朝三岡八郎ゟ申來り高田孫左衞門同人寓居へ罷越候處昨日八郎岩倉殿へ參謁之處今日北越之報知有之越兵鋭進之次第も申來り御大慶之由に而大に　朝廷向御都合宜敷相成候由扨御咄之模樣御嫌疑と申も畢竟　公之御身上には無之　公之御忠實は滿　朝悉知　皇上も御信任之事に候得共御親臣之雪江に注目有之事に而時宜により　御所より御處置可有之哉之模樣其餘藩中に今一兩人有之哉之口氣之由今一兩人之處は伺兼候運ひに而不存候へ共雪江事は不一通關心之儀に付及內通候段申聞候由其段孫左衞門罷歸申上候處　公にも殊之外御氣遣ひ之御容子に被爲在候

一先月十八日御國元へ被遣奈良元作當月二日御國元出立今四日午時着申達候趣は於御國表格別之異議無之松平貫之助天方對馬兩人は御方向御轉換之御趣意を推究致候由政府に而は是ゟ御盡力之方に被轉事候得は御使

令御要用之向は誰なり共御撰次第御人御指出可被成との御評議之由也
○同月五日　公去月來御所勞に付御不參之處御快然に付今日ゟ御參　內被爲在
一今日於非藏人口御達御書付左之通
越後彈藥拂底に付五十萬發分取調早急運輸可致樣被　仰付候事
但代料之儀は追而御下渡之事
八月
一今夕御歸殿之上本多修理被召出被　仰聞候は今日宮中之御模樣御嫌疑と申も來人雪江一人に矚目之次第に而甚御懸念思召に付此地を避候而可然歟と御談被爲在由修理方ゟ雪江へ申聞に付雪江申候は一身之不束より奉累　淸襟候儀重々恐入候間今日にも出立歸鄉仕奉安　尊慮度相答候處其段申上に相成頓而雪江被召出無御據御運ひと相成候事候へは嫌疑を避け御國表へ罷歸候樣可致今日出立には不及明日に而可然尤是は內密之事

情他聞を憚候間表向は別紙之通相心得候様との御懇諭有之被下置候御直書御書付左之通り

中根雪江

越前守へ申遣候密用有之に付不得止京都表用向を缺き乍苦勞國表へ可罷越事

○同月六日岩倉殿へ之御書通如左

一翰令拜啓候云々扨又例之愚衷恐入候得共奉言上候是迄傳承候處東京之人口幾十萬か難計候得共東京之米穀は半は仙臺米多に而奥羽之米穀多分に入津其半は諸國ゟ運輸之趣に御坐候然る處仙臺始奥羽多分賊徒之事故東京之人民米穀之運送乏少可有之哉と奉存候是迄江戸之豐年凶歳は奥羽之豐凶を以可知と申事も有之候儀に御坐候間何卒東幸被爲在候而も此邊御仁政第一に被爲行奥羽之米を仰カストモ以御仁惠米穀差支無之樣相成候はゝ東京人民之安堵不過之と奉存候又

云東京之諸產は米穀を初渾而海運之便利を以繁盛いたし候事に候海運は御承知之通り浦賀港實に要路に御坐候
東幸被爲在候事故御一之警衛浦賀口と奉存候萬一賊軍艦等浦賀港內外入碇候はゝ東京之困難不過之と奉存候間至急に梨堂右府公へ被仰進浦賀港に御軍艦等投錨不虞之御備被爲在御警衛にも相成第一海運截切候事無之樣致度候仙官位被召上候事に付考出申候此上は閣下之賢考を以御取捨奉願候也

八月六日　　慶永

輔相岩倉公閣下

右御返書如左

華翰謹誦云々拟　御東幸に付關東米穀云々寔に急務御同樣苦心罷在候必三十萬石計運送致度ものと存居候尙旗下商人中に難澁之者不少速に御救助之道不相立候而は萬々不叶事候間頃日頻に心配候處四十

萬金餘は出來候得共今三十萬計見留も付兼候閣下若御勘考筋も有之候はヽ右內いか計に而も御周旋可給候樣伏而仰願候尙又幕軍艦云々最第一之懸念是非御取切りに不相成候而は萬々不相濟事と存候是も閣下深く御熟慮可相成候精々人數を不損受取方無之哉極密御談申試度次第も有之折柄候間不一方御盡力冀上候早々如此候也

八月六日　具視

御請

一今日申刻前雪江京都表出立御國表へ罷歸る

## 附言

吾老公御弱冠之程より御忠貞之御志深く被爲渡　皇國之爲に御心力を被爲盡事于今晝一之如し師質疇昔より契合之　殊恩を蒙り樞機に參職する事殆三十年　老公之盛意知らさる事稀に盛業闕からさる事亦少し嘉永癸丑之夏墨船初而浦賀港へ渡來せしより　老公殊更に憤を神州の瑕瑾を生せんとするに發し給ひ　宗家幕府を翼て　皇威を萬國に照輝せん事を期し給ふ於是宗室の根本を固くするか爲に大に儲貳長を建るの議を主張し給ふに事嫌疑に亘つて安政戊午之夏奇禍に罹つて靈岸之海邸に幽蟄せられ給ふ此時に當つて師質死すへくして死せさる事を得たり仍而倩思ふ後世の今を見る事今の古を見るか如くなるは今昔の異ならさる所なれは後人　老公罪責の迹を認めて　老公を何とか議せん現に其寃たるを知つて之を後世に傳へさるは當時之臣子不忠之罪なりと故に癸丑已來戊午に至つて　老公忠愛之事歴を略記して之を昨夢外

記と名付たり稿已に成て浄書未就然るに　天鑒昭々　老公貫日之誠赤浮雲久敷
掩蔽する事能はす文久壬戌の夏に至り幽閉中より作つて　幕府之大謀
に參し給ふ又數月ならすして　天朝別勅使を關東に下し給ひ　一橋公
に　幕府宗家之後見　老公に政事惣裁職を命し給ふ　老公感奮之至に
堪へ給はす至誠職を奉して執掌昔日に倍し給ふ又　朝命を奉し百餘年
の廢典を興し將軍家を佐けて　帝宸に朝し給ひ　朝廷に議て大に勤
王之政を天下に偃ん事を謀り給ふ癸亥之春故あり職を辭して越國に歸
らせ給ふ師質亦　駕に從ふて家鄉に歸りしに六月に至つて罪あつて禁
錮せられたり幽閑之餘業に再夢を記して老公勤　王佐幕之盛蹟を傳ん
ことを念起す今茲十月　老公又　朝幕之命に走つて俄に登京し給ふ十
一月七日師質赦宥を得徵辟之命を辱す仍之再夢いまた腹稿を了するに
遑あらすして同九日途に就て帷幄に走り勤職如故翌年五月　老公歸國
し給ふ師質亦從ふて歸り乞ふて骸骨を賜ふ事を得たり閑地に在つて再

夢を併せて三夢を記せんとす雖然爾來京攝に事あれは必隱士を作して風雲に趨走せしめ給ふ故席溫なるを得す又筆删の餘裕なし且久病に罹つて臥褥年を經るの事あり丙寅の夏　老公幕命に依て浪華に至らせ給ふ師質從ふ事を得す丁卯之夏外國交際之事によつて　老公又　朝幕之命に應し登上し給ひ同八月歸國し給ふ師質亦從ふて往き從ふて還る是に於て四夢を記せさるを得すといへとも再回より四回に及んて時事繁重追想すれは眞に夢の如し恍然として筆を執るに艱めり此冬　德川公政權を奉還し給ひ　王政復古之盛事あり　老公又　朝幕之徵に依て登京し給ふ師質宿疾全く癒す輿病して從事せり戊辰の春に至て　宗家顚覆之禍あり嗚呼　王政之復古は　老公積年之持論にして　皇國之爲に恭賀拜喜して益勤　王之誠忠を盡し給ふといへとも　德川氏之變故意料之外に出て累年推轂之精義を空ふし給ふ事を悲歎し給へり同年八月師質故ありて歸老す是我終夢なり五夢を連續して實記を後昆に遺さん

と欲すれとも身已に老矣精神昔日に似す老懶にして年を曠ふせり今茲朝廷復古之盛業之記錄編輯之事あるに依て　老公之手錄幷に臣僚之私記あるを徵さる於是　老公其手錄と內史之記錄とを師質に下し與へ賜ひ師質之私記と經歷之見聞とを併せ記して呈上せん事を命し給ふ師質私記疎鹵記臆又衰へ其撰に堪へすといへとも數十年魚水之　恩眷に感激して不能を以て辭し奉ることを得す故不文非才を忘れ編輯して閣下に呈し奉る元より私記を體とすれは文は卑俗を厭はすして唯實傳を主とし事は機密に關すれとも忌諱を憚る事なし大事件といへとも布告之類世に流布するものは略して記せさるものあり國家に在つて肇要ならさるも天下之形勢に係る者は又記する者あり往復し給ふ柬牘の如き當時之實際を見るに切要なるは事におゐて不用なるも記するあり唯上奏と忠告し給ふの書類は遺漏なからん事を思へとも落脫も猶多きを恐る惣而老懷に任せたる隨筆記にして其體裁の亂略雜駁之罪は海涵の仁宥

を仰き奉る者なり恐惶頓首

宿浦松陰漁隠六十五翁

明治辛未仲冬　臣中根雪江師質稽頓敬白

臣師質不肖愚直を以無比之　寵遇を蒙り機密に勤職する事數十年　殊恩感戴之餘り吾　公之御盛蹟を憲章して後昆に傳へん事を欲し嘉永癸丑より安政戊午に至つて凢七季記錄して其稿已に就れり爾來　公　朝廷　幕府之命に應し給ひ數回之御上京も皆勤　王佐　幕之御事業にあらさるなけれは又之を銓次せん事を思惟し腹稿稍定つて未た筆を執るに及はさりしに今度　朝廷　王政復古之盛典御編輯の事あるに因り編く當時之記載を御捜采被爲在に付　公之御手錄并に御家臣共之内にも

手錄あるは呈出せらるへきの降　命あり臣竊に惟に　公嘗て　御宗室徳川公職を　朝廷之幕府に奉し給ふか故に　公懿親にして藩屏の重任を負ひ給ふを以て　幕府を御推戴なさせらるゝは即ち　王事に御勤勞たる所以なれは闔國士民之方向も之を國是と定め置せ給ひし事なるに丁卯之冬　徳川公御委任之御政權を　朝廷へ還し奉り給ひし後は　御宗室と御同心御協力更始之　御盛業を御贊翼可被爲在と御方向を更らためられし處不料も御宗室上に大葛藤を生せしにより　公之御痛神御盡力之件には已に記するか如くにて戊辰之早春に於て御宗室遂に不可言不可爲之地位に陷らせ給ひ初に反して却而　王業之一新を妨害し給ふに立到れり　公之御方向是か爲に又更に一轉し給ひ　宗室を鎭靖して內亂を未發に戢めて　宸襟を安んし奉らせ給ひ生民之艱苦を救助し給ふを以て竊に自ら任し給へり依之　徳川氏之御誘導御周旋等千萬之御苦辛を被爲竭により　徳川公御恭順之御素志忒はす呑刀飲灰之　御

誠意　朝廷に貫徹し　皇愍兵革を偃て寛大之　聖恩其社稷を保存せしめ給ふに至れり於是　公勤王貫日之忠報本金石之義兩なから立て　公之能事玆に至て已に了し給ふといふへし是臣か記して傳へんと欲するの結局なりき　公亦素より臣か輯錄に志あるを知召を以て今般臣に公之御手錄を下し與へ給ひ臣か私記を參考し勒修して献上すへき旨を被　仰付たり臣生來無學非才其撰に堪へすといへとも他に讓るへきの人なく且記傳は其宿志なるを以て不及奉辭御記に據て臣か見聞と經歷とを幷せ裁成して七冊となせり就中　公之御建白御忠告之類は勿論御書柬御往復の如きも時事に關涉し或は當時之形勢を想察するに切なるものは擇摭して遺漏なからん事を務め他は重大之事件といへとも略弃して記せさるも亦多し臣か私を記するも亦然り畢竟臣師質駑鈍にして多冗鞅掌之際他を顧るに暇なかりし故惟臣一已之奉　命步驟之事歷のみを記載せしにより今更に其傍若無人なるに似たるを戰兢す且臣今や

年已に老ひ記臆殊に衰へたるか上綴叙亟成を期して筆削再訂に遑なけれは米鹽差違將た多からん事を恐る況や不文にして鉛槧之才なき故別に私記の體裁を改めす鄙俚蕪穢敢而忌諱を憚ることなく偏に其實際を記述して强而蒙　命之責を塞き恭く　閣下に奉進して乙夜之　電覧に供し奉る仰冀くは　高明臣か瞽聾僣越之狂悖を罪し給ふ事なくんは臣か幸尤甚し恐惶して謹而以て聞し奉る

明治四年辛未十二月

臣中根雪江師質頓首百拜敬白

あまれる紙の白けれは

いにしへに復りし時にあふひ草かけてそ仰く御代の盛を

幾千代と頼みし松も枯落葉かく手に餘る我涙かな

霜にたへ雪に埋れぬ梅か香はかくありけりと代々に傳へん

# 解題

森谷秀亮

## 一

徳川家門の筆頭越前藩主松平慶永（春嶽）の股肱の臣で、常に機密に参画していた中根雪江《せっこう》（名は師質、通称は靭負、晩年雪江の号を通称とする）の事蹟については、さきに昨夢紀事（昭和四十三年覆刻）の解題で説明したので、改めて繰返さない。雪江は安政六年十一月七日、昨夢紀事の執筆に着手して、翌万延元年六月二十一日、全十五巻を脱稿し、つづいて再夢紀事二巻・丁卯日記二巻の稿を終えた。その後雪江は、「朝廷復古之盛業之記録編輯之事あるに依て、老公之手録幷に臣僚之私記あるを徴さる。於是老公其手録と内史之記録とを師質に下し与へ賜ひ、師質之私記と経歴之見聞とを併せ記して呈上せん事を命し給ふ」（戊辰日記五八五頁）の理由で、戊辰日記の起稿に着手し、明治四年十二月、全五巻の稿を終えたのである。

雪江執筆に係る史籍の内容も、すでに昨夢紀事の解題で述べて置いたことであるが、重ねて一言する。すなわち昨夢紀事は、嘉永六年六月四日、慶永が米艦浦賀来航の報に接して憂慮抑え難く、対策を講じたことに筆を起し、条約勅許・将軍継嗣問題に奔走して幕譴を蒙り、安政五年七月五日、隠居急度慎を命ぜられるに至った前後六年間の事件を叙述したものである。また再夢紀事は、慶永が幕譴を解かれ、やがて政事総裁職に起用されて幕政を総攬する文久二年四月二十五日から同年八月二十七日に至る四ケ月間の事件を記したものである。次に丁卯日記は、慶応三年十月十二日から同年十二月晦日に至る三ケ月間の筆録で、賜暇帰国中であった慶永が、将軍慶喜大政奉還のことを聞いて上京、王政復古大号令の渙発・辞官納地問題の紛議に直面し、慶喜をはじめ旧幕臣慰諭に努めた経緯を細大漏らさず伝えたものである。さらに戊辰日記は、慶応四年（明治元年）正月元日から同年八月六日に至る間の秘録で、慶永が新政府の議定職に任ぜられて勤王の精忠を尽くすとともに、鳥羽・伏見の戦を惹起させ、朝敵の汚名を蒙るに至った徳川宗家救解のことに腐心した顚末を語って余蘊のないものである。明治四十五年三月、国書刊行会は丁卯日記・戊辰日記を薩摩藩士伊知地貞馨の紹述編年、長州藩士兼重譲蔵の世子奉勅東下記および水戸藩党争始末（筆者不明）の三書とともに史籍雑纂第四として刊行したが、恨むらくは戊辰日記は、全五巻のうち三巻までを収録したに過ぎなかった。大正十四年十月、日本史籍協会が印刷頒布したものは、もちろん完本である。

昨夢紀事・再夢紀事・丁卯日記・戊辰日記は、維新史籍の白眉であると評されているが、文久二年八月から慶応三年十月に至る間の越前藩動向については、雪江は言及しておらない。この間慶永は、文久三年二月四日（三月二十一日退京）、同年十月十八日（元治元年四月十九日退京）、慶応二年六月二十九日（十月朔日退京）、同三年四月十六日（八月六日退京）の四回にわたり上洛し、時局匡救のため尽瘁するところがあったのである。旧越前藩士村田氏寿・佐々木千尋等が越前藩活動の全貌を後世に伝えようとして、明治二十二年四月、続再夢紀事の編纂に着手したゆえんであり、二十五年七月、全二十二巻の稿を終えている。

## 二

戊辰日記は、辞官納地問題の紛議が前尾張藩主徳川慶勝（権大納言、議定）・前越前藩主松平慶永（大蔵大輔・参議、議定）等の異常な努力によって、ようやく解決をみたことに筆を起しているので、紛議の顚末をふりかえることにしよう。

慶応三年十二月九日、王政復古の大号令渙発につづいて、小御所において朝議が開かれ、前将軍徳川慶喜（内大臣）に対し官位の辞退、土地人民の返上を命じ、慶勝・慶永をしてこれを伝えさせることに決した。翌十日、両人は二条城に赴き朝旨を伝えたが、慶喜は、旧幕兵ならびに諸藩士動揺の状を述べてしばらくの猶予を請い、十二日には、老中板倉勝静《かつきよ》（伊賀守、備中松山藩主）・会津藩主松平容保《かたもり》（肥後守、前京都守護職）・桑名藩主松平定敬《さだあき》（越中守、前所司代、容保の弟）等を従えて二条城を退去し、大坂城に入った。その後参与岩倉具視（間もなく議定に進む）は、慶勝・慶永および前土佐藩主山内豊信（左少将、容堂、議定）等の主張を容れ、辞官納地は朝廷が命ずるのでなく、慶喜自ら奏請する形式で解決を図ろうとし、尾張藩士田中国之輔（不二麿、参与）・越前藩士中根雪江（参与）をして滞京中の旧幕府若年寄永井尚志《なおむね》（玄蕃頭）とともに下阪させた。しかし城中騒然、辞官納地の朝命は薩摩藩隠謀の結果であるとして、討薩の声がさかんであった際なので、使命を果すことができなかった。

十二月二十三日未半刻、総裁・議定・参与の三職は小御所に参集して、議事を開いた。その際慶勝・慶永は、慶喜は辞官聴許後、朝廷辞官の例に倣い前内大臣を称すること、政府の用途はすべて天下の公論で決定する心得であるという文案を提出した。文案には領地返上云々の字句がなかったから、議定・参与の一部には、慶喜が政権を奉還した以上、領地も返上するのでなければ、誠意が現われず、名分も立ち難いと主張する者があったが、尾越土三藩は、領地返上の字句があっては、とうてい坂地の人心を鎮撫することができないと応酬し、朝議は容易に決しなかった。しかし翌二十四日、「今般辞職被二聞食一候ニ付テハ、朝廷辞官之例ニ傚ヒ、前内大臣ト被二仰出一候事。政権返上被二聞食一候上ハ、御政務用途之分、領地之内ヨリ取調之上、天下之公論ヲ以御確定可レ被レ遊候事」の御沙汰書を慶喜に授けることに決定し、亥刻過ぎ退出した。越えて二十六日、慶永は尾張藩附家老成瀬正肥《まさみつ》（隼人正、犬山城主。慶勝病のため正肥が代る）とともに下坂して御沙汰書を伝えたが、慶喜をはじめ有司はただちに奉承し、晦日、慶永は帰京参内して、慶勝連名の復命書を上った。

以上は丁卯日記の語るところであるが、戊辰日記は明治元年（慶応四年）正月朔日夜、雪江が慶永の命により具視をその邸に訪ね、大坂城内の情勢を告げて、今後の処置を質したことから起筆している。その際具視は、慶喜が上京して辞官納地のことを奏請する時は、既往を咎めず、議定職に補せられるであろうとの意向を洩らした。慶永はこれを聞いて喜び、翌二日、入京・参内・補職に関する順序を認めて、批答を求めたのである（戊辰日記一―一一頁）。

## 三

以上述べたように、尾張の慶勝・越前の慶永は、朝廷と旧幕府との間にあって辞官納地問題の解決に奔走したが、新政府の議定として慶喜の朝旨遵奉を望み、徳川の支族としては朝命の寛大であることを欲したその苦衷は同情に値する。また岩倉具視は王政復古論者であったが、本来討幕論者でなく、尾越ならびに土佐三藩の周旋によって政情の安定を図りたいとの雅量を有していた。いっぽう薩摩の大久保利通（一蔵）等が強硬に辞官納地を主張したのは、旧幕側を激昂させて兵端を開かせ、用兵の機会を捉えようとしたがためであって、尾越土三藩の周旋、慶喜の入京と議定職任命など、堂上の失計にはすこぶる不満であった。大坂城内外の旧幕兵・諸藩兵は薩長の挑発行為に堪えかねて進軍を開始し、鳥羽・伏見の戦を惹起させて、三藩ならびに具視の努力を徒労に終らせたが、利通等としては、むしろ素志貫徹の機会が到来したことを喜ぶという有様であった。

明治元年正月二日、左大臣九条道孝邸において三職会議を開き、慶喜入京問題を議していた。たまたま旧幕軍京都に迫るとの変報に接し、慶勝・慶永・豊信ならびに前宇和島藩主伊達宗城《むねなり》（伊予守、議定）等は対策を協議し、中根雪江をはじめ土佐藩家老深尾鼎（重先）・肥後藩家老溝口孤雲（貞直、参与）・柳河藩家老十時摂津（維恵、参与）等を大坂に遣し、慶喜を諫奏させることとした。翌三日、雪江等は京都を発して下坂したが、旧幕軍と薩長二藩兵（官軍）との間に戦闘が開始されて、どうすることもできない。慶喜は雪江が空しく帰洛するのに托して、一書を慶勝・慶永・豊信・宗城ならびに芸州藩世子浅野茂勲（長勲、紀伊守、議定）・肥後藩世子細川喜廷（護久、右京大夫）に送り、薩長の兵から砲撃を加えられ、今後の情勢を考えると憂慮に堪えない。在京諸卿の適切な処置を望むと告げた（三四—三六頁）。そして六日夜、数人の側近を随えて大坂城を退去、開陽艦に乗じ東帰したのである。

鳥羽・伏見の戦が起るや、七日、朝廷は慶喜追討令を発し、つづいて慶喜をはじめ旧幕府有司・佐幕諸藩主の官位を褫奪し、参与橋本実梁に東海道鎮撫総督を、岩倉具定（具視の子）に東山道鎮撫総督を、高倉永祜に北陸道鎮撫総督を命じ、諸藩兵を率いて進発させた。のち鎮撫総督の称を先鋒総督兼鎮撫使に改め、総裁有栖川宮熾仁親王を東征大総督に任じ、全軍を統率させた。いっぽう江戸城に入った慶喜は、旗本・有司・佐幕諸藩が頻りに再挙を勧めたにも拘らず、恭順の態度をとっていた。そして十四代将軍家茂夫人静寛院宮（和宮親子内親王）・十三代将軍家定夫人天璋院（島津敬子））・輪王寺宮公現法親王（北白川宮能久親王）に対し、徳川家のために己れの罪科を朝廷に謝せられたいと歎願したばかりでなく、在京の慶勝・慶永にしばしば書を送り、救解のことの尽力を求めたのである。

# 四

明治元年正月十七日、慶喜は慶永に書翰を送り、図らずも朝名の汚名を蒙ることになったが、心外の至りに堪えない。戦争の責任は一に先供の者にあるから、雪寃のことに尽力してほしいと訴えた。二十六日、慶永は慶喜の直書を見て、「更に御悔悟之御様子不㆑被㆑為㆑在」と、いっさいの責任を他に嫁して、罪科を悔悟しておらないことに失望したが、翌日、書翰を太政官に提出した(一一六―一一九頁)。越えて二十一日、慶喜は再び慶永宛の書翰を認めて、己れは継嗣を選んで退隠したいと告げて、弁疏を依頼し、二十五日には、紀州藩主徳川茂承《もちつぐ》（権中納言）に家督を相続させたいから、この旨を奏請されたいと依頼するところがあった。二十一日付慶喜書翰は二十八日に京都に届き、二十五日付書翰も翌二月四日に届いたが、慶永は、慶喜が恭順を口にしながら、自責の誠を示すことなく、殊に継嗣を選定するに至っては、恭順の趣旨に反し、謝罪の妨げとなると考えて、奏聞しなかったのである。

岩倉具視はさきに家臣伊藤謙吉に東下を命じ、江戸の情勢を探らせていたが、謙吉は正月二十二日帰京して、次のように報告した。曰く、旗本および譜代諸藩の間には、主戦論・恭順論を主張する者があって一定しない。前橋藩家老山田太郎左衛門は韮山代官所手代柏木総蔵と謀り、慶喜を廃錮して謝罪の実を挙げ、徳川家の家名を存続させる方策を藩主松平直克（大和守、慶永の後を承けて政事総裁職となる）に進言している。このことは旧幕周旋方川村恵十郎の語るところで虚説でないと。翌二十三日、具視はこのことを慶永に告げ、卿が東西の両地で周旋を試み、慶喜をして罪科を悔悟させ、恭順謝罪の赤心を披瀝させる時は、自分は家康以来の功績と静寛院宮降嫁の縁故に鑑み、徳川家の家名存続のことに斡旋するとの内意を洩らした。そして二十六日には慶永宛の書翰を認め、「徳川慶喜進退、実に不レ可レ言次第、百事去候儀には候得共、尚今日に至り為二宗家一御苦心之条、令二推量一候。若条理上におゐて齟齬する事なく、其道相立候様有レ之候はヽ、豈血食之事懸念有レ之間敷歟」と述べて周旋を促した。慶永は具視の好意を知って大いに喜び、直克に対し一書を送り、恭順謝罪の実を挙げるよう慶喜に進言して貰いたいと述べた。雪江また同趣旨の書状を太郎左衛門に送った（九〇—九〇頁、九五—一一〇頁、一一五—一一六頁）。さきに述べた紀州の茂承に相続させたいとの慶喜書翰を、慶永が開封したのはその後のことであるが、慶永はこれを奏聞しないばかりでなく、家老本多修理（敬義）を江戸に遣し、謝罪の実をあげることを忠告させた。また旧幕府会計総裁大久保忠寛（一翁）宛の書翰で、恭順の実をあげることを慶喜に勧説すべきであると告げた。

東帰直後の慶喜は、多年上国にあって国事に鞅掌しながら、今日の悲境に陥ったのは、薩長の計略に乗ぜられたのにほかならない。朝敵の汚名を蒙ったのは冤罪であるとして、雪冤のことを考えていたようである。その後、形勢を観望していた諸藩で勤王の旗幟を鮮明するものが日を逐うて増大し、官軍が威風堂々、東国の空を望んで進軍を続け、徳川家救解のことに当ろうとする運動がさかんとなると、慶喜の心情また一変し、恭順謝罪の決意を堅めるに至ったもののようである。すなわち二月五日には、謹慎して朝裁を仰ぐ旨の歎願書を慶永に送り、これが奏聞を依頼した（一九五—二〇三頁、二〇七—二一六頁）。そして朝譴を蒙った有司の職を免じ、会津の松平容保・桑名の松平定敬等に江戸を退去して、謹慎することを諭し、ついに十二日、江戸城を去り、東叡山寛永寺大慈院の一室に屏居することとなったのである。

戊辰日記には、明治天皇が元服の式を挙げられたこと（元年正月十五日）、参与大久保利通が大坂遷都の議を上ったこと（同月二十三日）、同由利公正が紙幣発行の議を建て、朝議これに決したこと（同日）、仏蘭英三国公使が参朝したこと（二月晦日・三月三日）、五箇条の御誓文を発布したこと（三月十四日）、大坂に行幸遊ばされたこと（三月二十一日—閏三月八日）、など、明治新政の進展に関する記事も散見する。しかし戊辰日記の特色は、徳川家処分問題に関する文献を豊富に網羅していることであり、筆者としては、辞官納地問題から慶喜大慈院屏居に至る間の若干の資料を紹介したに過ぎない。関心を有する諸賢が戊辰日記を利用して、徳川氏存亡前後の史実を究明されることを切望する。

# 戊《ぼ》辰《しん》日《につ》記《き》

日本史籍協會叢書 178

大正十四年十月三十日發行
昭和四十八年十一月十日覆刻

編者 日本史籍協會
代表者 森谷秀亮
東京都三鷹市大澤二丁目十五番十六號

發行者 財團法人 東京大學出版會
代表者 福武 直
一一三 東京都文京區本郷七丁目三番一號
振替東京五九九六四電話(八一一)八八一四

印刷・株式會社 平文社
本文用紙・北越製紙株式會社
クロス・日本クロス工業株式會社
製函・株式會社 光陽紙器製作所
製本・有限會社 新榮社

日本史籍協会叢書 178
戊辰日記（オンデマンド版）

2015年1月15日 発行

編　者　日本史籍協会
発行所　一般財団法人　東京大学出版会
代表者　渡辺　浩
〒153-0041　東京都目黒区駒場4-5-29
TEL　03-6407-1069　FAX　03-6407-1991
URL　http://www.utp.or.jp

印刷・製本　株式会社 デジタルパブリッシングサービス
TEL　03-5225-6061
URL　http://www.d-pub.co.jp/

AJ077

ISBN978-4-13-009478-8　Printed in Japan